Celil Oker

Foul am Bosporus

Ein Fall für Remzi Ünals

Aus dem Türkischen
von Ute Birgi-Knellessen

Unionsverlag

Die Originalausgabe erschien 1999
unter dem Titel *Kramponlu Ceset* bei
Oğlak Yayinlari, Istanbul.

Deutsche Erstausgabe

Auf Internet
Aktuelle Informationen
Dokumente, Materialien
www.unionsverlag.ch

Unionsverlag Taschenbuch 210
© by Celil Oker 1999
© by Unionsverlag 2001
Rieterstrasse 18, CH-8027 Zürich
Telefon 0041-44-283 20 00, Fax 0041-44-283 20 01
mail@unionsverlag
Alle Rechte vorbehalten
Umschlaggestaltung: Heinz Unternährer, Zürich
Umschlagillustration: Ulrike Haseloft, Berlin
Druck und Bindung: CPI – Clausen & Bosse, Leck
ISBN 978-3-293-20210-8

Die äußeren Zahlen geben die aktuelle Auflage
und deren Erscheinungsjahr an:
2 3 4 5 6 - 11 10 09 08

1

Ich wollte dem Kerl, der sich da monsterartig vor mir aufgebaut hatte, überhaupt nicht wehtun. Aber ich musste unbedingt verhindern, dass seine Hand, die wie eine scharfe Klinge über mir drohte, im nächsten Augenblick auf meiner Schläfe landete. Und es ging auch darum, meine sensibelsten Regionen – jeder Mann wird für meine Besorgnis Verständnis aufbringen – vor einem nicht auszuschließenden Fußtritt zu schützen. Deshalb stellte ich mich leicht schräg. Ich atmete tief ein und zog die Luft durch meine Lungen hindurch bis in mein Hara hinab. Ich hätte dabei ganz entspannt sein sollen. War ich aber nicht. Mein bärtiges Gegenüber grinste dreckig. Seine Augen sagten: »Du kriegst gleich eine, dass du nicht mehr weißt, wo dir der Kopf steht!«

Ich bin nicht gerade klein, aber der Kerl überragte mich doch sehr. Und als besonders zartgliedrig würde ich mich auch nicht bezeichnen; trotzdem hatte mein Gegenüber den kräftigeren Knochenbau. Während unseres Kampfes war sein Hemdkragen aufgegangen, sodass ich die weißen Haare auf seiner Brust sehen konnte. Auf seiner Stirn, an seinen Schläfen, an beiden Nasenflügeln und an seinem Hals glänzten dicke Schweißtropfen. Es freute mich, dass ich ihm ordentlich eingeheizt hatte!

Was jetzt kam, war nicht schwer zu erraten: ein wohl überlegter, kontrollierter und ohne Eile ausgeführter Schlag. Den wollte ich lieber gar nicht erst zulassen. Während ich mit dem linken Fuß einen Schritt vorwärts tat, ergriff ich mit der linken Hand seinen Unterarm und mit der rechten das dazugehörige Handgelenk. Ich entließ die in meinem Innern angestaute Luft und machte einen Schritt nach links. Das wirkte sich ziemlich nachteilig auf das bereits angeschlagene Gleichgewicht meines Gegenübers aus. Und als ich meine Arme nach unten führte, klappte der lange Kerl wie ein Taschenmesser zusammen.

Jetzt hatte ich ihn so weit. Da lag er nun, und ich kniete neben ihm. Es nützte gar nichts, dass er herumzappelte. Ich hatte ihn vollständig unter Kontrolle. Schön, aber was jetzt? Keine Ahnung! Von mir aus konnten wir stundenlang so liegen- beziehungsweise sitzen bleiben und uns Geschichten erzählen!

Da ich wirklich nicht weiterwusste, ließ ich seinen Arm los und sprang auf. Auch der bärtige Mann stand auf. Er rieb sich den Ellbogen des Armes, mit welchem ich ihn auf die Erde gedrückt hatte. Jetzt war ich dran. Ich trat einen Schritt zurück und bereitete – genau wie er vorher – einen wohlüberlegten, kontrollierten Angriff vor.

Der Mann war besser als ich. Das gemeine Grinsen auf seinem Gesicht verschwand, stattdessen zeichnete sich dort jetzt die ernsthafte Aufmerksamkeit eines Uhrmachers ab. Bevor ich überhaupt begriff, dass er angefangen hatte, fand ich mich schon auf der Matte wieder.

Unser Meister klatschte in die Hände.

Wie die anderen fünf Paare ließen wir auf der Stelle voneinander ab. Kniend und mit erhobenem Kopf beugten wir uns leicht nach vorn, wobei wir unserem jeweiligen Gegenüber in die Augen sahen und zuerst unsere linken und dann unsere rechten Hände aneinander legten.

Mein Freund, der Werbemensch, der mit einem kleinen Inserat in der Hürriyet dafür gesorgt hatte, dass ich mehr Anrufe erhielt als meine wenigen Berufskollegen, kam im Shikko-Gang auf mich zu, nachdem er sich von seinem Uke verabschiedet hatte.

»Verschwinde nicht wieder gleich nach dem Duschen«, sagte er leise. »Ich muss mit dir reden.«

Ich nickte. Wir zehn Aikidoka saßen jetzt vereint im Seiza-Sitz und blickten auf unseren Meister: meine Wenigkeit, der Privatdetektiv Remzi Ünal, mein Freund, der Werbemensch, der Filmregisseur, mit dem ich eben noch trainiert hatte, der Eisenwarenhändler, der Gymnasiast, der sich für die Uni-Aufnahmeprüfung vorbereitete, der Typ, der, frisch vom Militär zurück, noch keine Arbeit gefunden hatte, der Schiffsausstatter, der Programmierer und – als einzige Frau – die Journalistin. Wir alle sahen unserem Meister zu, wie er, zusammen mit dem Dichter, der der Ranghöchste in unserem Dojo war, eine neue Figur vorführte. Wie immer kapierte ich auch diesmal bei der ersten Demonstration gar nichts.

»Domo arigato gozaimashita!«, sagte unser Sensei schließlich.

»Domo arigato gozaimashita!«, antworteten wir im Chor. Wie jedesmal dankten wir einander, und wie jedesmal fragte ich mich, was ich dort eigentlich zu suchen hatte. Dreimal die Woche Aikido war vielleicht doch etwas für jüngere Menschen.

Doch schon nach der Dusche spürte ich meine körperliche und seelische Fitness zurückkehren, die es mir erlaubte, den Schlechtigkeiten dieser Welt die Stirn zu bieten. Und für meinen Lebensunterhalt zu sorgen, natürlich ohne den geringsten Versuch, den Lauf der Welt ändern zu wollen. Aber wo blieben die Aufträge? Die kleine Anzeige in der Hürriyet schien nur Leute anzulocken, die nichts Besseres zu tun hatten, als ihren Frust auf meinem Anrufbeantworter abzuladen. Ja, und dann war da noch die etwas verwirrte Dame, die sich hartnäckig weigerte, Name und Adresse zu hinterlassen.

Während ich mich anzog, hörte ich schweigend zu, wie der Filmregisseur und der Eisenwarenhändler die allgemeine ökonomische Lage diskutierten. Ich sah, wie mein Freund, der Werbemensch, sich sorgfältig mit Deodorant besprühte, nachdem er in seine von den unseren so abstechend teure Marken-Unterhose gestiegen war. Er kniff sich in die Fettröllchen oberhalb der Gürtellinie und zog, wie immer, ein verdrossenes Gesicht. »Mal wieder zu viel gefuttert«, sagte er.

Wie immer enthielt ich mich eines Kommentars. Und wie

immer nahm er mir das nicht übel. Er zog jetzt sein Seidenhemd und seine modisch weite Hose an, in der ich ganz sicher eine komische Figur abgegeben hätte. Dann kam die Reihe an die italienischen Schuhe. Auch ein seidenes Foulard gehörte zur Ausstattung.

»Bleibst du zum Frühstück?«, fragte er.

Wie immer schüttelte ich den Kopf. Er, der Eisenwarenhändler, unser Meister, der Schiffsausstatter und der Filmregisseur trafen sich jeden Samstagmorgen nach dem Training oben neben dem Pool, wo sie im Schatten der Bäume ein unglaubliches Frühstück zelebrierten. Weil ich eine so früh am Tag eingenommene Mahlzeit mit einem saurem Magen bezahlen musste und weil ich nur mäßiges Interesse für die Konversation dort aufbringen konnte, blieb ich diesen Zusammenkünften fern. Genau wie der Gymnasiast, der Programmierer und unser arbeitsloser Kollege pflegte ich, nachdem wir uns gegenseitig ein schönes Wochenende gewünscht hatten, meiner Wege zu gehen. Nur die Journalistin nahm hin und wieder an diesen Frühstücksorgien teil.

»Hast du momentan viel zu tun?«, fragte mein Werbefreund, während er sich die Haare kämmte.

Ich war längst angezogen. Und längst sehnte ich mich nach meiner Cessna Skylane RG, die zu Hause auf mich wartete.

»Einen neuen Kunden könnte ich noch unterbringen«, erwiderte ich. Dabei hoffte ich inständig, dass er mich nicht selbst anstellen wollte. Dafür, dass ich seinerzeit einige »Zeitschriftenhändler« aufgespürt hatte, die seiner Agentur Geld schuldeten, schaltete er zu Sonderbedingungen meine kleine Anzeige in der Zeitung. Aber das war keine Geschäftsverbindung, sondern unter Aikidokas übliche Solidarität, die zu einer Art Freundschaft geführt hatte.

»Einer meiner Kunden könnte deine Hilfe gebrauchen«, sagte er.

»Inkasso ist nicht mein Ding, das weißt du doch«, entgegnete ich vorsichtig.

»Ja, weiß ich«, sagte er. Es ist etwas anderes. Du sollst auch nicht seine Frau beschatten.«

»Was dann?«

»Es handelt sich um den Besitzer der Textilfirma Karasu. Du weißt doch, wo ich den Film gemacht habe, in dem die Mädchen reihenweise ins Schwimmbecken fielen …«

Ich erinnerte mich an den Werbestreifen und wie die in Chefetagen-Kleidern aufmarschierenden Models eins nach dem anderen, und noch bevor man die Klamotten überhaupt richtig wahrnehmen konnte, in den Pool sprangen. Und dass sie unter den nun nassen Kleidern kaum etwas anhatten, war beim Heraussteigen kaum zu übersehen gewesen. Ich hatte damals nicht verstanden, was dieser Gag eigentlich aussagen sollte. Aber mein Werbefreund fand das Ergebnis äußerst zufriedenstellend.

»Ist eine von den Darstellerinnen abgesoffen?«, fragte ich.

»Nein, das nicht.« Er lachte. Anscheinend war ihm das gute Geld eingefallen, das ihm die Kampagne eingebracht hatte. »Aber der Mann besitzt auch einen Fußballverein. Und der macht ihm augenblicklich Sorgen.«

»Karasu Güneşspor.«

»Karasu Güneşspor«, bestätigte er.

Ich kannte den Klub. Es handelte sich um einen Istanbuler Stadtteilsverein, der erst im vergangenen Jahr in die dritte Liga aufgestiegen war. Seit die Firma Karasu Textilien ihn sponserte, war er immer besser geworden, sodass er endlich aus dem Amateurstatus herausgekommen war. Natürlich hatte es auch ein paar wichtige Transfers gegeben. Soviel ich mitbekommen hatte, waren da recht große Summen im Spiel gewesen. Trotzdem schien der Klub gerade jetzt gegen Ende der Saison nicht ganz auf der Höhe.

»Will er den Schiedsrichter bestechen?«, fragte ich.

»Mensch Abi, woran du immer gleich denkst«, meinte mein Freund.

»Wenn er das nicht macht, fliegt sein Klub aber ziemlich sicher aus der Liga«, hielt ich dagegen.

»Genau das befürchtet der Chef ja auch«, sagte er. »Da hat nämlich jemand seinen Spielern einen Deal vorgeschlagen.«

»Jeder trifft mal seinen Meister«, sagte ich.

»Mehr weiß ich allerdings auch noch nicht. Neulich hat der Chef mich nach einer Sitzung zur Seite genommen und gefragt, ob ich jemanden wüsste, der da mal ein bisschen nachforschen könnte. Tüchtig und verschwiegen sollte er sein. Ich hab sofort an dich gedacht.«

»Danke.«

»Wenn dich der Job interessiert, komm doch am Montagmorgen in mein Büro. Ich habe einen Termin mit dem Mann, anschließend kannst du mit ihm reden. Mit der Bezahlung ist er übrigens großzügig«, fügte er noch hinzu.

»Am Montag habe ich nichts zu tun«, sagte ich.

»Prima«, rief mein Freund. »Um neun bei mir. Unsere Besprechung ist um zehn. Es wird aber nicht lang gehen. Sobald er meine neue Anzeige abgesegnet hat, mache ich euch miteinander bekannt.«

»Werden die Frauen wieder nass?«, wollte ich noch wissen.

»Nee, diesmal stehen sie auf dem Kopf.«

Das Wochenende verbrachte ich vor meinem Flugsimulator, voll beschäftigt damit, einen Sichtflug von Chicago nach New York zu Ende zu bringen. Das mag langweilig klingen, aber für mich ist es nach wie vor eine aufregende Sache.

2

Am Montagmorgen stand ich früh auf. Der Ladenjunge meines Bakkal, meines Krämers, war wieder einmal mit der Zeitung im Verzug. Ich trank meinen Kaffee am Fenster, um seine Ankunft nicht zu verpassen. Draußen war ein Istanbuler Frühling zu ahnen, ein Frühling, der sich noch nicht ganz sicher schien, ob er in dieser letzten Aprilwoche zum Bleiben bereit war. Eine ungeduldige Mutter war dabei, ihr Kind, das den Schulbus verpasst hatte, ins Auto zu verfrachten. Mein Kaffee war ausgetrunken und noch immer keine Zeitung. Weil ich noch immer das Samstagtraining in den Knochen spürte, sparte ich mir meine morgendlichen Aikido-Aufwärmübungen und ging sofort unter die Dusche. Danach machte ich mir noch einen Kaffee.

Die Agentur meines Freundes liegt in Levent, da konnte ich gut zu Fuß hingehen. An der Kreuzung vor dem Sisli-Terakki-Gymnasium zog ich mit gemächlichem Schritt an der langen Schlange ineinander verkeilter Autos vorbei. Auch die Mutter mit ihrem zu spät aufgestandenen Sprössling erspähte ich im Stau.

In der Agentur herrschte typische Montagmorgenstimmung. Trotz der offenstehenden Fenster lag noch ein Rest abgestandener, über das Wochenende eingeschlossener Büroluft in den Räumen. Und die junge Frau am Empfang hatte offensichtlich noch keine Zeit gefunden, ihre Schminkutensilien vom Tisch zu räumen.

Weil sie mich von meinen früheren Besuchen in der Agentur kannte, ergriff sie wortlos das Telefon.

»Remzi Bey ist da.« Dann drehte sie sich zu mir und sagte: »Der Chef erwartet Sie.«

Ich schenkte dem Mädchen ein freundliches Lächeln und stieg die mir bekannte Treppe hoch.

Mein Freund saß an seinem Schreibtisch, einen hohen Stapel

halbgelesener Zeitungen vor sich und die größte Kaffeetasse in der Hand, die mein Auge je erblickt hatte.

»Willst du einen Kaffee?«, fragte er, ohne aufzustehen.

»Ich hatte schon zwei Tassen«, lehnte ich ab und setzte mich. Er schaute auf die Uhr und griff nach dem Telefon.

»Schnapp dir die Anzeige, und komm rüber«, rief er in die Muschel. »Wir sind spät dran!« Er drehte sich kurz zu mir und sagte: »Eigentlich sind wir immer zu spät.« Dann wandte er sich wieder seiner Zeitungslektüre zu.

Ich hatte dem nichts dazuzufügen und fischte mir stattdessen von dem Zeitungsstapel vor seiner Nase mein Blatt, auf das ich am Morgen vergeblich gewartet hatte. Die Politik überschlug ich sofort. Was auch immer die Herrschaften anstellten, mit meinem Leben hatte das wenig zu tun. Die dritte Seite tat mir kund, dass für den Sonntag, den ich zuhause eingeschlossen verbracht hatte, allein in Istanbul vier Morde, zwei mit bekanntem und zwei mit unbekanntem Motiv, zu vermelden waren. Zwei der Täter waren bereits in Polizeigewahrsam. Zur Illustration des Artikels dienten kleine, eingerahmte, von den Führerscheinen oder anderen Ausweisen kopierte Fotos der Opfer und neue Aufnahmen von den Tätern, die mit über den Kopf gezogenen Jacken Schutz vor den Blitzlichtern suchten. Einer der beiden war nur knapp der Lynchjustiz seiner Nachbarn entkommen, als man ihn zur Rekonstruktion zum Tatort gebracht hatte. Stinknormale Nachrichten. Immer brachte jemand jemanden um, ob ich nun zuhause saß oder nicht.

Also schnell zum Sport. Von den Berichten über die Spiele der ersten Liga vom Vortag las ich nur schnell die Überschriften, bevor ich mich auf die Suche nach den Ergebnissen der dritten Liga machte. Es war gar nicht so einfach, sie auf der Rückseite in einer unübersichtlichen Ecke versteckt zu finden. Karasu Güneşspor hatte unentschieden gespielt und war damit Drittletzter in der Tabelle, mit nur einem Punkt Vorsprung auf den Zweitletzten.

Eine Frau in der gleichen Aufmachung, wie ich sie von dem Karasu-Werbestreifen her kannte, steckte den Kopf zur Tür herein. Mir ging gerade durch den Kopf, dass ich heilfroh war, nicht in der Haut des Trainers von Karasu Güneşspor zu stecken.

»Wir sind so weit, Chef«, sagte die junge Frau, indem sie leicht an den Türrahmen klopfte. Sie trug eine riesige Aktenmappe bei sich.

Mein Freund erhob sich von seiner Zeitungslektüre, zog sich die Jacke über, die an der Stuhllehne hing, und griff automatisch nach seiner Krawatte.

»Los«, sagte er zu mir.

Ich faltete die Zeitung mit der aktuellen Kriminaltopografie unserer geliebten Stadt und den für meinen zukünftigen Kunden nicht gerade erfreulichen Sportresultaten wieder zusammen, legte sie auf den Stapel zurück und stand auf. Draußen machte mein Freund mich mit der jungen Frau bekannt, die vor der Tür auf uns gewartet hatte. In spätestens zwei Stunden seien wir zurück, wurde dem Fräulein am Empfang mitgeteilt. Unten erwartete uns ein Jaguar mit weit geöffneten Türen.

Ich durfte vorne Platz nehmen, neben dem Chauffeur, der wie ein Diplomat im Ruhestand gekleidet war. Die hinten Sitzenden waren bereits mit den Blättern beschäftigt, die augenblicklich aus der Aktentasche hervorgeholt worden waren.

Der piekfeine Chauffeur wusste anscheinend, wohin die Fahrt ging. Ohne zu fragen, steuerte er den Jaguar durch das 4. Levent-Viertel auf den Trans-European-Motorway zu. Es wurde kein Wort gesprochen. Ich machte es mir bequem. Aber ich merkte mir den Weg, wobei ich mich am Sicherheitsgurt festhielt, um einigermaßen wach zu bleiben.

Nachdem wir ein paar an der Straße zum Flughafen liegende

Großbauten von Zeitungsverlagen und Fernsehgesellschaften passiert hatten, bogen wir in eine Nebenstraße ab. Obwohl mir die Augen fast zufielen, versuchte ich, mir jede Kurve und jede Kreuzung einzuprägen. Warum musste dieser verdammte Jaguar an diesem nachtschlafenden Morgen auch so still und wie geölt dahingleiten!

Endlich wurde der Wagen langsamer, und wir kamen vor einem breiten eisernen Schiebetor an. Ein nachlässig gekleideter Wächter näherte sich zögernd und voller Respekt dem Wagenfenster. Ein Zauberwort meines Freundes genügte, um das in den Karasu-Farben Braun-Gelb gestrichene eiserne Tor unter Ächzen aufgehen zu lassen.

Ein großer Innenhof diente einer ganzen Reihe von PKWs, Kleintransportern und anderen Fahrzeugen als Parkplatz. Gegenüber dem Tor hatte sich ein Architekt ausgetobt. Mit einem von einer unglaublich geschmacklosen Treppe beherrschten Eingang. Dieses schien dann allerdings auch der einzige Teil des prismenförmigen Gebäudes, an dem überhaupt ein Architekt gewirkt hatte. Über dem Eingang prangte in den größten Lettern, die ich auf meiner Fahrt bisher zu Gesicht bekommen hatte, der Firmenname KARASU TEXTILIEN. Mein Freund vorneweg, die junge Frau mit der Aktenmappe hinterdrein und am Ende ich, so strebten wir eilig dem Eingang zu. Als mein Freund dem jungen Mann an der Anmeldung das gleiche Zauberwort zuflüsterte, öffnete sich eine weitere Tür für uns.

Wir befanden uns jetzt in einem großzügigen Raum, der mit der verheerenden Außenansicht des Gebäudes nicht das Geringste zu tun hatte. Die schlichte, funktionelle Einrichtung beeindruckte sogar mich. Die wie in einer Galerie aufgereihten und auch genauso beleuchteten fenstergroßen Fotografien an der Wand zeigten berühmte in- und ausländische Models in Kleidern, die sich unschwer als Karasu-Kreationen erkennen ließen.

Zu beiden Seiten des Korridors hinter diesem Salon war eine Reihe von geschlossenen Türen zu sehen. Die Lautsprecher hingegen, aus denen sanfte Jazz-Musik ertönte, waren unsichtbar. Die beiden Werbemenschen neben mir wussten mit Sicherheit, wohin sie sich zu wenden hatten. Trotzdem zögerten sie einen kleinen Moment, als ob sie ein Empfangskomitee erwarteten, wobei Krawatte beziehungsweise Miniröckchen noch schnell zurechtgerückt wurden. Und da öffnete sich auch schon eine Tür am Ende des langen Korridors, um ein Ein-Personen-Empfangskomitee durchzulassen, das jetzt auf uns zukam.

Aber was für ein Empfangskomitee! Die schönste, anziehendste, aufregendste junge Frau des gesamten Vorderen Orients inklusive des Balkans kam da auf uns zugeschritten. Mit einem Lächeln auf den Lippen, das auch dem härtesten Kerl die Knie weich werden ließ, und einem unschuldigen, dabei aber äußerst aufmerksamen Ausdruck in den Augen kam sie mit erhobenem Kopf und stolzer Haltung, mit sicherem, wie für den Laufsteg berechnetem, doch irgendwie viel natürlicherem Gang auf uns zu.

Eine Szene in Zeitlupe. Die Frau trug eine weiße ärmellose Bluse aus einem feinen, wie Seide den Körper umschmeichelnden Material. Darunter den kürzesten aller Röcke, mit denen ich mich in letzter Zeit in demselben Raum befunden hatte. Unter diesem Stückchen Stoff zeigten sich schwarz bestrumpfte Beine, die um einiges voller und realer waren als die der Models an der Wand. Ihr Gesicht war entweder kaum oder aber mit vollendeter Meisterschaft geschminkt. Um den Hals trug sie eine schwere Kette aus runden glänzenden Metallteilen, die bei jedem ihrer Schritte erbebten und Anstalten machten, in den großzügigen Ausschnitt ihrer Bluse einzutauchen.

Unser kleines Komitee hatte sich inzwischen auch in Bewegung gesetzt, um ihr entgegenzugehen. Weil ich es nicht über mich brachte, meine Augen von diesem wunderbaren Anblick abzuwenden, konnte ich nicht einmal einen Blick durch eine offenstehende Tür in das dahinter liegende Büro werfen.

»Herzlich willkommen«, sagte die Schöne mit einer rauen Stimme, die zu ihrer äußeren Erscheinung irgendwie nicht passte. »Lasst mal sehen, was ihr da mitgebracht habt.« Die Schöne schüttelte unserer jungen Begleiterin die Hand, während sie mich einer eingehenden Prüfung unterzog.

»Das ist Remzi Ünal«, stellte mein Freund mich vor. Einfach so, ohne weitere Erklärungen. Ich setzte mein freundlichstes Lächeln auf.

»Dilek«, sagte sie und schüttelte leicht, aber energisch meine Hand. »Dilek Aytar.«

»Dilek Hanim leitet die Werbe- und PR-Abteilung«, erläuterte mein Freund. Doch Dilek Hanim hielt sich nicht lange mit mir auf, sondern wandte sich sofort an die beiden Werbemenschen.

»Ilhan Bey ist noch nicht da«, sagte sie. »Wahrscheinlich steckt er wieder im Verkehr fest. Wir können in meinem Büro auf ihn warten und uns schon einmal Ihre Vorschläge ansehen.«

Wir schritten auf das am Ende des Korridors liegende Büro zu. Im Vorbeigehen konnte ich jetzt auch in die anderen Räume hineinschauen. Doch außer noch nicht ganz wachen jungen Frauen und Männern vor ihren Computern war nichts zu entdecken.

Ich betrat als Letzter das Büro der Dilek Aytar. Neben einem riesigen Schreibtisch und einem noch ausladenderen Konferenztisch fielen in dem Raum zwei nackte Kleiderpuppen auf. Sie standen da und blickten mit leeren Augen aus den Fenstern, vor denen Jalousien herabgelassen waren. Der weiblichen Puppe hatte jemand einen dünnen Seidenschal um den Hals geschlungen.

Wir setzten uns auf die um den Konferenztisch aufgestellten Chefsessel. Dilek Hanim fragte, während sie auf dem Tisch herumliegende Blätter einsammelte:

»Was möchten Sie trinken?«

Wir wollten alle Kaffee. Der wurde mit einem Knopfdruck auf die Gegensprechanlage bestellt. Eine irgendwo im Hause waltende Nimet Hanim besaß offensichtlich die Kompetenz, drei Tassen Nescafé zuzubereiten, davon zwei mit Milch.

»Ich bin schon ganz nervös wegen heute Abend«, sagte Dilek Hanim, als auch sie sich gesetzt hatte. Dabei war an der Frau keine Spur von Nervosität festzustellen.

»Sie brauchen sich sicher keine Sorgen zu machen«, meinte mein Freund. »Es wird schon alles glatt über die Bühne gehen.«

»Das glaube ich ja auch, aber ...«, entgegnete Dilek Hanim. »Irgendwas läuft doch immer schief. Mal sehen, was es heute Abend wohl ist. Und unser guter Ilhan Bey hat wieder alles mir aufgehalst. Gestern kam er im letzten Moment noch mit seinem Fußballklub an, das wäre gut für die PR. Ob wir die Jungs nicht sogar aufs Podium bringen könnten. Und so weiter. Und dauernd findet er etwas auszusetzen.«

»Dafür ist er ja schließlich der Chef«, wandte mein Freund ein.

»Richtig. Ich muss auch zugeben, dass er gute Arbeit durchaus zu würdigen weiß«, lenkte Dilek Aytar ein.

»Ganz sicher. Ich bin richtig gespannt, was er zu unserer Anzeige meint.«

Hier bückte sich die junge Werbefrau, die bisher kein Wort zur Unterhaltung beigesteuert hatte, nahm die große Aktenmappe vom Boden und stellte sie auf den Tisch. Sie holte einen Anzeigenentwurf heraus, der fast nur aus einem riesigen Foto bestand. Weil die junge Frau mir genau gegenübersaß, sah ich die Models auf dem Foto auf ihren Füßen stehen, die wenigen Schriftzeichen dafür auf dem Kopf. Die Werbefrau stellte ihre Tasche wieder auf dem Boden ab und breitete das Blatt vor Dilek Aytar aus.

»Was für eine tolle Idee!«, rief diese mit einem kleinen, gut eingeübten Überraschungsschrei.

»Mit dieser Werbung bleiben wir unserem Konzept treu: ›Wenn alles verkehrt läuft, bleibt Karasu …‹«, glaubte die junge Frau erklären zu müssen.

»Jaja«, meinte Dilek Aytar. »Unsere Models werden heute Abend sowieso den Laufsteg rückwärts betreten.«

»So fügt sich wieder einmal alles bestens«, rief mein Freund, der Werbemensch. Hoffentlich stolpern sie nicht dabei, dachte ich mir im Stillen.

»Ich will zwar nicht vorgreifen, aber ich bin sicher, dass Ilhan Bey mit dieser Anzeige zufrieden ist«, sagte Dilek Hanim. »Sie passt wirklich gut in unser Konzept.«

»Das Diapositiv hatten wir ja mit ihm zusammen ausgesucht, wie Sie sich erinnern werden«, fuhr die junge Werbefrau fort. »Allerdings sollten wir jetzt so schnell wie möglich sein Okay haben, damit wir den Entwurf für die Farbabstimmung weiterleiten können.«

»Wann ist der endgültige Abliefertermin?«, wollte Dilek Hanim jetzt wissen.

»Heute Abend um sechs«, antwortete die junge Frau. »Um Mitternacht geht dann das Magazin in Druck.«

»Es tut mir Leid, wir sind wohl immer ein bisschen spät mit unserer Absegnung«, sagte Dilek Aytar zu der jungen Werbefrau.

»Aber Ilhan Bey hatte versprochen, Zeit für uns …«

Hier fiel mein Freund seiner eigenen Angestellten ins Wort: »Ilhan Bey ist sehr beschäftigt, und Dilek Hanim auch. Wir sind diejenigen, die sich anpassen müssen. Am besten gehst du gleich mal telefonieren und schickst die Anzeige schon zur Farbabstimmung. Wenn Ilhan Bey etwas geändert haben möchte, können wir das immer noch dort machen.« Die junge Frau holte ihr Handy aus ihrer Aktenmappe und ging zu den Fenstern mit den herabgelassenen Jalousien hinüber. Dilek Hanim schenkte meinem Freund ein zufriedenes Lächeln.

»Oh, wen haben wir denn da!«, rief jemand, der ohne anzuklopfen in Dilek Aytars Büro gestürzt kam. »Lasst mal sehen, was ihr mir Schönes mitgebracht habt!« Wie auf Befehl erhoben wir uns alle drei gleichzeitig. Jetzt sollte ich also endlich Ilhan Karasu, den Besitzer der Karasu Textilien, den großen Arbeitgeber und Präsidenten von Karasu Güneşspor, kennen lernen.

3

Bisher kannte ich Vereinspräsidenten nur aus dem Fernsehen. Ilhan Bey sah aber gar nicht so aus. Er war schlank und trug auch keinen Anzug mit Weste. Er sah so aus, als ob er sich gleich anschließend an unsere Besprechung im Yachthafen vor seinem Boot mit seinen Freunden treffen und seinem Kapitän Anweisungen für den Wochenendausflug geben wollte: ein der Jahreszeit entsprechender petrolfarbener Pullover, eine Hose aus weich fallendem Material in einem etwas dunkleren Ton der gleichen Farbe und dazu passende Wildlederschuhe. Auf dem glatt rasierten Gesicht strahlte ein glaubwürdiges Lächeln. Mit der feinen Nase, dem bestimmten, befehlsgewohnten Mund und dem Kirk-Douglas-Grübchen am Kinn machte er Eindruck.

»Entschuldigen Sie, ich hab mich verspätet«, sagte er. Niemand von uns glaubte, dass er sich tatsächlich entschuldigte. Er drückte uns nacheinander schnell die Hand. Als die Reihe an mich kam, hielt er kurz inne und sah mich an.

»Das ist Remzi Ünal«, sagte mein Freund. »Ich hatte Ihnen doch gesagt, dass ich ihn mitbringe.«

Ilhan Bey hielt meine Hand immer noch fest und schaute mich aufmerksam an. Ich glaube, er verglich mich mit den Privatdetektiven, die er aus Kinofilmen kannte. Doch dann wandte er sich an Dilek Aytar. »Sind wir bereit für den Abend, Dilek Hanim?«, fragte er in einem freundschaftlichen Ton, ohne eine Spur von Chefgehabe.

»Wir sind bereit, Ilhan Bey«, sagte Dilek Aytar. »Und wir haben eine fantastische Anzeige.«

»Lassen Sie mal sehen.« Er zog den auf dem Tisch liegenden Entwurf zu sich herüber und prüfte das Blatt mit zusammengekniffenen Augen. Dann drehte er es auf den Kopf und musterte die Kleider, die das darauf abgebildete Model trug, noch eingehender.

»Was meinen Sie?«, fragte Dilek Hanim schließlich mit zufriedener Stimme. Sie stand immer noch. Auch wir hatten uns nicht getraut, uns hinzusetzen. »Ich finde den Entwurf in Ordnung.«

»Kostenpunkt?«

»Das hatten wir bereits geklärt.«

»Garantie für die rechte Seite?«

»War nicht ganz leicht, aber auch das haben wir geschafft«, warf die Werbefrau ein.

»Gratuliere«, sagte Ilhan Karasu. »Gute Arbeit.«

»Wie immer«, sagte Dilek Aytar.

In diesem Augenblick erschien in der Tür ein junges Mädchen. Aufgeregt und ohne sich darum zu kümmern, wer sonst noch da war, rief sie zu Dilek Aytar hinüber: »Der Wetterbericht hat gerade für den Abend Regen angesagt.« Dann erst bemerkte sie den Chef und versteckte sich, so gut es ging, hinter dem Türrahmen.

»Regen?«

»Ja«, bestätigte das Mädchen kleinlaut.

»Wie ist das möglich?«, sagte Dilek Aytar. »Als ich gestern von zu Hause da angerufen habe, hieß es, dass der Abend ganz klar wird. Und heute habe ich noch dreimal angefragt.«

»Ich habe mich auch am Freitagabend erkundigt, bevor ich nach Hause gegangen bin«, sagte das junge Mädchen an der Tür. »Sie haben die Ansage heute Morgen geändert.«

»Wenn Sie in der letzten Aprilwoche eine Modenschau im Freien auf die Beine stellen, müssen Sie mit so etwas rechnen«, brach Ilhan Bey jetzt los. Mit schnellen Schritten ging er zu der nackten weiblichen Kleiderpuppe hinüber und begann loszubrüllen: »Zigmal habe ich euch gewarnt, aber ihr wolltet ja nicht hören. Ihr hättet euch doch denken können, dass ich nicht umsonst skeptisch war. Wenn ihr wenigstens noch zusätzlich einen Saal gemietet hättet! Was, verdammt nochmal, sollen wir jetzt machen? Wie gedenken Sie sich da rauszuziehen, Dilek Hanim?

Was glauben Sie denn, wie viele Leute kommen werden, um sich unter strömendem Regen die Herbst- und Winter-Modenschau der Karasu Textilien anzusehen? Kein Mensch!« Als wollte er sich selbst daran hindern, noch ausfallender zu werden, begann Ilhan Bey durch die Zwischenräume der Jalousien nach draußen zu schauen.

Zunächst herrschte völlige Stille. Die Überbringerin der schlechten Nachricht hatte sich längst aus dem Staub gemacht. Nach einiger Zeit ging Dilek Hanim ganz langsam zu ihrem Chef hinüber und legte ihm von hinten die Hand auf die Schulter. Sie wartete ein wenig, um der Geste größeren Nachdruck zu verleihen, und sagte dann mit weicher Stimme:

»Es wird heute Abend nicht regnen, Ilhan Bey.« Und nach einer kurzen Pause: »Wenn es regnet, erschieß ich mich!«

An den meisten Krisen, denen ich beiwohne, bin ich irgendwie mitschuldig. Mit irgendetwas, das ich sage oder nicht sage, tue oder nicht tue, mische ich mich in das Geschehen ein. Zu meinem eigenen Verdruss und dem meiner Mitmenschen. Doch diesmal hielt ich mich zurück und überließ das Krisenmanagement Dilek Aytar, die, wie ich bereits gemerkt hatte, auf diesem Gebiet unschlagbar war. Außerdem war diese Krise nicht langlebig.

»Das wollen wir hoffen«, sagte Ilhan Karasu und drehte sich zu uns um. Als ob er nicht der gleiche Mann war, der da eben so unkontrolliert herumgeschrien hatte, kam er jetzt mit dem milden Gesichtsausdruck auf uns zu, mit dem er das Zimmer betreten hatte. »Die Anzeige ist wirklich gut«, sagte er zu Dilek Aytar, die vor dem Fenster stand und nach draußen blickte.

»Ja«, sagte sie und kam mit auf den Boden gehefteten Augen zu uns zurück. »Ich geh mal eben rüber zu Nazli, um von dort aus den Floristen anzurufen.« Sie löste sich schnell von uns und sagte im Vorbeigehen zu meinem Freund: »Ihr seid doch noch hier, oder?«

»Jaja, wir sind noch hier. Da sind noch ein paar Kleinigkeiten zu besprechen.«

Fort war sie. Wenn sie wirklich gegangen war, um mit dem Floristen zu sprechen, dann dürfte ihm wohl eines der schwierigsten Telefongespräche seines Lebens bevorstehen. Doch jetzt drehte Ilhan Karasu sich zu mir um.

»Kommen Sie, Remzi Bey«, sagte er. »Gehen wir rüber in mein Büro.« Ich folgte ihm. Er verließ mit raschem Schritt den Raum und öffnete die Tür des Büros gegenüber. Er ging hinein, ohne sich noch einmal umzusehen.

Mein Freund hielt mich an und sagte: »Wir sind hier gleich fertig. Bist du sauer, wenn wir schon mal gehen?«

»Ach was, geht nur«, erwiderte ich. »Bis bald.«

Auch das Büro von Ilhan Karasu hatte mit denen der Klubpräsidenten, die ich im Fernsehen bestaunen konnte, nicht die geringste Ähnlichkeit. Der am meisten ins Auge fallende Gegenstand in diesem Raum, der dreimal so groß war wie Dilek Aytars Büro, war ein fast den gesamten Boden bedeckender Isfahan-Teppich. Außer einem auffallend schlichten Konferenztisch, einem am Boden stehenden Fernseher samt Videogerät, einem diskret in einer Ecke versteckten, als Hausbar dienenden antiken Schränkchen und, vor den Fenstern mit geschlossenen Jalousien, zwei kleinen Sesseln mit einem Beistelltisch enthielt der Raum keine weiteren Einrichtungsgegenstände. Am Boden lagen ein paar Ordner, Zeitschriften, lose Blätter und ein rotes Telefon mit langer Schnur. An der Wand hing ein Bild mit Segelboot – eine Gouache von Abidin Dino. Ilhan Karasu hockte vor dem kleinen in dem Getränkeschränkchen versteckten Kühlschrank.

»Magst du schon was trinken, so früh am Morgen?«, fragte er, ohne sich nach mir umzudrehen.

»Nein«, antwortete ich.

Als er zu mir zurückkam, hatte er ein Light-Bier in der Hand.

Während er die Dose öffnete, ging er vorsichtig um den Teppich herum und setzte sich in einen der Sessel. Ich folgte ihm, während er einen kräftigen Schluck aus der Dose nahm.

»Du weißt, worum es geht?«, fragte er einleitend.

»Ihr Werbemensch hat mich etwas vorbereitet.«

»Verstehst du was vom Fußball?«

»Ich schaue gern zu«, sagte ich und nahm ihm gegenüber Platz.

»Und wie steht es mit deiner Menschenkenntnis?«

»Den Menschen schaue ich auch gern zu.«

»Das hört sich gut an«, sagte er und nahm noch einen Schluck aus der Dose.

»Den Fußballklub habe ich wegen der Reklame übernommen. PR nennt Dilek Hanim das, wir sollten als Sponsoren auftreten. Sie hätte eigentlich ein Volleyball- oder Basketballteam vorgezogen. Am besten was mit Frauen. Das würde besser zu unserer Linie passen. Ich hätte auf sie hören sollen. Sonst hör ich nämlich immer auf sie. Ich wollte aber auch selbst etwas davon haben. Und das habe ich jetzt, aber nicht so, wie ich gedacht hatte.«

»Es ist ja noch nichts entschieden, vielleicht können Sie sich ja halten«, sagte ich.

»Das hoffe ich natürlich auch«, meinte er. »Aber ich traue der ganzen Sache nicht. Vorige Woche habe ich einen Anruf bekommen, der mir nicht mehr aus dem Kopf geht.«

Höchste Zeit, den erfahrenen Privatdetektiv hervorzukehren. Ich beugte mich leicht zu ihm herüber.

»Kam der Anruf hier an oder im Verein?«

»Zu Hause«, sagte er. »Am letzten Donnerstag. Ich wollte gerade zu Bett gehen.«

»Wer nimmt bei Ihnen das Telefon ab?«

»Wer am nächsten dran ist, meine Frau, ich oder auch mein Sohn, wenn er gerade bei uns ist. Wir haben keinen Butler mit ›Bitte schön, hier bei Karasu‹ oder so ähnlich.«

»Was hat der Anrufer denn gesagt?«

»›Spreche ich mit Ilhan Bey?‹, fragte er. Darauf ich: ›Ja.‹ Dann sagte er: ›Ich habe eine schlechte Nachricht für Sie.‹ Darauf ich: ›Was soll das heißen?‹ Zuerst hatte ich Angst, dass in der Fabrik was nicht in Ordnung war, ein Brand oder so. Aber er sagte: ›Das bevorstehende Spiel wird verkauft. Ihr Torhüter und der Linksaußen haben vor, das Spiel vom Samstag zu verschaukeln.‹ Ich fragte: ›Wer spricht denn da?‹ Da lacht der Kerl und sagt: ›Ein Fan vom Karasu Güneşspor.‹ Ich war völlig verblüfft. Als mir immer noch nichts einfiel, sagte er: ›Wenn Sie mir nicht glauben, kann ich Ihnen auch den Ort verraten, wo sie sich mit der Gegenseite treffen werden, um die Sache perfekt zu machen.‹ ›Dann lass mal hören‹, sagte ich. Aber der Kerl sagte, das wisse er noch nicht. Sobald der Treffpunkt bestimmt sei, würde er mir Nachricht geben. Und dann legte er einfach auf.«

»Hat er sich noch mal gemeldet?«

»Bis jetzt noch nicht.«

»Wird man Sie mit ihm verbinden, wenn er hier anruft?«

»Ich hab den Mädchen in unserer Zentrale selbst gesagt, dass sie aufpassen sollen, wenn jemand anruft, der sich als ›Fan von Karasu Güneşspor‹ ausgibt. Es hat aber niemand mehr angerufen.«

Ich lehnte mich wieder in meinen Sessel zurück. Und ich sagte ihm das, was mir als erste mögliche Erklärung durch den Kopf ging, auch wenn ich dadurch riskierte, meinen neuen Job gleich wieder loszuwerden:

»Ilhan Bey, könnte es nicht sein, dass sich da jemand aufspielt, um für ein bisschen Aufregung zu sorgen?«

»Das habe ich mir auch gesagt. Aber wenn nun doch was dran ist?«

»Gegen wen spielt Ihr Verein nächste Woche?«

»Das ist es ja gerade! Der Klub, gegen den wir antreten, gehört dem Kerl, wegen dem ich überhaupt in diese Sache hineingeraten bin. Entweder fliegen die aus der Liga oder wir.«

Während ich umsonst versuchte, mich an den Namen des nur einen Punkt unter Karasu Güneşspor stehenden Vereins zu erinnern, klopfte es an der Tür. Das Klopfen war wohl reine Formsache, denn ein korrekt gekleideter Mann mittleren Alters betrat mit selbstsicherem Schritt den Raum, ohne ein »Herein« abzuwarten. Mir schenkte er keinen Blick. Schweigend legte er ein Bündel Schecks auf das Ablagetischchen vor Ilhan Karasu hin. Der unterschrieb eilig fünf der Schecks, ebenfalls ohne ein Wort zu sagen. So schnell ging die Sache vonstatten, dass ich nicht einmal Gelegenheit hatte, die Zahl der Nullen hinter den Ziffern zu zählen. Als der Mann im gleichen Tempo wieder hinausging, rief Ilhan Karasu ihm nach:

»Hat Ankara die Zahlung ausgeführt?«

»Ja, aber die Bank konnte uns die Summe noch nicht gutschreiben, wegen einer Betriebsstörung«, sagte der Mann und drehte sich um.

»Wer ist der Mann, dessentwegen Sie in diese Sache hineingeraten sind?«, fragte ich.

Ilhan Karasu führte die Dose an den Mund, um einen weiteren Schluck von seinem Light-Bier zu nehmen. Als er feststellte, dass sie leer war, verzog er das Gesicht, stand auf und ging zu dem Barschrank hinüber. Während er in gebückter Haltung dessen Inhalt untersuchte, rief er zu mir herüber, ob ich immer noch nichts trinken wollte.

»Ein Kaffee wäre nicht schlecht …«, sagte ich.

Hätte ich mir doch bloß etwas Bedeutenderes gewünscht! Denn diesmal ging die Tür auf, ohne dass angeklopft wurde, und eine Frau in weißem Kittel und Kopftuch trat herein, mit einem Tablett in der Hand, auf dem eine Tasse Nescafé stand. »Das schickt Dilek Hanım für Ihren Gast«, sagte die Frau und sah ihren

Chef an. Dabei kicherte sie, als ob sie etwas Komisches von sich gegeben hätte. Ich ging der Frau entgegen und nahm die Kaffeetasse vom Tablett. Tatsächlich, es war mein Kaffee, Nescafé und ohne Milch.

»Vielen Dank, Nimet Hanım«, sagte ich, worauf die Frau das Tablett mit lautem Scheppern auf den Boden fallen ließ. Ich setzte mich wieder und sah zu, wie sie aufgeregt das Tablett aufsammelte und fluchtartig den Raum verließ. Ein erster Schluck bestätigte meine Vermutung: Der Kaffee war nur noch lauwarm. Ilhan Karasu war inzwischen, mit einer neuen Bierdose in der Hand, wieder auf seinen Platz mir gegenüber zurückgekehrt.

»In unserer Branche spielt der Wettbewerb eine ganz große Rolle«, begann er jetzt seine Ausführungen. »Es gibt jede Menge Konkurrenzfirmen und -marken. Im Allgemeinen ziehen wir alle am gleichen Strick, bei den Preisen sowohl wie den Modellen, der Werbung und so weiter. Sogar bei unseren Vertretungen …, das heißt, wir suchen ein Vertrauensklima.« Und nach einem weiteren Schluck Bier: »Aber einer unter allen Konkurrenten, ein einziger, nimmt für mich einen besonderen Platz ein. Ich kann es einfach nicht vertragen, wenn Barbie House mir auch nur einen Schritt voraus ist. Das ist vielleicht keine besonders kaufmännische Haltung, aber Barbie House ist für mich ein viel wichtigerer Konkurrent, als es der tatsächlichen Bedeutung dieser Firma entspricht.«

»Dafür gibt es doch sicher einen Grund«, meinte ich.

»Ja, den gibt es. Der Grund ist, dass der Firmeninhaber ein früherer Geschäftspartner von mir ist. Seitdem wir getrennte Wege gehen, lächeln wir uns an, während wir uns unter dem Tisch gegenseitig ans Schienbein treten. Wie oft habe ich geträumt, in sein Warenlager einzudringen und seine Stoffe zu zerschneiden …«

»Haben Sie aber nicht.«

»Nein, natürlich nicht. Wir treten uns zwar ans Bein, doch wir wahren dabei den Anstand und folgen den Regeln des Marktes: Keine Angriffe unterhalb der Gürtellinie!«

»Das heißt, ohne den Stürmer des Gegners zu verletzen«, sagte ich.

Er sah mir gerade ins Gesicht. »Ja«, sagte er. »Er ist übrigens als Erster auf die Idee mit dem Fußball gekommen und hat sich einen Verein zugelegt. Allerdings konnte er ihm nicht seinen Namen geben, haha.«

»FC Barbie.«

»Um ihn zu ärgern, frage ich ihn jedes Mal, wenn ich ihn sehe: Na, wie geht's denn mit deinem Puppenklub? Weil nämlich seine Spieler in Riesenbuchstaben den Namen Barbie vorn auf dem Trikot tragen.«

Plötzlich erinnerte ich mich an den Namen des Vereins. »Sport- und Fußballklub Central«, sagte ich. »Spielen Sie diese Woche gegen Central?«

»Ja. Und der Verlierer fliegt raus.«

»Der Verlierer fliegt raus«, sagte ich.

»Deswegen hat der Anruf mich ja so irritiert«, meinte Ilhan Karasu. »Wenn was dran ist und sie wirklich zwei unserer Spieler gekauft haben, sind wir die Verlierer.«

»Sagten Sie eben nicht noch, dass Sie und Ihr Konkurrent sich an gewisse Anstandsregeln halten?«

Er trank noch einen Schluck von seinem Bier. »Für alles gibt's ein erstes Mal. Genau das macht mir Angst.«

Ich hatte keine Ahnung, was man in einem solchen Falle tut, und entschloss mich, ihm dies in aller Offenheit zu sagen. »Ich weiß wirklich nicht, was man da tun kann«, sagte ich also. »Vielleicht sollten Sie mit dem Trainer reden, dass er die Spieler erst gar nicht antreten lässt.«

»Und wenn es doch nur dummes Gerede ist? Wenn die das nur aufgebracht haben, um uns durcheinander zu bringen und die Kampfmoral unserer Jungs zu versauen? Oder damit wir uns selbst schwächen?«

»Würde Ihr früherer Partner so etwas tun?«

»Wer ein abgekartetes Spiel zu spielen bereit ist, scheut auch vor so was nicht zurück«, sagte Ilhan Karasu. »Wenn wir ausgerechnet diese beiden Spieler aus der Mannschaft nehmen, dann wird die Gegenseite nicht nur hinter unserem Rücken, sondern uns ganz frech ins Gesicht lachen.«

»Reden Sie doch mit den Spielern selbst«, schlug ich vor.

»Daran habe ich auch schon gedacht, es dann aber wieder verworfen«, sagte er. »Wenn das Ganze wirklich stimmt, dann spielen sie ja vielleicht sogar gut, aber das Vertrauen ist doch irgendwie dahin. Und wenn es nicht stimmt, dann haben wir ganz umsonst die Moral der Jungs beschädigt. Es ist viel schwerer, so zu tun, als ob man ehrlich spielt, als tatsächlich ein ehrliches Spiel abzuliefern. Vor lauter Aufregung machen sie dann Fehler, und wir sind wieder die Dummen.«

»In welcher Weise kann ich Ihnen hier helfen?«, fragte ich. Es wurde Zeit, sich wieder professionell zu geben.

»Die Begegnung ist am Samstag um fünfzehn Uhr«, sagte Ilhan Karasu. »Bis dahin möchte ich, dass du herausfindest, was wirklich hinter dem Anruf steckt. Wenn was dran ist, werden wir unsere Mannschaft eben umstellen müssen. Und sonst werden wir ins Spiel gehen, ohne irgend jemandem auch nur ein Sterbenswörtchen zu sagen. Was danach kommt, weiß der Himmel.«

»Und ich soll das jetzt herausfinden, ohne aufzufallen?«, fragte ich.

»Ja, vor allem ohne aufzufallen«, sagte er.

»Das wird nicht leicht sein«, sagte ich. »Geht wohl nur mit Fernsteuerung.«

»Von fern oder von nah«, sagte Ilhan Karasu. »Hauptsache, keiner schöpft Verdacht. Außer uns beiden darf niemand wissen, dass du ermittelst. Und je schneller du was herausfindest, umso besser. Meinst du, du schaffst das?«

Das war etwa so, als ob man mich gefragt hätte, ob ich meine Cessna sicher auf den winzigen Flugplatz von Hazerfen beim Küçükçekmece-See herunterbringen könnte. Mit größter Wahrscheinlichkeit würde ich sie recht unsanft aufsetzen, meine Passagiere aber wohl kaum vorwarnen.

»Wenn das Treffen für den Abschluss dieses Handels tatsächlich stattfindet, wird meine Arbeit um vieles leichter. Allerdings mache ich keinerlei Aufzeichnungen oder Fotos wie die meisten meiner Kollegen. Sie müssen meinen Ergebnissen einfach so vertrauen.«

»Das werde ich«, sagte er. »Ich vertraue ja auch meiner Werbeagentur.« Er stand auf und ging zu dem roten Telefon. Er nahm es hoch und klemmte sich den Hörer zwischen Ohr und Schulter. Mit der freien Hand wählte er eine Nummer. Dann drehte er sich zu mir und fragte: »Wie viel soll ich bereitstellen lassen?«

Die Summe, die ich ihm nannte, war etwa doppelt so hoch wie das Gehalt eines Mittelstürmers, der zu einem gerade erst von den Amateuren in die dritte Liga aufgestiegenen Verein gewechselt war.

4

Wir sprachen kein Wort mehr, bis der schweigsame Mann im Anzug wieder hereinkam, der kurz vorher die Schecks hatte unterzeichnen lassen. Es war dieser Augenblick, in dem das Geld den Besitzer wechselte, der auch meinen Kunden immer mehr als alles andere klar machte, dass sie einen Privatdetektiv engagiert hatten. So wie viele Leute glaubten, dass das Geld, das man für einen Psychiater ausgab, bereits einen Teil der Behandlung ausmachte. Ich stellte allerdings keine fingierten Quittungen für freiberufliche Leistungen aus, wie gewisse Ärzte es tun. Ich weiß nicht, wie groß die Zahl der Patienten ist, die ihren Doktor um eine Quittung für geleistete Zahlungen ersuchen. Von mir jedenfalls verlangt niemand so etwas. Von mir wollen sie nur Ergebnisse. Und die kann ich den Leuten manchmal geben, manchmal auch nicht. Genau wie bei den Ärzten.

Der Mann im Anzug gab Ilhan Karasu einen Scheck. Dieser legte ihn auf den Tisch und wartete, bis der Mann den Raum wieder verlassen hatte. Dann unterschrieb er ihn mit der gleichen Beiläufigkeit wie die anderen fünf vorhin und überreichte ihn mir.

»Meine Werbeagentur bekommt ihr Geld übrigens nie, bevor die Anzeigen erscheinen, damit du Bescheid weißt«, sagte er jetzt, wie um sich selbst zu beruhigen. Ich war längst daran gewöhnt, dass meine Klienten im Moment der Geldübergabe philosophische bis läppische Kommentare von sich gaben. Doch Ilhan Karasu wurde jetzt ganz ernst: »Von jetzt an bist du verantwortlich«, sagte er. »Viel Glück!« Er schien sichtlich erleichtert. Ich hatte gelernt, über diese Art von Empfindlichkeiten hinwegzusehen.

Den Scheck verstaute ich in meiner Brieftasche, ohne ihn genauer anzusehen. Auch bar ausgezahlte Honorare zählte ich nie nach. Bevor ich die Brieftasche wieder in meine Hose steckte, zog ich eine der Visitenkarten hervor, auf denen meine Privatadresse und Telefonnummer standen. Auf die Rückseite schrieb ich noch die Nummer meines Autotelefons.

»Ich besitze kein Handy«, glaubte ich erklären zu müssen.

»Ich auch nicht«, sagte Ilhan Karasu, der jetzt aus der Schublade des Konferenztisches seine eigene Visitenkarte hervorzog. Auch er schrieb eine Telefonnummer auf die Rückseite, bevor er sie mir entgegenstreckte. Ich ließ sie in meiner Jackentasche verschwinden. »Du kannst mich jederzeit anrufen«, sagte er. »Ich werde bei unserer Telefonzentrale dafür sorgen, dass du sofort mit mir verbunden wirst.«

»Gut«, sagte ich. »Sollte ein Anruf im Zusammenhang mit besagtem Treffen kommen, geben Sie mir bitte sofort Bescheid. Wenn ich nicht zu Hause bin, hinterlassen Sie unbedingt eine Mitteilung auf meinem Beantworter.«

»Das mach ich bestimmt«, sagte er. »Was kann ich sonst noch für dich tun?«

Da sein Verein gestern gespielt hatte, war heute sicher frei. Ich hielt es für unnötig, Ilhan Karasu nach den Namen seines Torhüters, des Linksaußen oder des Trainers zu fragen. Auch wo die Mannschaft ihr Training absolvierte, interessierte mich vorläufig nicht. Es gab ja die Gelegenheit, die Jungs am Abend alle auf einmal kennen zu lernen. »Ich möchte eine Einladung für heute Abend«, sagte ich deshalb.

»Was?«, fragte Ilhan Karasu. Es war ihm anscheinend nicht sofort klar, wovon ich sprach.

»Wenn ich recht verstanden habe, wird der Karasu Güneşspor bei der Modenschau heute Abend geschlossen auftreten. Ich dachte, das wäre doch eine Gelegenheit für mich, die Jungs ein bisschen kennen zu lernen.«

»Kein Problem«, sagte Ilhan Karasu. »Das lässt sich machen. Wir geben gleich Dilek Hanim Bescheid ...« Plötzlich verzog er das Gesicht. War ihm die Sache mit dem Regen am Abend wieder eingefallen? Oder vielleicht etwas anderes? »Als wen oder was sollen wir dich den anderen vorstellen?«, fragte er jetzt.

»Mir wird schon etwas einfallen, wenn wirklich jemand fragen sollte«, antwortete ich.

Zum ersten Male, seit wir sein Büro betreten hatten, lachte Ilhan Karasu. Er lachte wirklich, und ich stimmte in sein Lachen ein. »Komm mit«, sagte er gut gelaunt.

Ich folgte ihm in Dilek Aytars Büro, in welches er ohne anzuklopfen und mit entschlossenem Schritt eintrat.

Sie war allein und sprach am Telefon. Der unangekündigte Eintritt ihres Chefs schien sie nicht im Geringsten zu überraschen. Mit einer Handbewegung bat sie uns, eine Sekunde zu warten. Zweimal sagte sie: »Nein« und zweimal: »In Ordnung, ich mach das schon.« Wir standen stumm vor ihrem Schreibtisch und warteten. Sie legte den Hörer auf und schaute uns fragend an.

»Remzi Bey kommt auch zur Modenschau heute Abend«, sagte Ilhan Karasu. »Kümmern Sie sich bitte um ihn?«

»Und um wen wird Remzi Bey sich kümmern?«, fragte Dilek Aytar. Dabei schaute sie mich aufmerksam an, als ob sie mich zum ersten Mal wahrnahm. Mein Freund, der Werbemensch, hatte wohl mal wieder den Mund nicht halten können. Oder aber die Frau verstand es, die richtigen Fragen zu stellen. Es war allerdings auch Ilhan Bey klar geworden, dass meine Deckung aufgeflogen war. Er sah mich an, als wollte er sagen, nun lass mal sehen!

»Dilek Hanim sollte eingeweiht werden«, sagte ich in einem plötzlichen Entschluss. »Das ist ihr gutes Recht, und außerdem erleichtert es meine Arbeit.« Ich wandte mich jetzt an Dilek Hanim: »Ich helfe Ilhan Bey bei einer Angelegenheit mit seinem Fußballverein. Ich dachte, das wäre heute Abend doch eine gute

Gelegenheit, mir die Jungs ganz unauffällig einmal von weitem anzusehen.«

»Und ich dachte schon, Sie hätten jetzt einen Detektiv auf mich angesetzt«, sagte Dilek Hanim in scherzhaftem Ton zu ihrem Chef. Dann drehte sie sich zu mir, sah mir in die Augen und sagte: »Ich habe noch nie mit einem Privatdetektiv zu tun gehabt.«

»Wir halten es für richtig, dass außer Ihnen niemand etwas erfährt von Remzi Bey«, sagte Ilhan Karasu.

Dilek Aytar dachte kurz nach, wobei sie mit den großen Metallscheiben in ihrem Ausschnitt spielte: »Wenn jemand fragt, stelle ich ihn als unseren neuen Vertreter aus Kayseri vor, der zum ersten Mal nach Istanbul kommt«, meinte sie dann. Und, indem sie mich ansah: »Es gehört nämlich zu meinen Aufgaben, die neu zu uns gestoßenen Verkäufer zu betreuen.«

»Gut«, sagte ich. Vorläufig hatte ich nichts dagegen einzuwenden, dass sie sich in besonderem Maße um mich kümmerte.

»Dann ist ja alles in Ordnung«, sagte Ilhan Karasu und streckte mir die Hand hin. »Bis heute Abend.« Und dann fügte er noch hinzu: »Vorausgesetzt, dass es nicht regnet, natürlich.«

»Es wird nicht regnen heute Abend«, sagte Dilek Aytar, während sie ihrem Chef nachsah, der ihr Büro bereits wieder verließ.

»Setzen Sie sich doch bitte«, sagte sie jetzt, indem sie mich ansah und mit der Hand auf den Konferenztisch wies. »Ich habe Ihnen noch nicht einmal einen ordentlichen Kaffee angeboten.«

Nimet Hanim erhielt jetzt per Sprechanlage einen neuen Auftrag für zwei Nescafés, einen davon mit Milch. »Und diesmal bitte rechtzeitig«, hieß es, »sonst ...« Dann nahm Dilek Aytar eine Visitenkarte aus einer Schachtel auf dem Schreibtisch, stand auf und ging mit langsamen Schritten zwischen den beiden nackten Kleiderpuppen umher. Ich saß am Konferenztisch, mit meiner eigenen Visitenkarte in der Hand, und schaute schweigend ihrem Rundgang zu. Schließlich kam sie herüber und setzte sich in einen Sessel mir schräg gegenüber. Sie schlug die Beine übereinander und stützte einen Ellbogen auf dem Tisch ab. Mit der freien Hand ergriff sie meine Visitenkarte, die ich ihr entgegenstreckte, und begann, sie aufmerksam zu studieren. Ihre Karte hatte sie auf dem Tisch abgelegt. Ich steckte sie wortlos ein.

»Sie waren früher Pilot ...«, sagte sie.

»Ja.«

»Und wieso sind Sie jetzt Privatdetektiv?«

»Weil da eine Marktlücke bestand«, antwortete ich. »Es gibt eine Menge Leute, die wissen wollen, was andere tun, und mindestens genau so viele, denen etwas daran liegt, dass man nicht weiß, was sie tun.«

»Zu welcher der beiden Gruppen würden Sie mich zählen?«, fragte sie.

»Sie«, sagte ich, »gehören zu denen, die genau wissen, was sie tun.«

Wieder sah sie mich an, als ob sie mich zum ersten Mal erblickte. Dann beugte sie sich vor, wie um mir etwas Wichtiges mitzuteilen, wobei die runden Metallplättchen an ihrem Hals verführerisch klingelten. Mit einer entschiedenen Handbewegung brachte sie ihren Halsschmuck zum Schweigen, während sie gleichzeitig den Ausschnitt ihrer Bluse zurechtrückte, bevor dieser mehr freigab, als ihr lieb sein konnte. Als sie eine Bewegung an der Tür wahrnahm, richtete sie sich wieder auf.

Die kleine Drohung hatte genützt: Da stand schon Nimet Hanim mit zwei Tassen Nescafé auf ihrem Tablett. Diesmal schaffte sie es, uns zu bedienen und den Raum wieder zu verlassen, ohne dass das Tablett zu Boden ging. Ich ergriff die Gelegenheit, das Thema zu wechseln.

»Und wie sind Sie ausgerechnet zur Werbung und PR-Arbeit gekommen?«, fragte ich Dilek Aytar.

»Ganz einfach«, sagte sie. »Vorher habe ich in einer Werbeagentur als Kundenberaterin gearbeitet. Irgendwann hatte ich genug von den ewigen Launen der Kunden und habe beschlossen, auf die andere Seite des Verhandlungstisches zu wechseln. Sollen die jetzt meine Launen ertragen!«

Ich nahm einen Schluck von meinem Kaffee. Diesmal war er heiß. Das erinnerte mich daran, dass ich seit meinem Betreten der Firma Karasu Textilien keine einzige Zigarette geraucht hatte. Ich griff in die Tasche meines Jacketts und holte mein Päckchen Chesterfield Light hervor.

»Darf ich?«, fragte ich.

»Ja, natürlich«, sagte Dilek Aytar.

»Rauchen Sie auch?«, fragte ich und hielt ihr mein Päckchen hin.

»Nur bei besonderen Gelegenheiten.« Sie legte die Visitenkarte, die sie immer noch in der Hand hielt, auf den Tisch und zog sich eine Zigarette aus dem Päckchen. Als sie sich vorbeugte, um sich Feuer geben zu lassen, schepperten wieder die Metallstücke an der Halskette. Während wir uns Kaffee trinkend gegenübersaßen und gleichzeitig an unseren Zigaretten zogen, musste es so aussehen, als ob wir über ganz außergewöhnliche Dinge nachdachten. Doch plötzlich wurde sie wieder sachlich und ergriff das Wort: »Unsere Modenschau beginnt um zwanzig Uhr dreißig. Sie findet in Ortaköy, in der Villa der Esma Sultan, statt. Wissen Sie, wo das ist?«

Ich wusste es.

»Aber vor neun Uhr läuft da nichts. Unsere Herren Vertreter und ihre dämlichen Ehefrauen halten es nämlich für besonders vornehm, bei solchen Anlässen mit gehöriger Verspätung zu erscheinen. Und ich stehe bis zur letzten Minute an der Eingangstür, um die Gäste zu begrüßen. Sie können mich also gar nicht übersehen.«

Jetzt kamen zwei junge Frauen herein. Eine von ihnen trug eine Pappschachtel, die andere hielt einen schwarzen Würfel in der Hand, der an einer Seite ein Guckloch hatte. Eines der Mädchen sagte: »Hier sind die Dias für die Presse.«
»Sind die immer noch nicht vervielfältigt?«, fragte Dilek Aytar.
»Wir wollten sie Ihnen zuerst noch zeigen«, sagte das andere Mädchen. »Murat hat versprochen, dass er das rechtzeitig hinkriegt.«
»Inschallah«, sagte Dilek Aytar. Dann sagte sie zu mir: »Entschuldigen Sie bitte, aber ich muss mir die Dias kurz ansehen.« Schon in Ordnung, gab ich ihr mit einer Geste zu verstehen. Sie drückte ihre Zigarette aus und ging zum Schreibtisch zurück. Während sie sich setzte, stellten die Mädchen sich rechts und links von ihr auf. Ohne ein Wort zu reden, betrachtete Dilek Hanim jetzt mit Hilfe des schwarzen Kubus, der – so nahm ich an – über eine innere Lichtquelle verfügte, die gerahmten Dias, welche die junge Frau zu ihrer Rechten aus der Pappschachtel nahm und ihr hinhielt. Die links von ihr stehende junge Frau durfte die aussortierten Dias in Empfang nehmen, die Dilek Hanim nicht gefielen.

Um die Zeit zu vertreiben, griff ich mir eine der Broschüren auf dem Tisch. Vielleicht sollte ich mir von meinem Werbeagentur-Freund eine Copyright-Gebühr bezahlen lassen. Anscheinend hatte er sich von mir anregen lassen. In einem fiktiven Detektivbüro führten drei Frauen von ausgesuchter Schönheit, wie sie mir bei meiner Arbeit leider kaum begegneten, verschiedene Kleider vor. Ein schlanker, fantastisch aussehender junger Mann – auch er wies nicht die geringste Ähnlichkeit mit mir auf und steckte in Klamotten, die ich nie im Leben anziehen würde – warf den Frauen niederträchtige Blicke zu. Auf einem Bild hielt er in jeder Hand eine Pistole. Auf einem anderen blies er den Rauch vom Lauf einer wohl gerade abgefeuerten Waffe.

Die kritische Arbeit zu dritt dauerte, bis ich meinen Kaffee ausgetrunken, zwei Zigaretten geraucht und sämtliche Seiten der idiotischen Broschüre angesehen hatte. Nach einiger Zeit war die Hälfte der Dias eliminiert, und die Mädchen nahmen ihre Sachen an sich und verließen schweigend das Büro.

»Wer sind die Geladenen?«, fragte ich unvermittelt und überzeugt davon, dass sie sich erinnerte, wo wir unterbrochen worden waren. Ich hatte mich nicht getäuscht.

»In erster Linie gilt die Modenschau unseren Vertretern. Das gesamte Verkaufsnetz aus allen Ecken der Türkei mit den Vertretern und den dazugehörigen Ehefrauen.« Dabei öffnete sie ihre Arme und machte eine vorstellende Geste wie der Direktor eines Provinzzirkus. »Presse und Fernsehen werden auch kommen, hoffentlich genug davon. Wir haben auch bestimmte Leute von der Konkurrenz eingeladen. Wer wirklich neugierig ist, wird wohl kommen. Das eigentliche Ziel des ganzen Aufwandes ist, die Einkäufer so zu beeindrucken, dass sie bei der festlichen Gala am nächsten Abend so richtig ordern. Und natürlich wollen wir auch ganz einfach auf dem Modesektor auffallen.«

Sie erhob sich und begann von neuem, zwischen den nackten Kleiderpuppen hin- und herzuwandern. Ich sah ihr einen Augenblick zu, bevor ich fragte: »Und was wird die Fußballerriege da anstellen?«

»Die sollen an sich nur gesehen werden. Sozusagen als Lockvogel für die Fernseh- und Pressefotografen. Dabei weiß Ilhan Bey im Grunde genauso gut wie ich, dass die nur kommen, um Unterhöschen unter fliegenden Röcken und durchsichtige Blusen zu fotografieren. Die Spieler eines Dritt-Liga-Vereins interessieren die doch überhaupt nicht.«

Sie kam und setzte sich wieder auf ihren Stuhl, wobei sie ihrem abgekühlten Nescafé einen traurigen Blick zuwarf.

»Aber vielleicht interessieren sich die Vertreter dafür«, warf ich ein.

»Kann sein«, meinte sie.

»Kennen Sie die Spieler persönlich?«, fragte ich jetzt. Irgendwo musste ich ja anfangen.

»Nicht so richtig«, antwortete Dilek Aytar. »Nur mit dem Torhüter bin ich besser bekannt. Und das auch nur, weil ich nach seinem Transfer aus der ersten Liga einen Autogrammtermin organisiert habe.«

»Was hat ihn wohl bewogen, aus der ersten Liga zu Karasu Güneşspor zu wechseln?«, fragte ich.

»Ich verstehe nicht viel von diesen Dingen, aber ich glaube, er wollte da sowieso weg, weil ihm der Boden unter den Füßen ein bisschen heiß geworden war«, erklärte Dilek Aytar. »Vielleicht sagte er sich, ›ich kann ja mal ein, zwei Jahre hier spielen und dann wieder groß auftauchen‹. Aber bei seiner Einstandsparty hat er eine Schau abgezogen, das glauben Sie nicht. ›Ich werde in die Erste Liga zurückkehren, aber zusammen mit meinem neuen Verein‹, hat er tatsächlich gesagt. Der Kerl beherrscht die PR-Regeln besser als ich.«

»Gehen Sie sich die Spiele ansehen?«

»Ilhan Bey lädt mich jedes Mal ein. Ein paar Mal bin ich auch hingegangen und habe mich furchtbar gelangweilt.«

»Dieses Wochenende sollten Sie aber hingehen«, sagte ich. »Es geht um die Wurst.«

»Wenn ich diese Modenschau lebend überstehe und die Vertreter mit dicken Aufträgen nach Hause schicken kann, komme ich«, sagte sie.

Ich stand auf und streckte meine Hand aus: »Vielen Dank«, sagte ich. »Ich habe Ihnen genug Zeit gestohlen. Wir sehen uns heute Abend.«

Auch Dilek Hanim hatte sich erhoben. Sie schüttelte meine

Hand um einiges länger und herzlicher als am Morgen bei unserem ersten Zusammentreffen. Meine Visitenkarte hielt sie jetzt in der linken Hand.
»Bis heute Abend«, sagte sie. »Sie finden mich am Eingang.«

Ich ging langsam den Korridor entlang. Als ich aus Dilek Hanims Büro herausgetreten war, hatte ihr Telefon bereits wieder zu läuten begonnen. Die Tür zu Ilhan Karasus Büro war geschlossen. Durch die offen stehenden Türen der übrigen Zimmer sah ich besetzte und verlassene Schreibtische. Die Firma Karasu Textilien bereitete sich mit aller Macht auf einen wichtigen Abend vor.
Nachdem ich das braun-gelb gestrichene Schiebetor passiert hatte, holte ich die beiden Visitenkarten aus meiner Jackentasche. Als Erstes merkte ich mir die Adresse, einschließlich Postfach-, Telefon- und Faxnummern von Karasu Textilien. Dann die private Nummer auf der Rückseite. Dann schaute ich mir Dilek Aytars Karte an. Telefon- und Faxnummer waren identisch. Während ich auf den etwa zweihundert Meter entfernten Taxistand zuschritt, zerriss ich die Visitenkarten in kleinste Schnipsel, von denen ich bei jedem Schritt ein paar auf den Boden fallen ließ und so meinen persönlichen Beitrag zur Verschmutzung unserer Stadt leistete.

5

Der Fahrer meines Taxis machte einen gesprächigen Eindruck, aber es gelang mir, gleich den ersten Anlauf zur Vertraulichkeit zu stoppen. Obwohl der Mann unruhig am Steuer herumrutschte, bis wir bei mir in Akatlar angekommen waren, gab ich nicht nach. Ich ließ ihn an meinem Haus vorbeifahren und stieg erst bei dem etwas weiter unten liegenden Zeitungskiosk aus. Für sein unfreiwilliges Schweigen entschädigte ich ihn mit einem großzügigen Trinkgeld. Ich erstand drei Zeitungen, deren Montagsausgaben besonders ausführlich über Fußball berichteten, sowie zwei täglich erscheinende Sportzeitungen. Es war inzwischen fast Mittag. Mit dem Zeitungsbündel in der Hand betrat ich den Laden meines Krämers, der mir mein Lieblingsblatt jeden Morgen zu spät schickte. Als ich merkte, dass er meine Beschwerde nicht allzu ernst nahm, drohte ich ihm, mich aus seinem Kundenkreis zu entfernen, wobei ich auf die Zeitungen in meiner Hand deutete. Und um dieser Drohung Gewicht zu verleihen, kaufte ich zwei Fünferpakete tiefgefrorene Pizza bei ihm. Dazu zwei Literflaschen Cola.

Nachdem ich den Beutel mit meiner Zeitung und meinem Brot von der Türklinke abgenommen und meine Wohnung betreten hatte, sah ich, dass auf meinem Anrufbeantworter drei Nachrichten auf mich warteten. Ich beschloss, sie später abzuhören, hatte ich jetzt doch einen Kunden, der bar und im Voraus bezahlte. Nachdem ich die Zubereitungsanweisungen auf einem der Pizzapakete studiert hatte, schob ich eine der runden Scheiben in die Mikrowelle und begab mich ins Bad. Als ich wieder herauskam, war mein Mittagsmahl fertig.

Ich füllte ein Glas randvoll mit Eis, goss Cola darüber, nahm die Pizza und trug alles ins Wohnzimmer. Dort zog ich eine Zeitung aus dem Stapel hervor und begann, einen Bericht über das letzte Spiel von Karasu Güneşspor zu suchen. Die von Cola und Pizza begleitete Suche war wegen der Kürze der entsprechenden Nachrichten allerdings schnell beendet. Wie ich den mageren Mitteilungen von insgesamt sechs Zeitungen entnehmen konnte, war Karasu Güneşspor letzten Sonntag gegen einen Istanbuler Verein angetreten, der ungefähr in der Mitte der Tabelle lag. Das Spiel endete 1:1. Irgendein mir unbekannter Sportreporter hatte entschieden, dass bei Karasu Güneşspor der Torhüter Zafer und aus dem Mittelfeld Ismail und Tarik die beste Leistung gezeigt hatten. Gelbe oder rote Karten hatte niemand bekommen.

Der Sport- und Fußballklub Central hingegen hatte gegen den Tabellenzweiten gespielt und war mit 3:0 besiegt worden. Da das bevorstehende »verkaufte« Spiel aber einige Zeit vor dieser Begegnung eingefädelt worden sein musste, hatte jemand dieses Ergebnis so einkalkuliert. Es war alles ganz klar. Wer immer am kommenden Samstag verlor, flog aus der Liga. Aus für die hochfliegenden Pläne der Klubpräsidenten, perdu das Geld. Diesmal war ich mir sogar noch sicherer, dass ich auf keinen Fall mit den Trainern beider Klubs tauschen wollte.

Nachdem ich noch ein bisschen in den Zeitungen geblättert und nichts gefunden hatte, was mich gereizt hätte, hörte ich meinen Anrufbeantworter ab. Zwei der Anrufer hatten die falsche Nummer gewählt, düt, düt, düt. Beim dritten handelte es sich um eine mir inzwischen wohlbekannte Stimme. Es war wieder einmal die Frau, die mich engagieren wollte, um ihren Mann auf den rechten Weg zurückzubringen, die es aber jedes Mal unterließ, ihren Namen oder eine Adresse zu nennen. Eigenartigerweise rief diese vergessliche Kundin nie an, wenn ich zuhause war. Weil es vorläufig nichts weiter für mich zu tun gab, setzte ich mich vor den PC, um mit meiner Cessna eine kleine Tour rund um den Michigansee zu ziehen, dessen Umgebung ich inzwischen mindestens so gut kannte wie meine Westentasche. Doch die Pizza hatte sich mir schwer auf Magen und Augendeckel gelegt. Da war es vielleicht doch besser, sich für die hoffentlich unterhaltsame Abendeinladung körperlich vorzubereiten. Das heißt, sich ein wenig hinzulegen.

Ich erwachte über lautem Bass- und Schlagzeuggedröhne, das direkt in meinem Gehirn zu explodieren schien. Der über mir wohnende Gymnasiast war aus der Schule zurück. Ich verfluchte den für die dünnen Wände verantwortlichen Bauherrn und klopfte mit dem langen Stecken an die Zimmerdecke, den ich ausschließlich für diesen Zweck angeschafft hatte. Die Musik brach augenblicklich ab. Diese respektvolle Haltung verdankte ich der Demonstration von einigen Kampfgriffen, mit der ich den Jungen einmal im Hauseingang beeindruckt hatte.

Unausgeschlafen, wie ich war, ging ich ein zweites Mal unter die Dusche. Auch der Kaffee, den ich anschließend trank, half die Restmüdigkeit zu vertreiben. Ich fing an, ein bisschen über Istanbul herumzufliegen. Der Atatürk-Flughafen bestand lediglich aus ein paar Rechtecken. Das Marmarameer, der Bosporus, das Goldene Horn und das Schwarze Meer waren aber da, wo sie hingehörten. Außer dem in der Ferne sichtbaren Uludağ gab es in den sich unter mir erstreckenden Meeres- und Festlandsabschnitten keinerlei Erhebungen. Ich flog über die nicht vorhandene Bosporusbrücke und blickte von oben auf die ebenfalls nicht vorhandene Esma-Sultan-Villa herab.

Ich kreiste weiter über Istanbul, mal im Tiefflug und dann wieder höher. Als ich davon genug hatte, tauchte ich in die dichte, über jeder Stadt in 4000 Fuß Höhe wartende Wolkendecke ein, wobei meine Cessna ein Motorengeräusch von sich gab, das in meinen Ohren wie ein längst vergessener sehnsüchtiger Blues klang. Als der Bildschirm sich nur noch als eine mattweiße Scheibe präsentierte, machte ich die Zündung aus und überließ meinem kleinen Flieger die Wahl des Ortes, wo er vom Himmel fallen wollte. Ich machte mich für den Abend fertig.

Nachdem ich mich rasiert hatte, zog ich den einzigen Anzug an, der für derlei Anlässe in meinem Schrank hing. Dann trat ich vor den Spiegel, um das Ergebnis meiner Bemühungen kritisch zu betrachten. Da habt ihr ihn, höhnte ich. Remzi Ünal, Expilot und Exflugkapitän, ausgetreten aus der Luftwaffe, geschasst von den Turkish Airlines, den selbst die billigste Chartergesellschaft nicht haben will und der nicht einmal imstande ist, seine Cessna auf dem Flugsimulator ordentlich zu landen. Hier ist er, neu erstanden als Privatdetektiv Remzi Ünal … Und der geht jetzt an die Arbeit.

Mein Auto, das seit zwei Tagen untätig vor meiner Haustür auf mich wartete, war mit einer feinen Schicht Staub bedeckt. Ein bisschen Regen könnte nicht schaden, dachte ich. Doch da fiel mir Dilek Aytar ein, und ich schob diesen Wunsch für später auf und betätigte stattdessen die Wischanlage. Ich legte eine Buddy-Guy-Kassette ein und fuhr am Akmerkez-Einkaufszentrum vorbei nach Ulus und von dort nach Ortaköy hinunter.

Dort herrschte typische Montagabendruhe. Trotzdem war, noch während ich die letzte Strecke der abschüssigen Portakalstraße langsam hinabmäanderte, sofort einer der jungen Parkplatzwärter zur Stelle, um mir meinen Autoschlüssel abzunehmen. Ich überließ ihm mein Fahrzeug nur zu bereitwillig und steckte den Parkschein in meine Tasche. Ich nahm den Weg gegenüber den Kokoreç-Ständen entlang und erreichte so die Ruine der Villa der Esma Sultan.

Die Menschenmenge vor dem Hauptportal sah aus wie die glücklichen Eltern von Schülern einer zweitrangigen privaten Höheren Schule bei der ersten Schulabschlussfeier ihres hoffnungsvollen Nachwuchses. Mit betont langsamen Schritten –

man wollte ja schließlich gesehen werden – schoben die geladenen Gäste sich auf den Eingang zu. Männer, die ihre dicken Bäuche selbstbewusst vor sich hertrugen, in Begleitung von Damen, die die Ersteren in fast allen Fällen überragten und schwer an ihrem Gesichtsverputz zu tragen schienen. Ich mischte mich unter die Menge und fragte mich, ob ich wohl als Vertreter aus Kayseri durchgehen mochte. Ilhan Karasu und Dilek Aytar standen am Eingang. Er im Smoking und sie in einem bodenlangen hautengen schwarzen Kleid mit großzügigem Ausschnitt. Doch statt der runden Metallplättchen schmückte diesmal eine auffällige Perlenkette ihren Hals. Über der Schulter trug sie eine – für meinen Geschmack – zu große, schwarze Tasche. Neben ihr stand eine ziemlich hässliche Frau in einem unauffälligen, nicht gerade modischen Kostüm.

Als die Menschenmenge sich wie durch einen Filter gezwängt in eine lange Reihe verwandelte, sobald sie sich den drei Personen des Begrüßungskomitees näherte, stellte auch ich mich brav an. Ein nur etwa zwei Schritte von der Gruppe entfernt aufgestellter Fotograf ließ bei jedem neu vortretenden Gast ein paar Blitze aufleuchten, sobald er oder sie von Ilhan Karasu und der hässlichen Frau neben ihm begrüßt wurde. Als die Reihe an mich kam, gab ich mir alle Mühe, den Vertreter aus der Provinz glaubwürdig darzustellen.

»Oh, Remzi Bey«, rief Ilhan Karasu.

»Herzlichen Glückwunsch«, sagte ich. »Es regnet nicht.«

Ilhan Karasu schaute nach oben und sagte: »Der liebe Gott hat mein Gebet erhört.« Und dann, zu der hässlichen Frau neben ihm: »Das ist Remzi Ünal«, und, zu mir gewandt: »Fahrinnüsa, meine Frau.«

Auch für mich gab es einen Blitz, während ich Fahrinnüsa die Hand schüttelte. Eine feuchte Hand. Sie sah mich auch gar nicht an, sondern war bereits mit der Garderobe der hinter mir anstehenden Frau beschäftigt. Ich trat schnell zu Dilek Aytar.

Auch sie sah mich nicht an, während wir uns mit Handschlag begrüßten. Ihre Augen waren auf einen Punkt hinter mir gerichtet. Ich drehte mich um. Eine lärmige Gruppe junger Männer stand da herum, anscheinend unschlüssig, ob sie sich in die Begrüßungsschlange einreihen sollten oder nicht. Sie waren ausnahmslos größer als alle anderen und deshalb kaum zu übersehen. Zudem glänzten zwei kahl geschorene Köpfe. Dilek Aytar schaute mit missbilligenden Blicken zu dieser lauten, sich hin- und herschubsenden Gruppe hinüber.

Ich beschloss, Dilek Hanim erst einmal mit meinen Fragen zum Wetter und zum Fußballverein zu verschonen, und schlenderte in die Mitte des Gartens. Die Gäste standen in Dreier- und Vierergruppen herum und schienen sich mit ihren eigenen zitternden Schatten zu unterhalten, die von großen, in die Erde gerammten Kerzen geworfen wurden. Dazwischen liefen unzählige Kellner und ein paar Kameraleute mit ihren Scheinwerfern herum. Einige der Vertretertöchter hatten sich derart in Schale geworfen, als wollten sie mit den Models wetteifern. Durch die allmählich sich lichtenden Gästegrüppchen hindurch ging ich weiter bis zum Ende des Gartens hinunter, wo er fast ans Meer stieß. Da standen noch ein paar Leute, die es vorzogen, ihren Gratiswhisky mit Bosporus-Blick zu schlürfen. Doch ich musste weiter und nahm mir jetzt die von der ehemals prächtigen Villa übriggebliebenen Ruinen vor. Hier war der Laufsteg aufgebaut. Er bestand aus einer einen halben Meter über dem Boden verlaufenden Plattform. Dort, wo sich am Ende der Plattform geschlossene, zu Umkleidekabinen umfunktionierte Räume befanden, herrschte ein aufgeregtes Treiben. Trotz des Chaos erkannte ich einige der Models, die ich öfter im Fernsehen zu Gesicht bekam.

Als ich bemerkte, dass in meinem Rücken etwas Aufregendes vorzugehen schien, drehte ich mich um. Die Scheinwerfer der

Fernsehleute waren bereits in die gleiche Richtung gedreht. Sämtliche Kameras waren auf den längsten der Kicker gerichtet, der aus dem lärmenden Haufen herausragte. Trotz der Sonnenbrille und dem glatt rasierten Schädel erkannte ich den Torhüter Zafer. Glücklich und zufrieden, wieder einmal erleben zu dürfen, wie sein aus der Ersten Liga mitgebrachter Ruhm ihm treu blieb, lächelte er in die Kameras. Er trug einen pechschwarzen Anzug. Der oberste Knopf seines Hemdes war geschlossen, auf eine Krawatte hatte er verzichtet. Spiegelblank leuchtete der Glatzkopf über dem schwarzen Anzug. Den ungehobelten Karasu-Vertretern, die ihn zu begrüßen wagten, antwortete er mit einer nur leicht aus der Hüfte angedeuteten Verbeugung. Einigen von ihnen drückte er sogar die Hand. Jede seiner Handlungen hatte den Charakter eines Lehrstückes für seine Teamkameraden, die mit dieser schicken Welt ja noch nicht so vertraut waren wie er.

Doch die Kameras hatten ihr Interesse an dieser Gruppe schnell wieder verloren. Sobald sie die obligaten Aufnahmen gemacht hatten und die Scheinwerfer wieder aus waren, begann das Karasu-Team geschlossen, sich in einen sicheren Winkel zurückzuziehen. Ich konnte die Jungs von weitem gut beobachten und mir das Gesicht eines jeden Einzelnen von ihnen einprägen. Die Sportreporter hatten sich bereits wieder unter die Menge gemischt, auf der Jagd nach anderen Objekten. Bis auf einen.

Gefragt, wer an diesem Abend überhaupt nicht ins Bild passte, hätten auch Sie ohne zu zögern auf diesen dicken Reporter gezeigt. Er trug einen weißen Anzug, den er angeschafft haben musste, als er mindestens fünf Kilo weniger wog. Die Hose war glatt überfordert mit der Aufgabe, den gleich unter dem Gürtel hervorquellenden Bauch in Schach zu halten. Die Krawatte baumelte etliche Zentimeter unter dem offen gelassenen obersten Hemdknopf. Um den Hals trug er eine Kamera mit Teleobjektiv. In der einen Hand hielt er einen Drink, in der anderen ein

Taschentuch, mit dem er sich immer wieder neu glänzende Schweißtropfen aus dem runden Gesicht wischte. Als ob er ihnen in ihrem Kampf gegen diese fremde Welt Beistand leisten wollte, stand er bei den Fußballern, wobei er sein beträchtliches Gewicht ständig von einem Fuß auf den andern verlagerte. Seine Augen allerdings ... Selbst von dieser Entfernung aus konnte man gut sehen, dass an dem Mann die Augen das einzige wirklich Lebendige waren. Um auch ja nichts zu verpassen, schweiften sie unaufhörlich umher. Während der Mann genüsslich sein Glas an den Mund führte, schienen sie alles wahrzunehmen und irgendwo in seinem Gedächtnis aufzuzeichnen. Ich spürte eine Hand auf meiner Schulter und drehte mich um. Da stand mein Freund, der Werbemensch. Er machte den Eindruck, als hätte er schon ein paar Gläschen gehoben. Und eins davon war zu viel.

»Schade um unser Training von heute Abend«, sagte er.

»Ich arbeite gerade«, entgegnete ich.

»Wenn du's so siehst, bin ich auch im Einsatz«, sagte er mit breitem Grinsen.

»Ist der Besitzer von Barbie House auch hier? Du kennst die doch alle und könntest ihn mir mal zeigen.«

»Cem Tümer?«, fragte er. »Den habe ich gerade gesehen. Komm, lass uns mal sehen, ob wir ihn finden«, sagte er und zog mich am Arm vorwärts. Wir bewegten uns jetzt wieder auf die dichter beieinander stehende Menschenmenge zu. Mein Freund schwankte leicht und stützte sich auf mir ab.

»Dilek hat mich heute ganz schön ins Verhör genommen, um etwas mehr über dich zu erfahren.«

»Das habe ich bereits gemerkt.«

»Sie ist praktisch mein dritter Vorgesetzter hier in der Firma. Ich muss sie bei Laune halten.«

»Und wer ist die Nummer zwei?«

»Das weißt du nicht?«, fragte er mit einem schrägen Blick.

»Stimmt, den hast du heute ja noch nicht kennen gelernt. Das ist der Kronprinz Kayahan Karasu, einziger Sprössling des Chefs.«

»Ist er wirklich die Nummer zwei?«

»Vielleicht sogar die Nummer eins, oder noch mehr. Auf jeden Fall eine ziemlich eindeutige Nummer, wenn auch vorläufig verdeckt.«

»Die Schecks unterschreibt aber Ilhan Karasu.«

Mein Freund begrüßte ein paar Bekannte und zog mich weiter vorwärts auf die Ruinen zu. »Klar, das passt Kayahan Bey ja auch bestens in den Kram. Er beschäftigt seinen Vater mit diesem herkömmlichen Kram, damit der glaubt, dass er tatsächlich noch alles entscheidet. In Wirklichkeit wird in der Firma kein einziger Scheck ausgestellt oder unterschrieben, ohne dass vorher Kayahan seine Zustimmung gegeben hat. Auf jeden Fall läuft das bei meinen Schecks so. Obwohl die bei der augenblicklichen Krise nicht gerade überwältigend sind. Es ist Kayahan Bey, der alle wichtigen Entscheidungen trifft. Das heißt, er trifft die Entscheidungen und legt sie seinem Vater dann so geschickt vor, dass der glaubt, es seien seine eigenen. Und Dilek unterstützt ihn dabei nach Kräften.«

»Warum tut sie das? Hält sie auch zu dem heimlichen Boss?«, wollte ich wissen.

»Sagen wir, dass sie in einen zukünftigen reichen Ehemann investiert«, antwortete mein Freund.

»Altes Lästermaul«, sagte ich.

»Das ist kein Klatsch«, verteidigte er sich. »Bei Karasu Textilien wissen es längst alle, dass Dilek Hanim so dick mit dem Jungen verbandelt ist, dass sie sich sogar gegen den Alten durchsetzen kann, wenn nötig. Die beiden sind übrigens so gut wie verlobt, heißt es inoffiziell.«

»Und wie steht's bei Karasu Güneşspor?«

Bei dieser Frage begann mein Freund zu lachen, als ob ich

einen unserer üblichen Umkleideraum-Scherze zum Besten gegeben hätte. »Der Fußballklub gehört zu den wenigen Gebieten, auf denen Kayahan seinem Vater völlige Autonomie zugesteht. Er lässt ihn damit spielen, wie es ihm Spaß macht. Aber ich wette, dass sich das sofort ändert, wenn der Verein aus Versehen in der ersten Liga landet. Sobald die Ausgaben steigen, wird er ihm sein Spielzeug wegnehmen. Sieh mal, da ist er ja, unser Kronprinz.«

Er wies mit dem Kinn auf einen jungen Mann, der unter den hektischen Menschen vor den Umkleidekabinen für noch größere Hektik sorgte. Mit ausladenden Gesten redete er auf eine weißhaarige Frau ein, die ihm aufmerksam zuhörte und zustimmend mit dem Kopf nickte. Ein Mann in grauem Smoking kam dazu, zeigte etwas auf dem Blatt Papier in seiner Hand, während er eine Frage stellte, und kehrte sofort um, sobald er seine Antwort erhalten hatte.

»Sicher haben die wieder in der letzten Minute mit vereinten Kräften an meinem Entwurf herumgeschnippelt«, sagte mein Freund. »Dabei haben sie schon die ganze Woche über nichts anderes getan.«

Jetzt fiel mir auch ein, wer der Mann im grauen Smoking war: Er moderierte die populärste Fernseh-Quizsendung. Kayahan Karasu schien endlich fertig zu sein mit seinem Monolog an die weißhaarige Frau, denn jetzt verschwand er plötzlich im Eingang der Umkleideräume.

»Wann geht die Schau denn nun los?«, fragte ich meinen Freund.

»Das dauert noch ein Weilchen. Die Marketingleute und auch Ilhan Bey brauchen noch Zeit, um die Leute so richtig einzuwickeln und die Konkurrenz vor Neid platzen zu lassen.«

Wir drehten der Szene den Rücken und mischten uns wieder gemeinsam unter die Leute. Die Fußballmannschaft und der Fotograf im weißen Anzug hatten ihren Standort nicht verändert.

Von der halb verfallenen Mauer aus betrachteten sie das Geschehen aus einem gewissen Abstand. Ilhan Karasu und seine Gemahlin waren von einer Traube aus Männern und Frauen umgeben, die die Gläser hochhielten und mit ihrem anhaltenden Lachen gute Laune verbreiteten. Einmal sah ich auch kurz Dilek Aytar, zusammen mit den beiden jungen Frauen, die ihr am Morgen die Dias vorgeführt hatten. Dilek Hanim sah öfters auf ihre Armbanduhr. Doch jetzt stieß mir mein Freund den Ellenbogen in die Seite und sagte:

»Sieh mal, da ist ja dein Mann. Cem Tümer.«

6

Zusammen mit meinem Freund ging ich langsam auf Cem Tümer zu, den Besitzer von Barbie House und des Sport- und Fußballklubs Central. Er war in Begleitung einer Frau, die sich getrost für die nobelste Nobelmarke auf den Laufsteg hätte wagen dürfen, die aber neben ihrer Schönheit wahrscheinlich die Reife besaß, das zu unterlassen. Das Bewusstsein, der sie umgebenden Ansammlung von Vertretern und deren besseren Hälften haushoch überlegen zu sein, war den beiden deutlich anzusehen. Sie standen ein wenig abseits, aufrecht, stumm und mit den Gläsern in der Hand, wie Gäste, die einerseits wichtig genug sind, zur Hochzeit geladen zu werden, andererseits zu entfernt verwandt für die Ehrenplätze. Wie Ilhan Karasu trug auch Cem Tümer einen Smoking. Der Unterschied bestand darin, dass dieser den hoch gewachsenen, schlanken Mann auch wirklich kleidete. Die Haare, die um einiges länger waren als die seiner Begleitung, hatte er im Nacken zusammengenommen. Nicht dass er sich besonders bemühen musste, jünger auszusehen, als er war. Der Mann sah einfach jung aus. Er verfolgte alles mit großer Aufmerksamkeit. Wenn das eine oder andere auch nicht seinen begeisterten Zuspruch fand, so ließ er sich das jedenfalls nicht anmerken. Ich fragte mich, ob er wohl gelegentlich an das bevorstehende Spiel vom Samstag dachte.

»Halt, nicht weiter«, sagte mein Freund plötzlich.

»Warum denn nicht?«

»Ich möchte dem Mann jetzt lieber nicht begegnen. Er fragt mich nämlich jedes Mal mehr oder weniger offen, ob ich nicht von Karasu weggehen und für ihn arbeiten möchte. Das bringt mich hier in eine schwierige Lage.«

»Du Glückspilz«, sagte ich. »Du hast Kunden, die dir hinterherlaufen.«

Er zog eine Grimasse, als bereite es ihm Übelkeit, an die Probleme seiner Agentur erinnert zu werden.

»Ich seh mich noch ein wenig um«, sagte er. »Hier scheint zwar niemand auf meine Ratschläge zu warten, aber vielleicht kann ich trotzdem noch für jemanden nützlich sein. Bis später.«

Mein Freund verließ mich mit entschiedenem Schritt, als ob er in der Ferne jemanden entdeckt hätte, den er unbedingt erwischen musste. Er schien plötzlich ganz nüchtern. Ich nahm mir ein Glas Weißwein vom Tablett eines Kellners. Während ich an dem beschlagenen Glas nippte, versuchte ich, den tief in mir versteckten Karasu-Verkäufer aus Kayseri herauf zu beschwören. So ging ich gemächlich auf Cem Tümer zu.

Dabei war ich mir gar nicht sicher, ob es überhaupt ratsam war, mit dem Mann zu reden. Weswegen ich offen gesagt auch nicht wusste, wie ich ein solches Gespräch eröffnen sollte. Gleich mit dem Spiel zu beginnen, war sicher keine gute Idee. Im Grunde wollte ich ihn ja nur ein bisschen kennen lernen. Um zu wissen, mit wem ich es zu tun hatte.

Diese Unentschlossenheit sollte sich – wie so oft in meinem Leben – umgehend rächen. Noch bevor ich nah genug an Cem Tümer und seine Begleiterin herangekommen war, um von ihnen bemerkt zu werden, knallte hinter uns die Musik los. Der überlaute, synthetische Sound kam aus der Ecke, wo der Laufsteg aufgebaut war. Die Gespräche brachen ab, und alle Gesichter drehten sich in die Richtung, aus der das unbarmherzige Hämmern auf uns herniederprasselte. Die Botschaft kam an: Wenn wir überhaupt etwas von der Schau sehen wollten, mussten wir wohl oder übel näher an die Lärmquelle heranrücken. Tatsächlich ging die Menge jetzt langsam auf die von der Prachtvilla der Prinzessin Esma übrig gebliebenen Fundament- und Mauerreste zu. Cem Tümer stellte sein Glas auf den nächsten Tisch, ergriff die Hand seiner schönen Begleitung und verschwand in der Menge.

Ich suchte mir einen Platz, von dem ich gemütlich und mit dem dekorativen Weinglas in der Hand die Menschen um mich herum beobachten konnte. Die rangelten sich um die Plätze, von denen man die Models besonders gut beäugen konnte. Bald drängelten sich die Gäste zu beiden Seiten des Laufstegs, der dem Verlauf der verfallenen Mauer folgte. In der Nähe des hell beleuchteten Teils, der als Ein- beziehungsweise Ausgang zum Laufsteg angesehen werden konnte, fielen mir besonders lange Schatten auf. Die Mannschaft von Karasu Güneşspor hatte also dort Stellung bezogen. Die Fotografen und Kameramänner drückten sich höflich an einigen der Ehrengäste vorbei, um in die vorderste Reihe zu gelangen.

Die Musik drehte noch einmal auf und dröhnte weiter, bis der Moderator, den ich kurz vorher mit Kayahan Karasu hatte sprechen sehen, auf das Podium zuschritt. Sobald er für alle gut sichtbar vorne stand, brach die Musik jäh ab, und ein donnernder Applaus begrüßte den Mann. Oder eher unsere wundersame Errettung aus dem musikalischen Inferno.

Nun sah ich, wie der Moderator die Lippen bewegte, aber seine Stimme hörte ich nicht. Niemand hörte sie. Allgemeine Verwunderung. Ich blickte schnell um mich. Dilek Aytar stand mit über der Brust gekreuzten Armen in der Nähe der Fußballer und bewahrte eine bewundernswerte Ruhe. Ein paar Schritte hinter ihr sah ich meinen Freund, den Werbemenschen, grinsen. Der Moderator schlug ein paar Mal leicht auf das Mikrofon. Kein Ton, er ließ den Kopf hängen. Aus der Menge ließ sich ein mitfühlendes Raunen vernehmen.

»Wenn etwas verkehrt läuft, kommt Karasu …«, da war sie plötzlich, die Stimme des Ansagers. Das Mikrofon hatte sich besonnen. Das Raunen ging in erleichtertes Gelächter über.

Der Hauptscheinwerfer löste sich vom Moderator und schwenkte auf den Eingang zu. Die Musik setzte wieder ein, und ein erneuter Applaus brach los. Jetzt kam ein Model mit bis zum unteren Beckenansatz entblößtem Rücken. Zwei schwarz gekleidete Jünglinge führten sie an der Hand, und so schritt sie langsam rückwärts auf die Zuschauer zu. Ich war hundert Prozent sicher, dass die meisten der männlichen Gäste die Luft anhielten bei dem Gedanken, was sie zu sehen bekämen, wenn die junge Frau sich umdrehte. Die Fernsehleute waren bereits in Aktion. Die junge Frau gelangte im Rückwärtsgang bis zur Mitte des Catwalk. Dann drehte sie sich um und präsentierte uns ihre Frontseite. Neuerlicher Applaus, gemischt mit Ausrufen des Bedauerns seitens der geladenen Männlichkeit. Das bis auf den Boden reichende und an der Brust des Mädchens beginnende Stoffstück wurde geheimnisvollerweise dort oben festgehalten, Erdanziehungskraft hin oder her. Ohne die beiden Schwarzgekleideten ging das Model jetzt mit wiegendem Schritt unter den ihr folgenden Scheinwerfern bis ans Ende des Laufstegs. Dort blieb sie einen Moment stehen und warf diese unglaublich selbstbewussten Blicke ins Publikum, die ich von den Modeschauen im Fernsehen kannte.

Eine neue Beifallswelle kam vom Podiumseingang herüber. Dort machte sich bereits ein weiteres Model, wiederum von zwei Jungmännern in schwarzen Anzügen an den Händen geführt, rückwärts auf den Weg. Ich nippte an meinem Wein und bereitete mich auf den vorderseitigen Anblick vor, mit welchem dieses Model uns wohl überraschen würde.

Doch es war mir nicht vergönnt, diese zweite Kreation der Firma Karasu Textilien zu würdigen, denn ich wurde durch eine plötzlich in meinem Rücken entstehende Unruhe abgelenkt. Ich verstand zwar die Worte nicht, aber ich hörte deutlich, wie zwei Personen miteinander sprachen. Ich drehte mich um und wollte gerade in vorwurfsvollem Ton »Ruhe dahinten!« rufen, als ich es mir anders überlegte. Da spielte sich nämlich eine ziemlich dramatische Szene ab.

Der dicke Fotograf – Sie wissen ja, der mit dem zu engen weißen Anzug, den Sie alle einstimmig wählen würden, wenn es darum ginge, den in diese Umgebung am wenigsten passenden Gast auszusuchen – redete auf ein sehr junges Mädchen ein, das mir bisher noch nicht aufgefallen war. Das heißt, er versuchte mit allen Mitteln, mit dem Mädchen über ein ihr offensichtlich nicht sehr angenehmes Thema zu sprechen. Das Mädchen trug Blue Jeans und eine nabelfreie Bluse, auf deren Vorderseite genau in der Mitte ein Widderkopf abgebildet war, dessen Hörner in schwungvollem Bogen mit ihren Spitzen dort landeten, wo man die Brustwarzen der Trägerin vermuten durfte. Sie schüttelte in verneinender Gebärde unaufhörlich und heftig den Kopf. Dabei bewegten sich auch ihre Lippen, doch wegen des stampfenden Gedröhnes konnte ich kein Wort verstehen. Der dicke Fotograf hatte das Mädchen – ohne Gewaltabsicht, das war gut zu erkennen – an einem Handgelenk ergriffen. Eine Liebeserklärung wurde da nicht vorgetragen, das war auch klar. Das Mädchen schüttelte weiter den Kopf, zeigte auf den Fotoapparat und sagte noch einmal etwas, das aussah wie »Niemals«.

Es gelang mir ohne weiteres, die bei solchen Gelegenheiten in uns Männern erwachenden ritterlichen Gefühle zurückzudrängen, mich umzudrehen und mich wieder den Models auf dem Laufsteg zu widmen. Das Mädchen war offensichtlich nicht in Lebensgefahr. Außerdem alt genug, um seine Probleme selbst zu lösen. Und wenn es wirklich in Bedrängnis geriet, waren auf einen Schrei hin außer mir mindestens noch zwanzig Männer nahe genug, um zu Hilfe zu eilen.

Die Models kamen immer noch eins nach dem andern rückwärts angeschritten und führten außer der ihnen vom lieben Gott vermachten Schönheit das vor, was die Stylistinnen der Karasu Textilien hinzugefügt hatten. Die Musik hatte nichts, aber auch gar nichts von ihrem stampfenden Rhythmus verloren. Dilek Aytar stand an ihrem Platz, mein Werbeagentur-Freund direkt neben ihr. Etwas weiter vorne sah ich Ilhan Karasu und seinen Sohn einträchtig nebeneinander. Während die Models die ganze Länge des Laufstegs mit ihrem Wiegeschritt durchmaßen, wurde das glückliche Strahlen auf den Gesichtern der beiden Männer immer breiter. Dann konnte ich mich doch nicht länger beherrschen und schaute nach hinten. Doch da war niemand mehr.

Zu meinen festen Grundsätzen gehört der, mich nicht in die Angelegenheiten anderer Leute einzumischen. Das Mädchen hatte so unschuldig ausgesehen! Trotz des Widderkopf-Oberteils. Und der dicke Fotograf in Weiß war mir sofort unsympathisch gewesen. Ich mochte ihn überhaupt nicht, und auch nicht die Art, wie er seit Beginn des Abends bei den Fußballern herumgehangen war. Doch für jemanden, der mit den Spielern von Karasu zu tun hatte, musste ich mich wohl oder übel interessieren. Und die immer noch auf dem Laufsteg herumstolzierenden Mädchen hatte ich nun auch zur Genüge gesehen.

Als erstes ging ich zu der Stelle hinüber, wo eben noch das Mädchen und der Fotograf gestanden hatten. Keine Spur von den beiden. Ich ging weiter und suchte die Gegend gründlich ab. Dabei genoss ich die Wohltat, mich von der Musik zu entfernen. Der Garten war menschenleer. Lediglich in einer Ecke standen die Kellner herum und schwatzten miteinander. Ich fand den dicken Fotografen vor der Bar, wo er noch einen Gratisdrink zu sich nahm.

Ich ging auf die Bar zu, wobei ich einen gelangweilten Ausdruck aufsetzte. Oder zumindest den von jemandem, der vergeblich darüber nachdenkt, wie und womit er bei der augenblicklichen Krise die gerade in Auftrag gegebene Ware bezahlen soll. Ich ließ mein Feuerzeug in den Tiefen der Hosentasche, nahm eine Zigarette aus dem Päckchen und fragte den dicken Fotografen: »Könnten Sie mir vielleicht Feuer geben?«

»Ja, natürlich«, sagte der, weil er keine andere Wahl hatte.

»Mensch, ist das langweilig«, biederte ich mich an, um die Gemeinsamkeit unseres Rückzugs an die Bar zu unterstreichen, während der Rest unserer Geschlechtsgenossen immer noch vereint die Mädchen begaffte. Dann wandte ich mich an den Barkeeper, zeigte auf die Weißweinflaschen und sagte: »Bitte ein Glas von dem da.«

Der dicke Fotograf schwieg und sah so aus, als ob er sein Schweigen um keinen Preis brechen wollte. Ich musste wohl noch etwas dicker auftragen.

»Was soll bloß diese Bumbumbum-Musik!«, rief ich und prostete ihm zu, sobald ich mein Glas Wein in der Hand hielt. »Gehören Sie auch zum Karasu-Vertreternetz?«, fragte ich leutselig.

»Ich bin Journalist«, sagte der Dicke in gequältem Ton, ohne meine Geste mit seinem Glas zu erwidern.

»Wieso machst du denn keine Aufnahmen?«, fragte ich jetzt und zeigte auf seine Kamera. »Wo so viele halb nackte Mädchen rumlaufen!«

Die von der Modenschau herübertönende Musik wurde plötzlich leiser und verstummte dann ganz. Applaus und von neuem die Mikrofonstimme des Moderators. Aber weil meine Aufmerksamkeit voll von meiner Schauspielerei in Anspruch genommen war, bekam ich nicht mit, was er ankündigte.

Der Dicke sagte im gleichen gequälten Ton: »Ich bin Sportreporter.«

»Ach ja, stimmt. Ich habe dich vorhin bei den Fußballern gesehen. 'nen tollen Job hast du da, muss ich schon sagen, so mit den Mädchen und den Kickern in nächster Nähe.«

Einer der Jungs aus der Fußballmannschaft verließ gerade das Zentrum der Ruinen und kam mit schnellen Schritten und sich nach allen Seiten umsehend in unsere Richtung gelaufen. Weil er offensichtlich nicht fand, was er suchte, wandte er sich an einen der herumstehenden Kellner. Der wies mit der Hand in eine Richtung, in die der junge Mann augenblicklich verschwand.

Der dicke Sportreporter bekam noch eine Portion Honig um den Bart gestrichen. »Toll«, sagte ich. »Da kannst du alle wichtigen Spiele umsonst ansehen.«

Er nahm einen weiteren Schluck von seinem Whisky. Weiter vorne setzte die Musik wieder ein. Doch offensichtlich hatte ich den Mann überzeugt, dass er sich wegen eines kleinen Gesprächs mit mir keinen Zacken aus der Krone brach.

»Denkste«, sagte er jetzt nämlich. »Ich bin immer noch nicht über die Spiele der dritten Liga hinausgekommen. Und selbst da muss ich froh sein, wenn sie überhaupt ein Foto von mir drucken.«

»Klar, Mann«, tröstete ich ihn. »In eurem Beruf muss man natürlich auch Glück haben. Du musst nur eines Tages eine tolle Nachricht erwischen, und schwupps, schon bist du auf der ersten Seite.«

Er sah mich geringschätzig an, als wollte er sagen »Du hast ja keine Ahnung.«

»Von wegen erste Seite, bis auf die Kolumnen des Magazin-Teils ist alles immer schon in festen Händen«, erklärte er mir Ahnungslosem. »Wenn du bei der Presse niemanden hast, der seine Hand über dich hält …«

Die Musik war inzwischen wieder bei ihrem vorherigen Tempo angelangt. Ich hielt den Zeitpunkt für gekommen, meine Schleimereien auf die Spitze zu treiben. »Dann musst du eben das Torhüter-As zusammen mit der Schlagerkönigin in flagranti im Bett erwischen«, vervollständigte ich seinen letzten Satz.

»Nee, mein Lieber, auch so was nehmen die dir glatt weg und setzen ihren eigenen Namen darunter«, belehrte er mich mit der

Miene des in die geheimen Wege der Medien Eingeweihten. Und dann grinste er vor sich hin, als ob er die von mir geschilderte Szene vor seinem geistigen Auge abrollen ließ und sich dabei vorstellte, wie sie »Bitte kein Foto!« schrien.

Ich entschloss mich, zur Landung anzusetzen. Vorher genehmigte auch ich mir noch einen kleinen Schluck.

»Mensch, da ist was, das ich gern wüsste. Kommt es eigentlich wirklich vor, dass Spiele abgesprochen werden?«

Dabei sah ich ängstlich besorgt in seine Augen. War ich vielleicht zu weit gegangen? Hatte er Verdacht geschöpft?

Er hatte aber nichts gemerkt und sagte ernsthaft:

»Ein kluger Kicker verkauft sein Spiel nicht. Jedenfalls nicht ohne Rückendeckung. Und auch nicht gegen Geld. Höchstens mal aus Gefälligkeit. Das ist sonst viel zu gefährlich.«

»Wie soll das denn herauskommen?«, fragte ich.

Doch da kam der junge Mann auf uns zu, der es eben so eilig gehabt hatte, die Lage eines gewissen Ortes zu erfahren. Er war noch damit beschäftigt, seinen Gürtel zu schließen.

»Die Leute in der Welt des Fußballs sind schlauer, als du glaubst«, sagte mein Gesprächspartner. »Es ist unglaublich schwierig, ein Spiel zu verschieben und dabei nicht aufzufallen. Jedenfalls im Alleingang. Was anderes ist es, wenn die Vereinsführung mitmacht. Dann kann das ganze Team nur so tun, als ob es richtig spielt.«

»In den Zeitungen habe ich öfters so was gelesen und mich gefragt ...«

»Was glaubst du, was alles passiert, was nicht in den Zeitungen steht.«

Er trank den letzten Schluck aus seinem Glas und schob es mit Entschiedenheit auf der Theke von sich weg. Der junge Fußballer war inzwischen bei uns angekommen.

»Mensch, die Mädchen sind wirklich zum Vernaschen«, sagte

er zu dem dicken Fotografen, als ob er ein eben unterbrochenes Gespräch fortzusetzen gedachte.

Der Angesprochene entgegnete: »Um eine von denen abzuschleppen, musst du noch ein paar Stufen aufsteigen. Glaubst du etwa, die würden einem Linksaußen der dritten Liga auch nur ein Lächeln schenken? Sieh erst mal zu, dass du deine Nachtarbeit aufgibst!«

»Das stimmt doch nicht, Yildirim Abi«, sagte der Kicker beleidigt. »Du hast wohl Aslihan vergessen.«

»Aslihan hat dich vergessen«, sagte der dicke Fotograf Yildirim Abi. »Die war doch noch richtig grün, mit Pickeln im Gesicht.«

»Mensch Abi, mach jetzt Aslihan nicht schlecht«, sagte der Junge mit vor Wut oder Scham gerötetem Gesicht. Er drehte sich von Yildirim Abi weg und trat nervös von einem Fuß auf den anderen. Dann klopfte er mit seinem Handrücken an die Tasche der weißen Jacke des Sportreporters.

»Gib mir mal 'ne Zigarette. Dein Gerede geht mir ganz schön auf die Nerven.«

»Du solltest trotzdem nicht rauchen, mein Sohn. Wenn das euer Trainer sieht …«, sagte der Dicke.

»Ach was«, meinte der Junge. »Der geile Hund hat doch nur Augen für die Mädchen.«

Ich ergriff die Gelegenheit und brachte mein Päckchen Zigaretten ins Spiel. Der Junge sah mich zunächst verwundert an, gelangte dann wohl aber zu der Entscheidung, dass ich keine Gefahr darstellte. Er zog eine Zigarette aus meinem Päckchen, das ich ihm vor die Nase hielt. Zusammen mit meiner brennenden Zigarette übrigens, weil ich genug Geistesgegenwart besaß, mein Feuerzeug in seinem Versteck zu belassen.

»Danke«, sagte der Junge.

»Keine Ursache«, erwiderte ich. »Ich habe mich ein bisschen mit Ihrem Freund unterhalten. Sie sind sicher Fußballspieler?«

»Jawohl, das bin ich«, antwortete der Junge, indem er Asche, die noch gar nicht da war, von seiner Zigarette schnippte. Er hatte die Bemerkung über Aslihans Pickel anscheinend noch nicht verwunden. Jetzt versuchte er, den Ausgleich zu erzielen: »Sagen wir mal so, wenn Yildirim Abi Journalist ist, dann bin ich Fußballspieler. Tagsüber Fußballer und nachts Taxifahrer!«

»Warum so bescheiden?« fragte der dicke Fotograf. »Bist du nicht schließlich Muharrem, die Nummer elf von Karasu Güneşspor, bekannt als ›Sohn des Windes‹? Alles was dir jetzt noch fehlt, ist ein Transfer und ein reiches Mädchen. Dann brauchst du endlich nicht mehr die Launen und Entgleisungen deiner nächtlichen Kunden zu ertragen.«

»Ein Transfer, dass ich nicht lache! Wer wird denn schon den Linksaußen eines Absteigers kaufen wollen!«, rief der Junge.

»Das stimmt doch nicht, du bist augenblicklich in Topform«, sagte der Fotograf. »Maschallah!«

»Ach, lass mich in Ruhe, Yildirim Abi«, wehrte Muharrem ab.

»Du hast vielleicht 'ne Laune heute Abend«, meinte der Dicke.

»Ist doch klar, Yildirim Abi, wenn du so 'n Zeug redest.«

»Nimm's nicht so schwer, das geht auch vorbei«, meinte jetzt Yildirim Abi. »So, jetzt wieder an die Arbeit. Ich will mir noch mal die Mädchen vornehmen.« Damit stand er auf.

»Kein Grund zur Eile, Yildirim Abi«, sagte der Junge. »Die Durchsichtigen kommen ganz zum Schluss.«

»Ganz zum Schluss kommen die Brautkleider, mein lieber Junge«, berichtigte ihn der Dicke, bevor er ohne Abschiedsgruß davonwatschelte.

Wir sahen ihm nach. Von hinten wirkte er noch fetter. Die bei jedem Schritt hin- und herwackelnden Backen seines riesigen Hinterteils waren unter dem mindestens zwei Nummern zu engen weißen Jackett nur allzu gut sichtbar.

»Interessanter Typ«, sagte ich.

»Ja, und neugierig ist er auch«, sagte der Junge, wohl in dem Glauben, dass ein kleiner Klatsch mit einem Unbekannten, den er ja doch nie wiedersehen würde, sicher nicht schadete. »Über jeden Scheiß, der bei uns passiert, weiß er genau Bescheid. In Ayazağa ist er kein Unbekannter.«

»Ich dachte, er sei Journalist?«, stellte ich mich dumm.

»Ja, gewissermaßen schon«, meinte Muharrem. »Er kommt samstags und sonntags auf den Platz und verfolgt alle Spiele. Die Ergebnisse gibt er dann an die Sportredaktion weiter. Manchmal fotografiert er auch, aber ich habe noch keine ordentlichen Fotos von ihm in der Zeitung gesehen. Er besitzt ein kleines Fotoatelier gleich hier hinter dem Stadion. Da macht er Passfotos und so.«

»Den scheint der Fußball ja wirklich zu interessieren.«

»Ich glaube, was ihn noch mehr interessiert, sind krumme Dinger«, meinte der Junge geringschätzig. »Und außerdem sollte er ein wenig abspecken.« Er zertrat sorgfältig seine Kippe, als wollte er jegliches Beweisstück für seinen Disziplinverstoß aus der Welt schaffen. Dann rieb er sich die Hände an seinen Hosenbeinen ab und sagte: »Na dann tschüss.«

Er entfernte sich, ohne meinen Gegengruß abzuwarten, mit schnellen Schritten in die Richtung, aus der er vorher gekommen war.

Ich schaute ihm nach, während ich mich fragte, wie weit wohl das Interesse des Fotografen im weißen Anzug an krummen Dingern gehen mochte.

7

Dann zündete ich mir eine Zigarette an, diesmal mit meinem eigenen Feuerzeug. Mit dem Rücken an die Bar gelehnt, hatte ich gar keine andere Wahl, als der immer noch von weitem herüberdröhnenden Musik zuzuhören. Ich sah mich außerstande, die Kleider, die die Mädchen zu dieser unmenschlichen Geräuschkulisse vorführten, auch nur einigermaßen zu würdigen.

Es gehörte gottlob nicht zu meinen Aufgaben, den Erfolg beziehungsweise Misserfolg der Frühlings- und Sommermodenschau der Firma Karasu Textilien zu beurteilen. Aber das Herumstehen gefiel mir gar nicht mehr. Während ich überlegte, ob meine Karasu-Vertreter-Identität ein weiteres Glas Wein rechtfertigte, hörte ich die erste Explosion. Sie kam von Beşiktaş herüber. Während ich nach oben blickte und die vom Himmel herunter gleitenden Lichtkaskaden wahrnahm, ertönten kurz nacheinander der zweite und der dritte Knall. Gelbe, grüne und rote Lichtbahnen zogen in den Himmel hoch, wo sie sich in leuchtende runde Scheiben, weit verästeltes Zweigwerk oder in Wasserfälle aus Licht verwandelten. Jedes Mal lief zuerst eine feine Lichtbahn vom Meer zum Himmel hoch. Der Knall kam stets etwas hinterher. Das ging eine Weile so. Es hatte den Anschein, dass die Raketen am Himmel anstanden und darauf warteten, an die Reihe zu kommen mit ihrem verschwenderischen Licht- und Farbenspiel. Mit dem leeren Glas in der Hand und die Augen zum Himmel gerichtet, schritt ich langsam ans Ufer hinunter. Warum sollte ich mich nicht hier vergnügen, während die da unten im Çirağan-Kempinski Hochzeit feierten!

In der ersten Phase des Feuerwerks gelang es den Explosionen trotz der großen Entfernung, unsere Hintergrundmusik zu übertönen. Aber im zweiten Abschnitt, als der Lichterregen wie ein bunter Vorhang der Erdanziehungskraft zu folgen begann, war sie unüberhörbar wieder da. Die Natur hinderte mich an der weiteren Verfolgung dieser beeindruckenden Vorgänge. Und das war gut so, war ich doch drauf und dran, mich in tiefgängige Spekulationen über das Leben, das Gute und das Böse, das Reine und den Dreck einzulassen. Bis jetzt hatte ich ein sich bereits seit einiger Zeit bemerkbar machendes Bedürfnis zurückdrängen können, doch nun schien es geraten, auch ein gewisses Örtchen aufzusuchen. Ich ging an der Bar vorbei in die Richtung, die sich der Fußballer hatte zeigen lassen.

Ich weiß nicht genau, wie viele Meter mich noch von der Toilette trennten, als ich den ersten Pistolenschuss vernahm. Möglich, dass ich auch vorher schon etwas gehört, es aber wegen des allgemeinen Lärmes nicht bewusst wahrgenommen hatte. Den zweiten Schuss jedoch konnte ich nicht überhören, weil er genau zwischen zwei Explosionen des Feuerwerks losging. Ich blieb wie angewurzelt stehen, um eventuelle weitere Schüsse nicht zu verpassen. Es kamen tatsächlich noch zwei kurz hintereinander.

Natürlich fragte ich mich erst einmal, ob sie vielleicht mir gegolten hatten, wobei meine Brust- und Rückenmuskeln sich unwillkürlich anspannten. Der leicht gedämpfte Klang der Schüsse machte mir jedoch klar, dass zwischen mir und der Waffe ein Hindernis sein musste. Trotzdem machte ich mich ziemlich klein, als ich jetzt weiterging. Gegen einen Faustschlag oder auch einen Fußtritt wusste ich mich zu verteidigen. Aber das hier war etwas anderes.

Vor den beiden Türen der Toilette war niemand zu sehen. Ich näherte mich zunächst derjenigen mit der dilettantischen Zeichnung eines Pfeife rauchenden Mannes darauf, legte mein Ohr daran und öffnete die Türe langsam, als ich nichts hörte. Drinnen fand ich niemanden, weder in den offenen Abteilen mit den Pissoirs noch hinter den unverschlossenen Türen der beiden Aborte. Ich trat wieder hinaus. Niemand außer mir schien die Pistolenschüsse gehört zu haben, denn niemand kam aufgeregt herbeigelaufen.

Ich öffnete jetzt mit der gleichen Sorgfalt die andere Türe, von der mich eine Frau mit einer Zigarette in einem langen Mundstück ernst anblickte. Sollte noch ein weibliches Wesen da drin sein, dachte ich bei mir, so hätte sie nach den Schüssen sicher in Eile ihre Kleider in Ordnung gebracht. Doch auch in der Damentoilette war niemand. Ich ging wieder hinaus.

Soweit es von hier zu beurteilen war, lief die Show immer noch auf vollen Touren. Alle außer dem Pistolenschützen, dem Ziel desselben und mir waren nach wie vor vollauf mit den vorgeführten Kleidern – durchsichtig oder nicht – beschäftigt.

Unschlüssig stand ich vor der Toilette und dachte nach. Hatte ich mir die Schüsse eingebildet? Kaum. Seit meinen Pennälertagen im Gymnasium der Luftwaffe hatte ich genug Pistolenschüsse gehört, um sie nicht mit Feuerwerksgekrache zu verwechseln. Ich verließ den Toilettenkomplex und ging weiter nach hinten.

Der dort in der Luft hängende Korditgeruch gab mir Recht, ebenso wie der in voller Länge zwischen umgestürzten Cola- und Fruchtsaftkisten am Boden liegende und mit leeren Augen in die Luft starrende dicke Fotograf im weißen Anzug.

Mein erster Reflex war ein schneller Blick in meine nächste Umgebung. Da war niemand außer mir und ihm. Doch gleich der zweite Impuls bestand in dem Drang, mich eiligst davonzumachen. War ich doch einer der Letzten, die mit dem Mann gesprochen hatten, und wahrscheinlich der einzige Zeuge, der die Schüsse gehört hatte. Was würde es schon ändern, ob ich den wahrscheinlich gleich hier in Massen einfallenden Polizisten für ihre endlose Fragerei zur Verfügung stand oder nicht.

Der Grund, weswegen ich diesem zweiten Reflex nicht nachgab, war, dass mir etwas sonderbar vorkam an diesem dicken Fotografen hinter den Toiletten, der kein einziges Foto mehr schiessen würde.

Weder auf der Jacke noch auf der Hose des weißen Anzugs, noch auf dem Hemd des Sportreporters Yildirim Abi war auch nur ein einziger dieser riesigen roten Flecken zu sehen, wie man sie nach vier Pistolenschüssen ja erwarten durfte.

Ich beugte mich über den Leichnam. Nein, nichts. Keine Wunde, weder blutig noch unblutig. Ich sah mich um. In einer Ecke fand ich ein trockenes, nicht ganz dünnes, vom letzten Herbst übrig gebliebenes Aststück, das ich unter den unförmigen Körper schob. Vorsichtig und inständig hoffend, dass der Stock unter dem Gewicht nicht zerbrechen möge, hob ich ihn ein wenig an. Da die Leichenstarre noch nicht eingetreten war, bewegten sich die Arme. Mir wurde ein bisschen mulmig, aber ich hatte gesehen, was ich sehen wollte. Auch da war kein Tropfen Blut auszumachen.

Normalerweise hätte ich mich in so einer Situation schon längst verdrückt. Wahrscheinlich gab mir aber die Abwesenheit jeglicher Blutspuren das Gefühl, mich ruhig noch ein wenig umsehen zu können. Patronenhülsen oder ähnliche Dinge lagen nirgends herum. Die imposante, mit Teleobjektiv bestückte Kamera des dicken Fotografen lag neben ihm, als habe er sie gerade vom Hals genommen. Soweit ich sehen konnte, war sie unversehrt. Die Idee, sie mitzunehmen, um zu sehen, was er fotografiert hatte, verdrängte ich schnell. Ich wollte ja nicht unbedingt auffallen.

Bis auf die starren, weit aufgerissenen Augen sah das runde Gesicht des Dicken eigentlich ganz normal aus. So, wie er dalag, konnte man meinen, er habe mit jemandem gewettet, wie lange er wohl die Luft anhalten konnte, ohne mit der Wimper zu zucken. Das reicht, sagte ich mir und kehrte zu den Toiletten zurück. Dort war immer noch niemand. Ich ging schnell in das Herrenklo.

Als ich vor dem Pissoir meinen Reißverschluss heruntergezogen hatte, spürte ich die Erleichterung. Weil mich niemand gesehen hatte, war ich als Augenzeuge nicht mehr wert als die anderen Gäste. Irgendwann während der Modenschau musste ich pinkeln. Was, hinter den Toiletten liegt ein Toter? Ist der von selbst gestorben oder umgebracht worden? Mein Gott, der Arme! Wer ist es denn?

Ich zog den Reißverschluss wieder hoch. Vor dem Waschbecken kam mir das Mädchen mit dem nackten Bauch in den Sinn, wie es sich mit dem da noch quicklebendigen dicken Fotografen stritt. Fragen der Polizei zu beantworten, hatte ich zwar keine Lust, doch dem Mädchen ein paar Fragen zu stellen, das konnte ich mir gut denken. Ich wusch mir die Hände und ging wieder nach draußen.

Wie ein eifriger Gast, der nach einer unfreiwilligen Pause fest entschlossen ist, kein einziges Modell und vor allem kein einziges Model mehr zu verpassen, lief ich schnell in Richtung der unverdrossen vor sich hindröhnenden Musik. Ich überlegte: Die Person, die mindestens vier Schüsse abgegeben hatte, war hinter dem einem viereckigen Prisma ähnelnden Toilettengebäude verschwunden. Und befand sich jetzt entweder noch immer unter den Gästen auf dem Grundstück der Esma Sultan Yali oder ... oder war einfach durch das Tor weggegangen. Bei diesem zweiten Gedanken blieb ich stehen, drehte mich um und ging zum Eingangsportal hinüber.

Der einzige Mensch, den ich dort antraf, war ein Jüngling in der Uniform eines Wachmannes. Er saß auf einem an die Wand gelehnten und mit zwei Beinen in der Luft schwebenden Stuhl und las ein Texas-Heftchen. Im Gürtel trug er einen Holzknüppel. Ich konnte mir beim besten Willen nicht vorstellen, gegen wen und wie er den heute Abend wohl einsetzen wollte. Ich streifte den letzten Rest der Karasu-Provinzvertreter-Dümmlichkeit ab und kehrte einen befehlsgewohnten Remzi Ünal hervor, von dessen Autorität ich allerdings selbst nicht wusste, wo er sie hernahm.

»Hör mal, junger Mann«, sagte ich und fuhr fort, ohne abzuwarten, dass er Haltung annahm: »Ist hier in den letzten zehn Minuten jemand hinausgegangen?«

Irgendwie schaffte der Jüngling es, den Stuhl auf den Boden zurückzubringen, ohne umzukippen. Dann stand er in Habt-Acht-Stellung vor mir und versuchte, das Texas-Heft hinter dem Rücken zu verstecken.

»Nein«, sagte er. »Als Letztes sind vor einer halben Stunde ein paar Journalisten gegangen. Danach habe ich niemanden mehr gesehen.«

Ich kehrte schnell um. Besser, wenn er sich mein Gesicht erst gar nicht einprägte. Wenn niemand hier hinausgegangen war, dann war der Pistolenschütze entweder ins Meer gesprungen, oder er befand sich immer noch unter den Gästen und bewunderte die Mädchen. Die erste Möglichkeit schien mir mehr als unwahrscheinlich. Trotzdem beschloss ich, schnell mal ans Ufer hinunterzugehen. Das Feuerwerk war inzwischen zu Ende. Unsere Musik leider nicht.

Am Ufer fand ich meinen Freund von der Werbung, der auf einem Poller saß, rauchte und Richtung Beşiktaş schaute. Ich ging langsamer, damit er nicht auf die Idee kam, es könnte etwas passiert sein. Aber so gedankenversunken, wie er dasaß, hatte er mein Näherkommen gar nicht bemerkt. Erst als ich ihm die Hand auf die Schulter legte, hob er den Kopf.

»Ach, du bist das«, sagte er.

»Was machst du denn hier?«, fragte ich nicht allzu neugierig.

»Die Musik hat mich fertig gemacht. Ich habe mich hierher geflüchtet, um mich bei einer Zigarette ein bisschen auszuruhn. Und als das Feuerwerk losging, bin ich eben geblieben. Doch das ist jetzt ja auch vorbei.«

»Geht das da hinten noch lange?«, fragte ich ihn.

»Ich glaub nicht. Jetzt müsste bald mal das Finale kommen.«

Ich fragte ihn lieber nicht, ob sich gerade jemand in voller Kleidung ins Meer gestürzt hatte.

Doch mein Freund, der mich zum ersten Mal, seit ich zu ihm getreten war, richtig aufmerksam ansah, meinte: »Du siehst irgendwie komisch aus. Ist was passiert?«

Ich erwog schnell, ob ich ihm von den Pistolenschüssen und dem bewegungslos am Boden liegenden Fotografen erzählen sollte oder nicht. Ich entschied mich für die zweite Möglichkeit, weil mir klar wurde, dass wir im Grunde einander zu wenig kannten. Um zu suggerieren, dass ich mich mindestens so langweilte wie er, verzog ich abschätzig den Mund und fragte:

»Und was geschieht nach dem Finale?«

»Dann werden die Gäste mehr oder weniger stark applaudieren, und Ilhan Bey wird herauskommen und sich bei ihnen bedanken. Ich glaube nicht, dass noch große Ansprachen und so kommen. Und dann werden die Leute nach Hause gehen.«

»Musst du anschließend noch bleiben?«

»Um Gottes willen«, sagte er, indem er aufstand und seine Kippe ins Meer warf. »Ich hab doch wohl genug Präsenz gezeigt an diesem wichtigen Schlauch meines geschätzten Kunden. Jetzt bin ich hundemüde und will nur noch nach Hause und ausschlafen. Morgen muss ich in aller Frühe auf den Flieger nach Izmir.«

Wir kehrten gemeinsam zurück. Noch bevor wir an den Ruinen angelangt waren, hörten wir den Beifall losbrechen. Während das Geklatsche mal lauter und mal wieder leiser wurde, strebten bereits einige Leute dem Ausgang zu. Genau wie im Kino, wo es auch immer Eilige gibt, die einen nicht einmal in Ruhe den Abspann lesen lassen.

»Ich verdrück mich auch, bis bald«, sagte mein Freund, indem er sich schnell den eilig Fortstrebenden anschloss.

Ich zog mich an einen bedeckten Ort gegenüber den Ruinen zurück, von dem aus ich die vorbeikommenden Leute gut beobachten konnte. Drinnen wurde nach wie vor Beifall gespendet, doch gleichzeitig kamen immer mehr Leute heraus. Jetzt bloß nicht das Mädchen mit dem nackten Bauch verpassen, sagte ich mir, als der erste Tropfen auf meinen Kopf fiel. Der zweite folgte umgehend. Der Regen nahm im umgekehrten Verhältnis zum Applaus drinnen zu, der bald ganz erstarb.

Die Leute drängten sich inzwischen vor dem Ausgang, wobei sie vor dem Regen Schutz suchten und sich gleichzeitig amüsierten über diesen Ausgang des Abends. Der Platz vor dem Hauptportal glich bald einem hoffnungslos überfüllten Vorortzug. Das nabelfreie Mädchen war nicht dabei, oder aber ich konnte es eben wegen des Gedränges nicht entdecken. Dafür sah ich ein paar von den Fußballern, wie sie gähnend hinausgingen. Erheblich schneller, als sie hereingekommen waren, denn es waren ja keine Kameraleute mehr da. Schon bedauerte ich, nicht neben dem Sicherheitsbeamten mit dem Western-Heftchen ausgeharrt zu haben, wo ich das Mädchen sicher nicht verpasst hätte.

Doch da kam Cem Tümer mit seiner schönen Begleiterin. Sie gingen an mir vorbei. Er hatte der Frau seine Smokingjacke gegeben, die sie sich gegen den nun heftig niederprasselnden Regen über den Kopf hielt. Hinter der Frau kam das Mädchen mit dem nabelfreien Outfit.

Es ging mit gesenktem Kopf, um das Gesicht oder vielleicht die Frisur vor dem Regen zu schützen. Sie eilte hinter Cem Tümer und der Frau her, ängstlich darauf bedacht, in dem Gewühle den Anschluss an die beiden nicht zu verlieren. Ich schloss mich den dreien an, wobei ich, ganz gegen meine Gewohnheit, verschiedene Leute anrempelte, um meinerseits nicht von ihnen getrennt zu werden. Die drei traten zusammen aus der Tür, ich folgte ihnen mit etwa fünfzehn Meter Abstand.

Draußen standen die Leute in Gruppen herum, einige warteten auf Taxis; manche gingen auch zu Fuß in Richtung Beşiktaş oder in die Gegenrichtung, nach Kuruçeşme. Cem Tümer und seine Begleiterinnen taten weder das eine noch das andere. Sie folgten dem Lichtsignal eines schwarzen Grand Cherokee, der an einem unmöglichen Ort geparkt war und dort fast die gesamte Breite des Bürgersteigs einnahm. Cem Tümer und seine Frau, so darf ich wohl annehmen, stiegen schnell hinten ein, während das nabelfreie Mädchen sich nach vorne neben den Fahrer setzte. Ohne sich darum zu kümmern, ob das den auf der Straße Gehenden passte oder nicht, setzte der Geländewagen sich jetzt in Bewegung, schlug die Richtung nach Kuruçeşme ein und entfernte sich mit lautem Gebrumm.

Nun, Remzi Ünal, damit hat auch diese Verfolgung vorläufig ein Ende, sagte ich mir. Ein gewisses Ergebnis lag ja bereits vor.

Gegen den Strom arbeitete ich mich jetzt von neuem in das Innere des verfallenen Komplexes vor. Die Kellner waren dabei, die verstreuten Flaschen, leeren Gläser, Teller und nicht gebrauchten Servietten einzusammeln. In der Nähe des Laufstegs war nur noch die Karasu-Equipe zu sehen, die in Siegesstimmung mit Aufräumarbeiten beschäftigt war. Die Techniker liefen mit Kabeln und Beleuchtungskörpern in der Hand herum. Und die Models sahen in ihren Blue Jeans und T-Shirts wieder wie ganz normale junge Mädchen aus.

Ilhan Karasu, seine Frau, Kayahan Karasu und Dilek Aytar hatten sich vor dem Regen unter einen Ruinenbogen geflüchtet. Ich ging zu ihnen und streckte Ilhan Karasu die Hand hin: »Herzlichen Glückwunsch«, sagte ich. »Eine tolle Nacht war das.« Das konnte ich wirklich mit dem Brustton tiefster Überzeugung sagen.

»Danke«, sagte er zunächst mit einem zufriedenen Lachen. Dann: »Du hast ja meinen Sohn noch nicht kennen gelernt. Kayahan, sieh mal, das hier ist Remzi Ünal, von dem ich dir erzählt habe.«

»Freut mich«, kam ich Kayahan Karasu zuvor. »Das war wirklich sehr beeindruckend.«

»Vielen Dank«, sagte Kayahan Karasu. »Haben Sie wenigstens etwas Brauchbares gesehen?«

Es war mir nicht ganz klar, ob diese Frage an Remzi Ünal, den Privatdetektiv, oder an den neuen Vertreter aus Kayseri gleichen Namens gerichtet war, von dem man erwartete, dass er seine Rückreise mit jeder Menge Karasu-Kreationen im Gepäck antrat. Da ich nicht wissen konnte, wie weit Ilhan Karasu seinen Sohn ins Vertrauen gezogen hatte, begnügte ich mich mit einer ziemlich unbestimmten Antwort:

»Auf jeden Fall war es für mich eine gute Gelegenheit, das zu sehen, was ich sehen wollte«, sagte ich, wobei ich mehr den Vater als den Sohn ansah. Der Letztere schien meiner Antwort sowieso kaum Bedeutung zuzumessen. Aufmerksam betrachtete er seine schlammbespritzten Schuhe.

»Sind Sie morgen im Büro?«, fragte ich Ilhan Karasu.

»Ganz sicher werde ich am Nachmittag mal hereinschauen«, antwortete dieser. »Zur Feier des reibungslosen Ablaufs des heutigen Abends hat morgen die ganze Belegschaft frei. Ich übrigens auch.«

Dilek Aytar meldete sich zu Wort:

»Remzi Bey, wir gehen gleich alle zusammen in ein Lokal, für eine kleine Feier unseres Erfolges sozusagen. Wollen Sie nicht mitkommen?«

»Das würde ich nur zu gerne«, antwortete ich. »Doch leider habe ich noch etwas zu erledigen. Bei der Gelegenheit möchte ich Ihnen aber auch noch gratulieren. Es war eine prächtige Show. Was haben Sie eigentlich angestellt, um den Regen bis zum Schluss aufzuhalten?«

»Das ist mein Geheimnis«, sagte sie mit ihrem verführerischsten Lächeln.

Kurz darauf schlenderte ich allein durch die engen, auf den Ortaköy-Platz hinunterführenden Straßen. Die Modeschmuck-Straßenverkäufer waren längst mitsamt ihren Auslagen verschwunden. Ohne mich um den inzwischen einer kleinen Sintflut ähnelnden Regen zu kümmern, bog ich bedächtig in die Straße mit den öffentlichen Telefonkabinen ein. Der Apparat in der ersten war kaputt, bei der zweiten hatte ich Glück.

Ich wählte zuerst die Eins, dann zweimal die Fünf.

Eine unwillige Nachtdienst-Stimme sagte: »Hallo.«

»Hinter den Toiletten der Esma Sultan Yali in Ortaköy liegt ein Toter«, sagte ich.

»Red keinen Quatsch, Mensch«, sagte die unwillige Nachtdienst-Stimme.

»Sie sollten lieber gleich jemanden schicken, sonst säuft der auch noch ab«, sagte ich. Und legte auf.

8

Beim Aufwachen quälte mich die Frage, ob wohl das Läuten des Telefons meine Kopfschmerzen verschlimmerte, oder ob meine Kopfschmerzen dafür verantwortlich waren, dass das Geklingel so unbarmherzig war. Ich setzte mich lustlos im Bett auf. Jetzt tat auch noch das vom Fenster hereinfallende Licht meinen Augen weh.

Bei jedem Klingelton hoffte ich, dass der Beantworter sich einschalten und mein armer Kopf Ruhe finden würde. Doch die verdammte Maschine streikte mal wieder. Und solange ich aufstand, mein Zigarettenpäckchen und das von der Kommode auf den Boden gefallene Feuerzeug suchte, mir eine Zigarette ansteckte und beim ersten Zug spürte, wie der Nebel in meinem Gehirn sich ein wenig lichtete, läutete das verdammte Telefon immer noch.

Irgendwie fand ich den Apparat dann doch noch. Wie schön, einfach abheben, und das verdammte Geklingel hört auf.

»Nun wach schon auf, in Üsküdar ist längst der Morgen angebrochen«, tönte die Stimme meines Freundes, des Werbemenschen, aus der Muschel. Die große Wanduhr neben dem Telefon zeigte mir, dass es auch in Üsküdar genau 7.16 Uhr sein musste.

»Dank deiner Intervention bin ich hellwach«, sagte ich.

»Hast du gesehen, Mensch, wie knapp wir dem Tode entronnen sind gestern Abend?«, fragte er.

»Was soll ich gesehen haben?«, fragte ich zurück und zog tief an meiner Zigarette. Die Nebelschwaden in meinem Kopf zogen sich noch weiter zurück.

»Penn du ruhig weiter«, meinte er resigniert.

»Wo bist du denn überhaupt so früh am Morgen?«, fragte ich, noch ein bisschen wacher.

»Am Flughafen. Mein Flieger geht um halb acht, aber sie

haben uns noch nicht aufgerufen. Und als ich die Zeitung gelesen habe, sagte ich mir, ich muss den Ahnungslosen aufwecken.«

Inzwischen war ich richtig wach geworden.

»Haben die unanständige Fotos von den Models gebracht? Oder ist es ein Bild des am Herzschlag verstorbenen Fotografen, das dich so aufregt?«

Meinem Gesprächspartner schien es für einen Moment die Sprache verschlagen zu haben. Dann fragte er:

»Du weißt das? Mensch, woher weißt du das?

»Mein Name ist Remzi Ünal.«

Mehr sagte ich nicht. Ich hätte ihm aber erklären können, dass auch er besser informiert wäre, wenn er wie ich nach dem Anruf bei der 155 stundenlang in einem Café gegenüber den Frittenläden herumgehockt wäre. Und zwar trotz der freundlichen Bedienung, die sehr deutlich machte, dass sie endlich nach Hause gehen wollte. Ich hätte ihm auch sagen können, dass die Polizei sich nicht lange aufhielt, sondern den Fall dem Notarzt überließ und wieder abzog. Und dass die Polizeireporter wie wild herumschwärmten.

»Warum hast du mir gestern Abend nichts davon gesagt?«, fragte mein Freund denn auch prompt.

»Weil ich das, was ich jetzt weiß, da noch nicht wusste«, war meine – zugegeben nicht ganz ehrliche – Antwort.

»Stell dir bloß mal den Skandal vor, wenn sie den Kerl während der Veranstaltung gefunden hätten! Und dann? Aufhören? Weitermachen? Wie auch immer, schlechte PR wäre das gewesen.«

»Was steht in der Zeitung?«, fragte ich.

»Nicht viel«, sagte er. »Die Modenschau wird gar nicht erwähnt. Es heißt nur, ein Fotograf wäre in der Esma Sultan Yali tot aufgefunden worden.«

»Und über die Show?«

»Nichts. Aber das ist normal, so was bringen die nicht auf der dritten Seite. Das kommt in den nächsten Tagen in der Beilage.«

»Es ist niemand auf die Idee gekommen, diese beiden Ereignisse miteinander zu verbinden?«

»Gottlob nicht! Wer war denn überhaupt dieser Fotograf? Doch nicht jemand, den Dilek Hanim persönlich eingeladen hat?«

»Das kann ich mir wirklich nicht vorstellen.«

»Du hast ihn gekannt?«, fragte er leicht pikiert.

»Ach wo«, sagte ich. »Ich hab gestern Abend nur ein paar Worte mit ihm gewechselt. Irgend so ein kleiner unbekannter Sportreporter, der hinter den Spielern her war.« Sowie hinter etwas anderem, von dem ich nicht wusste, was es war. Im Gegensatz zu einem jungen Mädchen mit nacktem Bauch.

»Was hatte der denn auf der Modenschau von Karasu Textilien zu suchen?«

»Er ist zusammen mit den Spielern von Karasu Güneşspor aufgekreuzt. Wollte sich wohl die Mädchen und den Gratiswhisky nicht entgehen lassen.«

»Seinen letzten Whisky, wie's aussieht!« Dann war mein Freund einen Moment still, bevor er sagte:

»Hör mal, Remzi, du verschweigst mir doch was.«

»Wieso denn? Was denn?«

»Irgendwann kommst du schon noch damit heraus.«

»Wenn es so weit ist, erfährst du's als Erster.«

»In Ordnung«, meinte mein Freund. »Am Abend bin ich wieder zurück. Wenn du was rauskriegst, ruf mich bitte sofort an. Ich will schließlich nicht vor meinem Kunden dastehen wie der Ochs am Berg, der nicht weiß, was läuft.

»Guten Flug.« Ich legte auf.

Ich rief bei meinem Bakkal an und bestellte außer meiner eigenen noch vier andere Zeitungen. Dann nahm ich ein Aspirin und ging ins Bad.

Unter der Dusche genoss ich, wie meine Kopfschmerzen mit dem Wasser nach unten abflossen. Danach trank ich meinen Kaffee vor dem Fenster und war gerade damit fertig, als der Laufbursche meines Krämers auftauchte.

Bis um acht Uhr hatte ich den dritten Seiten von insgesamt fünf Zeitungen folgende magere Nachrichten entnommen: Gestern Nacht wurde hinter den Toiletten der Esma Sultan Yali in Ortaköy, wo gelegentlich größere Veranstaltungen ausgerichtet werden, der Leichnam des fünfundvierzigjährigen Sportreporters Yildirim Soğanci gefunden. Erste Ermittlungen haben ergeben, dass der Mann einem Herzinfarkt erlegen ist. Warum er sich dort aufhielt, ist nicht bekannt. Der Leichnam wurde zur Autopsie freigegeben. Die polizeilichen Untersuchungen werden fortgesetzt.

In zwei Zeitungen gab es auch ein Foto, das Yildirim Soğanci in jüngeren und schlankeren Tagen zeigte. Hätte ich besser schreiben können, dachte ich, als ich die Zeitungen zusammenfaltete und mich über die Geldverschwendung ärgerte. Kein Wort über die Modenschau! Ich besorgte mit bei der Auskunft die Nummer der Firma Barbie House, die ich sofort auswendig lernte.

Im Kühlschrank war nichts Essbares, und tiefgefrorene Pizza zum Frühstück sagte mir nicht besonders zu. Ich machte mir noch einen Kaffee und setzte ich mich vor den Fernseher. Nichts über unseren Fotografen. Weil auch das Radio nichts brachte, landete ich vor meinem PC. Ich hatte gerade die Bremsen meiner Cessna Skylane RG gelockert, als das Telefon erneut läutete. Warum hatte ich nicht längst ein schnurloses Telefon?

»Spreche ich mit Remzi Ünal?«, wollte ein Mädchen mit zarter Stimme wissen.

»In Person«, sagte ich.

»Ilhan Karasu möchte Sie sprechen, Remzi Bey.«

Zunächst hörte ich die üblichen Geräusche interner Verbindungen, dann Ilhan Karasus ziemlich aufgeregte Stimme:

»Guten Morgen. Ich hab dich hoffentlich nicht geweckt.« Am Telefon klang seine Stimme viel jünger.

»Guten Tag«, erwiderte ich. »Nein, ich bin längst auf und habe schon wieder zu viel Kaffee getrunken.«

»Umso besser. Dann hör mal gut zu. Der Typ hat wieder angerufen.«

»Wann?«

»Gestern abend, ich war gerade nach Hause gekommen. Ich war schon ausgezogen und wollte schnell noch ein Glas Milch trinken, als es läutete. Ich bin sofort an den Apparat gestürzt, damit kein anderer im Haus das Gespräch abnimmt.«

»War es derselbe Mann?«

»Ja, derselbe. Er sagte nur einen einzigen Satz: ›Das Treffen findet morgen nach dem Nachmittagstraining im Café neben der Bebek-Moschee statt.‹ Und dann hat er aufgelegt.«

»Nun, wenigstens hält er sein Wort, der Mann«, sagte ich.

»Dann stimmt es also doch«, sagte Ilhan Karasu.

»Das werden wir ja sehen«, erwiderte ich. »Keine Sorge, ich werde da sein. Wir sprechen uns dann am Abend.«

»Okay, ich warte auf Nachricht«, sagte er und legte auf.

Ilhan Karasu hatte also die Morgenzeitungen noch nicht gelesen.

Bis um halb zehn vertrieb ich mir noch zu Hause die Zeit. Und es war nur mein Verantwortungsbewusstsein als Privatdetektiv, das mich daran hinderte, wieder ins Bett zu gehen. Dann begann ich meinen Arbeitstag mit einem Anruf bei Barbie House.

Prompt antwortete mir die fröhliche und ausgeschlafene Stimme einer jungen Dame, die wohl die vorige Nacht nicht eingeladen gewesen war. Ich bat sie um die nötigen Angaben, um eine Rechnung für den Kundendienst an dem Grand Cherokee ausstellen zu können, die sie mir bereitwillig und ohne zu zögern durchgab. Ich wiederholte die Angaben stockend, als ob ich sie notierte, dankte artig und legte auf.

Die Adresse lag in Ikitelli. Ich setzte mich in mein Auto und fuhr bald durch Straßen, die ich glaubte vom Jaguar meines Freundes aus schon einmal gesehen zu haben. Wenn mein Orientierungssinn mich nicht täuschte, lag Barbie House ganz in der Nähe von Karasu Textilien.

Cem Tümers Verständnis für Architektur schien um etliches entwickelter als das seines Rivalen. Ganz langsam fuhr ich an einem Gebäude vorbei, das sich mit seinen weichen, fast femininen Formen wohltuend von seiner Umgebung abhob. Der schwarze Grand Cherokee stand direkt vor dem mit seinen schlichten Marmorstufen einladend ruhigen Haupteingang.

Ich fuhr noch ein paar Straßen weiter, um einen Parkplatz zu finden. Bevor ich das Auto abschloss, stellte ich den Alarm ein, den ich mir hatte einrichten lassen, nachdem man mir in Levent mein Radio ausgebaut hatte.

Dann schlenderte ich gemächlich unter einem strahlenden Himmel auf den Eingang von Barbie House zu. Hier gab es keine Wachen. Drinnen saß eine junge Frau hinter einem auf Hochglanz polierten Chromstahl-Empfangstisch. Mich empfing sie mit einem freundlichen Lächeln.

»Ich würde gern mit Herrn Cem Tümer sprechen.«

»Haben Sie einen Termin?«

»Nein«, sagte ich. »Mein Name ist Remzi Ünal. Wir waren gestern Abend zusammen auf der Modenschau.«

»Einen Moment bitte«, sagte das Mädchen und griff zum Telefon.

Ich benutzte die Gelegenheit, mich ein wenig umzusehen. Der für den Empfang vorgesehene Raum war hier viel kleiner als bei Karasu Textilien. An der hinteren Wand standen drei elegante Besuchersessel. Ich wusste ja bereits, dass es in der Welt der Mode und des Prêt-à-Porter üblich ist, die Eintretenden mit Musik zu empfangen. Hier entströmten versteckten Lautsprechern leise klassische Weisen. Dagegen fehlten die überlebensgroßen Fotos mit Kreationen des Hauses an den Wänden. Vom Empfang führte eine Wendeltreppe nach oben.

Die junge Frau legte den Hörer aus der Hand, und ich ging auf sie zu. Aber statt den Mund aufzumachen, schaute sie über meinen Kopf hinweg auf das obere Ende der Wendeltreppe. Auch ich drehte mich um. Da stand Cem Tümer im Trainingsanzug und schaute herab. Er hatte die Haare wieder hinten zusammengenommen, auf seiner Stirn stand frischer Schweiß, und in seinen Augen fehlte jeglicher Schimmer des Erkennens.

»Guten Tag, Cem Bey«, sagte ich von unten nach oben.

»Guten Tag, ehm Remzi ehm Bey …« Er gab mir höflich zu verstehen, dass er mich beim besten Willen nicht erkannte.

»Ein Freund von mir, der Werbemann Ihrer Konkurrenz übrigens, wollte mich Ihnen gestern Abend vorstellen. Ich wollte mich gerade bekannt machen, als die Vorführung begann.«

»Dieser Schlingel«, sagte Cem Bey und gab mir ein Zeichen, hochzukommen. Darauf verschwand er vom oberen Treppenabsatz.

Ich nickte dem Empfangsmädchen ein Dankeschön zu und stieg die Treppe hoch. Oben kam mir aus einer offen stehenden Tür klassische Musik entgegen. Weil die beiden anderen Türen im oberen Flur geschlossen waren, trat ich durch die einladend geöffnete ein. Cem Tümer saß auf einem Trainingsfahrrad und trat tüchtig in die Pedale. In dem mit einem weichen gelben Teppich ausgelegten Raum befanden sich außerdem noch ein Rudergerät und ein Tischtennistisch.

»Ich trainiere hier jeden Morgen eine Stunde.«

»Keine schlechte Angewohnheit.«

»Was macht er denn, der Schlingel? Er lässt sich überhaupt nicht mehr blicken hier bei uns.«

»Ich habe ihn noch heute Morgen gesprochen, er flog gerade nach Izmir.«

»War das nicht ein furchtbarer Abend, gestern?«

»Mich hat am meisten die Musik gestört.«

»Die Musik war wirklich grässlich, die Kleider aber auch. Arbeiten Sie auch in der Modebranche?«

Ich verstand die Frage als deutliche Aufforderung, die Katze aus dem Sack zu lassen. Deswegen antwortete ich:

»Nein, ich bin Privatdetektiv.«

Die Beine, deren kräftige Waden unter der blauen Trainingshose gut sichtbar waren, standen plötzlich still. Cem Tümer sah mich mit einem Gesichtsausdruck an, als ob er es schon bereute, sich auf ein Gespräch mit mir eingelassen zu haben.

»Haben Sie heute schon mal in die Zeitung geschaut?«, fragte ich rasch. »Für den Fall, dass Sie die dritte Seite gewöhnlich überschlagen, fasse ich kurz zusammen, was da zu lesen ist. Nach der gestrigen Einladung wurde, nachdem alle längst weg waren, hinter dem Toilettengebäude eine männliche Leiche gefunden. Ein Zeitungsreporter. Während der Show wurde ich Zeuge, wie dieser Mann sich mit einem Mädchen stritt. Und dieses Mädchen sah ich später zusammen mit Ihnen fortgehen. Es trug Blue Jeans und eine weiße Bluse.« Bei den letzten Worten führte ich meine Hand an die Stelle auf der Brust, wo sich bei dem Mädchen der Widderkopf befunden hatte.

»Ich fände es nützlich, mit dem Mädchen zu sprechen«, fuhr ich fort. »Noch nützlicher allerdings, zunächst mit Ihnen Kontakt aufzunehmen.«

Cem Tümer drehte noch ein paar Mal langsam die Pedale, bevor er vom Rad abstieg.

»Allerdings«, sagte er. »In Anbetracht der Tatsache, dass Sie nicht einmal den Namen des Mädchens kennen, ist es sicher nützlich für Sie, mit mir zu sprechen. Was wollen Sie sie denn fragen?«

»Das weiß ich noch nicht. Es wird mir schon noch was einfallen.«

Cem Tümer stand jetzt vor mir und sah mir direkt ins Gesicht.

»Und in wessen Namen werden Sie das fragen, was Ihnen einfallen wird?«

Auch ich sah ihm in die Augen und sagte:

»In meinem eigenen Namen.« Was ja stimmte. Doch dann begann ich, ein bisschen zu lavieren. »Ich glaube, dass ich ein paar unangenehme Verwicklungen verhindern helfen kann, wenn ich noch vor der Polizei mit dem Mädchen spreche.«

»Was hat die Polizei damit zu tun?« fragte Cem Tümer.

»Dem ersten Anschein nach ist der Mann an einem Infarkt gestorben«, antwortete ich. »Doch man hat die Leiche in die Autopsie geschickt. Wenn da irgendetwas anderes herauskommt, wollen die natürlich als Erstes wissen, wer zuletzt mit dem Mann gesprochen hat.« Das wollen wir allerdings nicht hoffen, sagte ich zu mir selbst.

»Unglaublich!«, rief Cem Tümer. »Ich kann es nicht glauben, dass Aysu in so etwas verwickelt sein soll ...« Noch während er sprach, ging er auf das Wandtelefon neben der Tür zu. »Wollen doch mal hören, was sie selbst dazu zu sagen hat«, meinte er.

Er drückte zwei Ziffern und wartete. »Gib mir mal Aysu«, hörte ich ihn dann sagen. »Aha, danke.«

»Aysu ist heute nicht zur Arbeit erschienen. Versuchen wir's mal bei ihr zuhause.«

Er drückte zwei weitere Ziffern auf der Hörer-Innenseite und sagte: »Mach mir mal 'ne Verbindung mit Aysu zu Hause. Ich bin im Fitnessraum.« Er hängte den Hörer zurück an die Wand.

»Aysu ist eine unserer Stylistinnen. Das Hemd, das sie anhatte, war übrigens ein Modell für die nächste Saison.« Er wiederholte meine erklärende Geste, allerdings auf seiner Brust. »An sich hätte sie das noch gar nicht tragen dürfen, aber sie war wohl neugierig auf die Wirkung. Es war ihr eigener Entwurf. Sie ist wirklich begabt ... Nein so was, unglaublich!«

Ich schwieg und wartete wie er auf den Anruf.

Da ich nichts sagte, fuhr er fort: »Ich mag die Kleine, meine Frau übrigens auch. Sie ist kreativ. Wir nehmen sie oft mit, damit sie etwas dazulernt, Umgangsformen und so. Gestern haben wir sie auch von hier abgeholt und nach der Einladung nach Hause gebracht.«

»Haben Sie gesehen, dass sie ins Haus gegangen ist?«, fragte ich in typischer Detektivmanier.

»Ja, es war spät. Wir haben vor der Türe gewartet, bis sie drinnen war.«

»Wo wohnt sie?«

»Auf der anderen Seite, in Göztepe. An der so genannten Minibus-Straße. So hat sie jedenfalls unserem Fahrer den Weg erklärt.«

Wir starrten jetzt beide das Telefon an und warteten.

»Nein so was, Allah, Allah!«, sagte Cem Tümer von neuem.

Endlich klingelte es. Cem Tümer nahm den Hörer ab und wollte etwas sagen. Doch er schwieg, während sein Gesichtsausdruck sich leicht veränderte. Dann legte er auf.

»Sie ist auch nicht zuhause«, sagte er, zu mir gewandt. »Sie hat frühmorgens das Haus verlassen, als ob sie zur Arbeit ginge. Verdammt, jetzt haben wir auch noch ihre Mutter in Sorge versetzt. Findest du das etwa gut?«

»Ich finde das überhaupt nicht gut«, sagte ich, aber nur zu mir selbst.

9

Eine Viertelstunde später saßen wir in Cem Tümers Büro und blickten uns schweigend an. Er hatte mir sein am Ende des Korridors liegendes und von oben bis unten mit Gemälden voll gestopftes Zimmer gezeigt und war duschen gegangen. Bis er zurückkam, hatte ich mir die Zeit mit dem Betrachten dieser Bilder vertrieben. Unter den Bildern – es waren fast ausschließlich Istanbuler Ansichten – hatte ich ein paar große Namen erkannt. Er musste ein Vermögen bezahlt haben. Dann war er erschienen, in Blue Jeans und einem T-Shirt, auf dem ein kleines, mir unbekanntes Emblem appliziert war. Die Haare trug er wieder zu einem Pferdeschwanz gebunden.

Er sah auf die Uhr. Er schien selbst nicht zu wissen, ob er sich Sorgen machen sollte oder nicht.

»Sollen wir die Polizei benachrichtigen?«

»Das ist noch zu früh«, sagte ich. »Ihr Dolmuş kann eine Panne gehabt haben. Was weiß ich, vielleicht ist ihr unterwegs etwas in den Sinn gekommen, was sie noch besorgen will. Sie könnte ja auch in eine Kinomatinee gegangen sein.«

»Ich kann mir nicht vorstellen, dass sie wegen derartiger Lappalien wegbleibt. Für heute Nachmittag war eine wichtige größere Sitzung für die Planung der nächsten Saison angesagt. Sie hatte noch einige Dinge fertig zu machen bis dahin. Aysu würde nie einfach Zeit verplempern. Jetzt müsste sie eigentlich mit rauchendem Kopf vor ihrem Mac sitzen.«

»Trotzdem würde ich raten, dass Sie bis morgen warten, bevor Sie sich ernsthaft Gedanken machen. Bei diesen jungen Mädchen kann man doch nie wissen.«

»Ich weiß. Es wäre wirklich lächerlich, sich jetzt schon Sorgen zu machen. Wahrscheinlich habe ich mich ein bisschen beeindrucken lassen von Ihren Berichten über Leichen und so.«

»Das tut mir Leid«, sagte ich. »Vielleicht habe ich ja auch ein bisschen übertrieben.« Ich nahm eine Visitenkarte hervor und schrieb auf die Rückseite meine Autotelefon-Nummer.

»Würden Sie ihr bitte ausrichten, dass sie mich anrufen möchte, wenn sie wieder auftaucht?«, sagte ich, indem ich ihm die Karte überreichte. »Natürlich ohne diesmal sie zu beunruhigen. Wie ist ihr Familienname?«

»Samanci«, sagte Cem Tümer. »Vielleicht rufe ich selbst auch an, wenn ich mich entschlossen habe, mir Sorgen zu machen. Ihre Dienste könnten ja auch mir zugute kommen, oder?«

»Aber selbstverständlich. Spätestens am Samstag sehen wir uns ja wieder.«

Diese letzte Bemerkung war offensichtlich für ihn die erstaunlichste. »Wovon redet der bloß?«, schienen seine Augen zu fragen.

»Ich werde auch da sein, um Ihr lebenswichtiges Spiel gegen Karasu Güneşspor mit zu verfolgen«, klärte ich ihn auf. »Ilhan Bey hat mich persönlich dazu eingeladen.«

»Ich konnte ja nicht wissen, dass Sie Fußballfan sind«, sagte er entschuldigend.

»Ich gehe gern hin, wenn ich eingeladen werde.«

Als ich aus dem Barbie-House-Firmengebäude heraustrat, empfing mich ein angenehmes Aprilwetter. Langsam schlenderte ich zu meinem Auto. Vorher hatte ich mir noch die genaue Adresse von Aysu Samanci geben lassen. Doch mein Besuch in der Şemsettin-Günaltay-Straße musste noch warten. Wie langwierig auch immer sich die Suche nach einem Mädchen gestalten mochte, das morgens zur Arbeit aufgebrochen, dort aber nicht erschienen war, es stand mir zunächst einmal etwas wesentlich Unangenehmeres bevor. Der Besuch in einem Trauerhaus.

Für die Rückfahrt nahm ich die Schnellstraße. Bei der Ausfahrt nach Maslak, Istanbuls Manhattan, musste ich größte Aufmerksamkeit walten lassen, um zwischen all den mich von rechts überholenden, auf die Schnellstraße einbiegenden Fahrzeugen nicht die Einfahrt zu der neuen Überführung zu verpassen. Ich schaffte es und fuhr in die Richtung Ayazağa.

Die Verkehrsschilder führten mich nun – es war schon elf Uhr – zwischen hintereinander aufgereihten Fabrikgebäuden hindurch zu einem Platz, der auch in einer anatolischen Kleinstadt liegen konnte. Ich fuhr rechts am Stadion vorbei und parkte mein Auto kurz hinter der Polizeiwache. Auf dem Rückweg schaute ich durch den Drahtzaun auf den Sportplatz und sah, wie ein paar staubbedeckte Figuren mit müdem schleppendem Schritt auf das unverputzte dreistöckige Gebäude am Ende des Spielfeldes zugingen. Sogar von hinten konnte ich an seiner imponierenden Länge und seinem in der Sonne glänzenden Glatzkopf den Torhüter Zafer gut erkennen. Das Vormittagstraining von Karasu Güneşspor schien gerade beendet.

Dann stürzte ich mich in die Geschäftswelt des Viertels. Ein Fotostudio konnte ich auf den ersten Blick allerdings nirgends entdecken.

Nachdem ich die ganzen Straßen umsonst abgelaufen hatte, fragte ich im ersten besten Laden nach dem Fotoatelier des Yildirim Soğanci.

»Es heißt Foto Paris«, sagte der Verkäufer in dem Küchenutensilien-Laden, während er mir die Richtung zeigte. Dann fügte er hinzu: »Herzliches Beileid.«

Ich bedankte mich und schlug den gezeigten Weg ein, der in eine Nebenstraße führte. Ich fand Foto Paris neben einem reichlich provisorisch aufgeschlagenen Wassermelonenstand.

Was diesen kleinen Laden von ähnlichen Fotostudios unterschied, war die auffällige Tatsache, dass in seinem Schaufenster neben den üblichen Hochzeits-, Beschneidungsfest- und Militärdienstfotos jede Menge Abbildungen von Fußballern ausgestellt waren. Vor der offen stehenden Tür saßen drei Männer auf Holzstühlen.

»Herzliches Beileid«, sagte ich und trat näher.

Die drei lüpften kurz die Hintern von den Stühlen und setzten sich wieder, worauf sie nacheinander, in strikter Beachtung der Altershierarchie, auch mir ihr Mitgefühl aussprachen. Ich wurde eingeladen, Platz, zu nehmen. Man reichte mir eine Zigarette.

»Merhaba«, sagte der am ältesten Aussehende, worauf zwei weitere »Merhaba« folgten, die ich, an jeden einzeln und in der richtigen Reihenfolge gewandt, artig erwiderte.

Der Jüngste rauchte nicht. Wir andern drei saßen da und zogen versonnen an unseren Glimmstängeln.

»Ja, so ist das«, sagte der Älteste. »Da hat es nun ausgerechnet diesen starken Kerl erwischt.«

Ich nickte Zustimmung, die anderen auch.

»Es hätte genauso gut uns treffen können«, meinte nachdenklich der Zweitälteste, dem nun das Wort zufiel.

»Gegen den Tod sind wir alle machtlos«, sagte jetzt wieder der Erste.

»Das stimmt«, bekräftigte ich.

Der Jüngste enthielt sich eines Kommentars.

»Woher kommen Sie, mein Herr?«, fragte mich der Älteste. Alle drei konnten sie mich als Verwandten wohl nicht unterbringen.

»Ich komme von der Zeitung«, sagte ich.

Niemand wollte wissen, von welcher. Nur der Jüngste sah mich etwas aufmerksamer an.

Erneutes Schweigen.

»Es war ein Herzinfarkt, hab ich gehört«, ergriff ich das Wort.

»Ja, so heißt es«, sagte der Älteste gedehnt. »Wir haben von nichts gewusst.« Dann zeigte er auf den jungen Mann, der schweigend vor sich hinsah. »Nuri hier haben sie vom Krankenhaus angerufen. Er arbeitet als Lehrling in dem Laden.«

»Sie haben meine Telefonnummer bei ihm gefunden«, erklärte der junge Mann, von dem ich also jetzt wusste, dass er Nuri hieß. Er hatte zum ersten Mal den Mund aufgemacht.

»Und Nuri hat dann mir Bescheid gegeben«, fuhr der Hauptwortführer fort. »Wir sind natürlich aufgestanden und mitten in der Nacht ins Krankenhaus gegangen. Dafür hat man ja schließlich Nachbarn.«

»Gott möge es Ihnen danken«, sagte ich. Sogar zweimal, zur Bekräftigung.

»Er hat ja niemanden, der sich um das Begräbnis kümmern könnte. Da gibt's zwar angeblich irgendeinen Onkel oder so, aber den kann man vergessen, die hatten seit Jahren keinen Kontakt mehr miteinander.«

»Soviel ich weiß, hat er in Istanbul keine Angehörigen«, sagte Nuri.

»Ist die Beerdigung heute?«

»Ja, wir wollten ihn nicht warten lassen.«

»Sie sind also von der Zeitung?«, fragte der Zweitälteste.

»Ja«, erwiderte ich. »Aber wir haben fast nur per Telefon miteinander gearbeitet. Er gab uns seine Berichte durch.«

»Gott möge es Ihnen vergelten, dass Sie den Weg hierher nicht gescheut haben«, sagte der Ranghöchste.

Ich begnügte mich mit einem bescheidenen Kopfnicken.

Oben am Straßenanfang erschien jetzt eine Gruppe von Männern, die sich auf uns zubewegte. Sechs oder sieben Fußballer, unter denen ich den Torhüter Zafer und Muharrem erkannte und die von einem Schwarm junger Fans umgeben waren, kamen mit feierlichem Gesichtsausdruck auf das Studio Foto Paris zugeschritten. Sie hatten alle die gleichen Trainingsanzüge an. Nur Torhüter Zafer nicht. Die Nachbarn erhoben sich, um die neuen Trauergäste gebührend zu begrüßen. Auch ich stand auf. Zwischen Muharrem und mir gab es einen schweigenden Grußaustausch. Er schien etwas verwundert, mich dort zu sehen, aber er behielt seine Leichenbittermiene bei.

»Unser Coach hat das Training verkürzt, damit wir zur Beerdigung kommen können«, sagte Torhüter Zafer.

»Kommt er selber denn nicht?«, fragte der älteste Nachbar.

»Er ist verhindert«, sagte Zafer. »Unter uns gesagt, die beiden waren sich nicht ganz grün.«

»Für eine Trauergemeinde sind wir genug«, stellte der Zweite in der Rangordnung fest. »Zusammen mit den Betenden in der Moschee sollte es langen.«

»Gott möge es euch vergelten«, sagte die Nummer eins zu den Fußballern. »Na, dann wollen wir uns mal auf den Weg machen. Gleich wird der Ezan zum Mittagsgebet ausgerufen. Die Moschee liegt etwas weiter da vorne. Wenn ihr auf die Hauptstraße kommt, könnt ihr das Minarett sehen.«

Ich bedankte mich mit einem Kopfnicken.

Muharrem hatte das Bedürfnis, mich dem Torhüter vorzustellen. »Zafer Abi, gestern Abend war dieser Herr auch auf der Einladung. Wir haben uns hinten an der Bar ein bisschen unterhalten. Yildirim Abi war auch dabei. Wer konnte denn wissen ...«

Zafer sah mich an, als wollte er sagen: »Was will der denn hier?«

Ich streckte ihm die Hand hin. »Mein Name ist Remzi Ünal, Zafer Bey«, sagte ich. »Ilhan hatte mich zu der Show eingeladen. Und am Samstag soll ich auch zum Spiel kommen.« Das Wörtchen Bey hinter dem Namen Ilhan hatte ich natürlich absichtlich verschluckt.

Ob ihn das beeindruckte, dass ich ihn mit seinem Namen anredete, auf jeden Fall wurde er zugänglicher.

»Freut mich«, sagte er. »Sagen Sie Ilhan Bey, er soll sich wegen des Spiels am Samstag keine Sorgen machen.«

»Das werde ich gern tun«, sagte ich.

Der älteste der Nachbarn stellte zwei Stühle in die geöffnete Türe des Foto-Paris-Ladens, und der ganze Trupp setzte sich in Richtung Hauptstraße in Bewegung. Ich blieb zurück. Nur die beiden Stühle in der Eingangstüre des Ladens hinderten mich vorläufig daran, das Innenleben von Foto Paris ein bisschen unter die Lupe zu nehmen. Doch ich hatte nicht mit Nuri gerechnet. Der war nämlich stehen geblieben, um auf mich zu warten. Wahrscheinlich fühlte er sich verpflichtet, mich ein wenig wie einen Kollegen zu behandeln, nachdem er gehört hatte, dass ich von der Zeitung kam. Auch die Lautsprecher der Moschee schienen nach mir zu rufen.

Ich warf noch einen prüfenden Blick auf das Schaufenster und die Tür, während ich wie tief bewegt vor dem Laden stand. Es gab keine Rolladen, die von oben herabgelassen werden konnten, um die ganze Frontseite des Studios zu schützen. Das lächerliche Schloss an der Türe konnte meinem auf dem Lissabonner Flohmarkt erstandenen Dietrich keine zwei Minuten widerstehen. Ich beschloss, meinen Besuch im Fotoatelier auf die Nacht zu verschieben, und ging mit todtraurigem Gesichtsausdruck hinter Nuri her.

In der Moschee wurde ich Zeuge des schnellsten Beerdigungsgebets meines Lebens. Einige fromme Seelen schulterten anschließend den Sarg und luden ihn auf das Beerdigungsfahrzeug der Stadtverwaltung. Als das Gefährt sich in Bewegung setzte, war die Fußballriege schon wieder auf dem Rückweg ins Stadion. Nuri hatte sich neben den Fahrer des Bestattungsfahrzeugs gesetzt.

Ich ging zu meinem eigenen Wagen, nahm das Telefon hoch und wählte die Nummer von Barbie House. Eine neue weibliche Stimme. Aysu Hanim sei heute nicht zur Arbeit gekommen, wusste das Mädchen sofort. Ob ich eine Nachricht hinterlassen wollte?

»Nein danke, ich rufe wieder an.«

Langsam wurde ich hungrig. Ich schloss die Fenster und verließ mein Auto. Bevor ich mich auf die Suche machte, um etwas Essbares aufzutreiben, ging ich nochmal zum Stadion hinüber. Vor dem Tor dribbelten zwei schulschwänzende Bürschchen in voller Schuluniform. Das Nachmittagstraining von Karasu Güneşspor stand also nicht unmittelbar bevor. Etwas weiter unten fand ich einen Kebab-Laden, wo ich ein miserables Adana-Kebab hingeknallt bekam. In dem Kaffeehaus daneben trank ich anschließend einen mittelsüßen Kaffee, der noch schlimmer war als das Kebab.

Um zwei Uhr saß ich wieder im Auto und rief nochmal bei Barbie House an. Aysu Hanim war immer noch nicht erschienen. Nein, ich wollte keine Nachricht hinterlassen. Also auf zum Stadion. Als ich an der Tribüne vorbeiging, sah ich, dass die Spieler zum Training auf den Platz herauskamen. Die beiden Schulschwänzer, die es sich auf den Rängen bequem gemacht hatten, begrüßten die Spieler mit lautem Geschrei. Ein grauhaariger Mann hinter ihnen bedachte die beiden mit missbilligenden Blicken. Ich betrat das unverputzte Gebäude, das als Tribüne diente und gleichzeitig die Umkleideräume, die Büros und das Vereinslokal beherbergte. Über eine offene Treppe gelangte ich in das im zweiten Stock liegende Vereinslokal, das auch als öffentliches Café diente. An den Wänden hingen gerahmte Fotos von unzähligen Vereinen, die hier aufgetreten waren. In Glasvitrinen waren Pokale und Vereinsfahnen ausgestellt. Von der dampfenden Teeküche aus führte eine weitere Treppe nach oben. Gleich am oberen Treppenabsatz war ein Schild mit der Aufschrift DIREKTION zu sehen. An einem Tisch spielten vier Personen unter lautem Geschrei eine Partie Okey. Niemand nahm Notiz von mir. Vor der auf das Spielfeld schauenden Vorderfront verlief ein langgestreckter Balkon. Ich trat hinaus und sah an der linken Wand die Aufschrift PROTOKOLL, an der rechten dagegen FAMILIEN. Ich drehte einen der Stühle im für das Protokoll vorgesehenen Abschnitt um, setzte mich rittlings darauf und stützte meine Arme auf das Eisengeländer.

Karasu Güneşspor absolvierte das Nachmittagstraining mit einem Spiel zwischen zwei in einer Hälfte des Spielfeldes aufgestellten Miniaturtoren. In der anderen Hälfte machte Zafer Torwarttraining. Sein Partner war wohl der Ersatz-Torhüter. Zafer mit seinen roten Stollenschuhen, der grünen Kappe, die er zum Schutz vor der Sonne über seinen Glatzkopf gezogen hatte, und dem völlig verdreckten Trainingsanzug hinterließ einen durchaus Vertrauen erweckenden Eindruck. Auch die übrigen Spieler strengten sich an. Nachdem ich ein bisschen zugeschaut hatte, begriff sogar ich, dass der Part des Gegners in diesem Spiel von den Jungs in phosphoreszierenden Windjacken gespielt wurde. Muharrem, zum Beispiel, der tagsüber Fußball spielte und nachts Taxi fuhr, gehörte dazu. Als ich mich umdrehte, stand neben mir ein freundlich und offen dreinblickender junger Ober mit einem Tablett in der Hand:

»Was darf ich dir bringen, Abi?«, fragte er mich.

Da ich den Kaffee von vorhin noch nicht verdaut hatte, bat ich um eine Flasche Mineralwasser. Ich fragte den Jungen:

»Wer ist der linke Verteidiger?«

Er zeigte auf einen unmittelbar vor mir vorbeitobenden Spieler und sagte:

»Ismail. Das absolute As in der Verteidigung. Der Junge ist hier groß geworden. Letztes Jahr wollte Tekirdağ ihn haben, aber er ist nicht gegangen.«

»Wie heißt er weiter?«

»Sefer. Ismail Sefer. Bist du Trainer, Abi?« fragte der Kellner neugierig.

»Ich habe was für gute Spieler übrig.«

»Ismail ist sicher einer«, sagte der Junge und ging wieder hinein.

Ismail war tatsächlich ein guter Spieler. Wenn das Gerücht über das abgekartete Spiel sich als wahr herausstellen sollte, dann musste er am Samstag ein noch besseres und viel schwierigeres Spiel zeigen, dachte ich bei mir. Der Junge war leicht gebaut und äußerst beweglich. Ich konnte mich nicht erinnern, ihn bei der Modenschau gesehen zu haben. Und bei der Friedhofsdelegation war er auch nicht dabei gewesen.

Das Spiel zwischen den Miniaturtoren wurde zusehends härter. Die B-Mannschaft schien sich jetzt auch mehr Mühe zu geben. Schließlich stieß Ismail Sefer mit einem Gegenspieler zusammen. Er stürzte und wand sich eine Zeit lang am Boden, während die anderen um ihn herumstanden. Der Trainer schickte den Verletzten in die Kabine und schimpfte mit dem Spieler, der die Karambolage verursacht hatte. Ismail verließ humpelnd und mit dem rechten Schuh in der Hand das Spielfeld. Allzu schmerzgeplagt sah er aber nicht aus. Vielleicht hatte das Kühlmittel schon gewirkt, das sie auf seinen Fuß gesprüht hatten, während er da am Boden lag. »Vielleicht ist dieser Junge aber auch viel schlauer, als es den Anschein hat«, sagte ich mir.

»Deinen Ismail hat's ordentlich erwischt«, sagte ich zu dem jungen Kellner, als er mein Mineralwasser brachte.

»Ach was, Abi«, sagte der. »Dem passiert schon nichts. Wenn der nämlich ausfällt, dann kann Karasu Güneşspor gleich einpacken.«

Ich bezahlte mein Mineralwasser und stand auf. Wer auch immer in das Café neben der Bebek-Moschee kommen würde – ich wollte meinen Platz dort unbedingt vor diesem Gast einnehmen.

10

Ich wurde verfolgt. Aber seit wann?

Es war auf der breiten, zu beiden Seiten von Fabriken flankierten Straße, kurz nachdem ich Ayazağa hinter mir gelassen hatte. Auf jeden Fall, bevor ich in die Büyükdere-Allee einbog. Ich fuhr ganz langsam, mit der linken Hand am Steuer und ein bisschen zur Seite geneigt, weil ich mit der rechten nach der letzten Kassette der »Mongolen« fischte. Ich schaute abwechselnd auf die Straße vor mir und auf die Kassetten, die mir in die Hand fielen. Es gab kaum Verkehr. Ich fuhr ganz rechts, damit mich jeder überholen konnte. Keine der hervorgefischten Kassetten war die gesuchte. Ich drehte mich um, um die unerwünschte Ausbeute auf dem Rücksitz zu deponieren. Dabei fiel mir der schwarze Şahin auf, der schon eine Zeit lang hinter mir herfuhr und mich einfach nicht überholen wollte.

Ich setzte mich auf und beschleunigte.

Auch der schwarze Şahin zog das Tempo an.

Ich fuhr wieder langsamer, der Schwarze hinter mir auch. Unglaublich dilettantisch, ganz besonders auf dieser fast verkehrslosen Strecke. Aber er wurde wirklich langsamer. Ich beugte mich noch einmal vor und fand diesmal die gesuchte Kassette. Kurz darauf war mein Wageninneres von dem durchdringenden rauen Ton des Iklig erfüllt, dieser kleinen volkstümlichen Geige, die unser anatolischer Rock so gern einsetzt. Mit einem glücklichen Lächeln beschleunigte ich von neuem. Der schwarze Şahin ließ nicht auf sich warten.

In dem dichten Verkehr der Büyükdere Caddesi rückte mir der Schwarze noch mehr auf die Pelle. Ich beobachtete ihn im Rückspiegel. Seine Fenster waren genauso schwarz wie das übrige Auto, man konnte unmöglich hineinsehen. Sobald die Verkehrssituation es zuließ, schaltete ich plötzlich in den zweiten Gang zurück und gab Gas. Mein Auto sprintete nur so davon, und der Abstand zwischen uns vergrößerte sich um einiges. Wenigstens konnte ich jetzt im Rückspiegel auch seine Räder sehen. Ich bremste herunter, bis ich das Nummernschild lesen konnte. Trotz Spiegelschrift konnte ich eine leicht zu merkende, stinknormale Nummer ablesen.

Als wir gemeinsam in den 4. Levent eingebogen waren, beschloss ich, ihm zu gestatten, mir hinterherzufahren. Einen solchen Stümper abzuhängen, machte keinen Spaß. Außerdem war ich ziemlich sicher, dass ein so unvorsichtig agierender Verfolger kaum finstere Absichten gegen mich hegte. Ohne weitere Mätzchen gelangte ich, oder besser, gelangten wir, in die steil nach Bebek hinunterführende Inşirah-Straße. Unten angekommen, suchte ich ganz langsam auf der rechten Straßenseite einen Parkplatz. Ich fand ihn genau gegenüber dem Ägyptischen Konsulat.

Nachdem ich mein Auto in die kleine Lücke manövriert hatte, griff ich zum Autotelefon. In dem Moment zog der schwarze Şahin vorbei. Auch die Seitenfenster gaben keinen Blick ins Wageninnere frei. Ich schaute ihm nach, wie er sich zielstrebig in Richtung Arnavutköy entfernte. Noch bevor er die vorspringende Landzunge erreichte, verlor ich ihn im immer dichter werdenden Verkehr.

Ich tippte noch einmal die Nummer von Barbie House. Jetzt war es wieder das Mädchen vom Vormittag, das antwortete. Ich verlangte Aysu Hanim zu sprechen. Nein, die ist heute nicht da. Wer spricht denn da? Nicht so wichtig, ich rufe wieder an. Nein danke, keine Nachricht.

Ich stieg aus und ging im Park gegenüber ein paar Schritte spazieren. Ich hatte noch ein bisschen Zeit. Als ich am Kinderspielplatz vorbeischlenderte, rannte ein kleiner Junge gegen mein Bein. Er hatte einen Godzilla in der Hand, der bei dem Zusammenstoß auf den Boden fiel. Die etwas weiter vorn auf einer

Bank sitzende und ein Buch lesende junge Frau hörte das Weinen ihres Kindes und schaute auf. Es war eine schöne Frau. Ich hob den Godzilla auf und gab ihn dem Kind, das sofort aufhörte zu weinen. Die junge Frau lächelte mir zu. Ich ging weiter.

Das Café gegenüber der Bebek-Moschee war nicht sehr voll. Ich ging an dem verglasten Vordergärtchen vorbei und setzte mich hinten in den hauptsächlich im Winter benutzten Teil. Von hier aus hatte ich einen guten Überblick. Bei dem plötzlich aufgetauchten Ober bestellte ich einen Nescafé.

Das Paar an dem Tisch vor mir spielte eine Partie Tavla.

Nach Ablauf einer halben Stunde saß das Paar immer noch über sein Spiel gebeugt, und ich hatte bereits meinen zweiten Kaffee ausgetrunken. Leute kamen und gingen, doch war niemand darunter, der mich interessierte.

Nach weiteren zehn Minuten klappte das Paar sein Spiel übermäßig laut zu. Übermäßig laut gelacht wurde auch. Ich bestellte einen dritten Nescafé.

Fünf Minuten später betrat eins der neu entdeckten Sternchen unserer Popmusikszene das Lokal, flankiert von zwei jungen Burschen. Sofort zog die junge Frau alle Blicke auf sich. Kaum hatte sie sich an einen Tisch vorne in der Veranda gesetzt, da ging schon ihr Handy. Ich verzichtete auf einen vierten Nescafé.

Gut so, denn nur eine Minute später tauchte Torhüter Zafer in der Tür auf.

Als er seine Sonnenbrille ab- und die Umgebung mit einem ersten Rundblick in Augenschein nahm, drehte ich vorsichtshalber den Kopf zur Seite und begann interessiert die auf Glasetageren aufgereihten Gläser und Tassen zu betrachten. Torhüter Zafer setzte sich mit dem Rücken zu mir an einen Tisch auf der Veranda. Er legte eine lederne Aktentasche auf den Tisch und setzte seine Sonnenbrille wieder auf.

Er musste nicht lange auf den ältlichen Kellner warten. Die beiden sprachen eine Weile miteinander. Von meinem Platz aus konnte ich seine breiten Schultern, seinen Stiernacken und die von Narben übersäte Kopfhaut gut betrachten. Er saß bewegungslos da, bis seine Cola kam. Da saßen wir also und warteten.

Menschen kamen und gingen, aber da war niemand, der für uns von Interesse war. Der ältliche Kellner schaute seit einiger Zeit öfters zu mir herüber. Tat mir Leid, nicht noch einen Nescafé.

Wir warteten und warteten.

Plötzlich klingelte ein Handy, und ich sah, wie Torhüter Zafer sein Gerät aus der Hemdtasche nahm und ans Ohr führte. Er hörte zu und nickte unaufhörlich mit dem Kopf. Doch obwohl ich die Ohren spitzte, bekam ich kein Wort davon mit, was er zu sagen hatte.

Als er sein Gespräch beendet hatte, drehte er sich zur Kaffeebar um. Das hatte ich nicht einkalkuliert. Wenn er jetzt aufstand und herüberkam, um seine Cola bei dem hier herumstehenden ältlichen Ober zu bezahlen, konnte er mich unmöglich übersehen. Ich saß starr da und begann leicht zu schwitzen.

Doch weil wir hier einen frisch vom Training, überdies aus der ersten Liga kommenden, verwöhnten Fußballstar vor uns hatten, dachte der gar nicht daran aufzustehen. Stattdessen winkte er mit einer müden Handbewegung den Kellner herbei. Als Zafer endlich aufstand, befand ich mich bereits mit dem Kopf unter dem Tisch, um eine imaginäre Münze aufzusammeln. Wahrscheinlich haben sie den Ort der Zusammenkunft kurzfristig geändert, dachte ich mir da unten am Boden. Na ja, heute stand offensichtlich Verfolgung auf der Tagesordnung.

Während Zafer das Café verließ und draußen an der Glasveranda vorbeiging, stand ich schnell auf und suchte, mit dem Rücken zum Ausgang, in meinen Taschen nach Kleingeld. Der ältliche Ober nannte von sich aus eine aufgerundete Summe, was meinen Abgang beschleunigte.

Indessen war Zafer draußen auf dem kleinen, in einen kaum legalen Parkplatz verwandelten Vorplatz angekommen und öffnete die Türe eines blauen Mazda 323. Ich merkte mir das Nummernschild und überlegte gleichzeitig meine nächsten Schritte. Mein eigenes Auto stand ziemlich weit entfernt von hier, und weil Zafer zwei verschiedene Richtungen einschlagen konnte, ging ich kurz entschlossen zu dem Taxistand vor dem McDonald's hinüber. Dort zeigte mir einer der wartenden Fahrer den Wagen, der als Nächstes an der Reihe war. Ich setzte mich nach hinten und schaute aus dem Rückfenster. Der Mazda musste hier vorbei, wenn er den kleinen Parkplatz verließ.

»Wohin soll's denn gehen?«, fragte der Fahrer.

»Warte mal einen Moment«, sagte ich. Als der Mazda näher kam, bückte ich mich wieder, diesmal um meinen Schnürsenkel besorgt.

»Fahr hinter dem Mazda her«, sagte ich zum Fahrer.

Bei dem nicht mehr ganz jungen Mann mit dem Sadri-Alişik-Bärtchen handelte sich offensichtlich um einen erfahreren, seit Jahren in Bebek arbeitenden Taxifahrer. Er war nicht die Spur verwundert über meine Anweisung. Als wir auf die Bosporus-Uferstraße kamen, bog der Mazda nach rechts ab. Wir hinterher.

»Wenn du den Wagen nicht verlierst«, sagte ich, »bekommst du das Doppelte von dem, was auf dem Taximeter steht.«

»Wird gemacht«, sagte der Fahrer. »Mit Allahs Beistand schaffen wir das!«

Allahs Beistand und die Geschicklichkeit der Sadri-Alişik-Kopie am Steuer sorgten dafür, dass wir im richtigen Abstand hinter dem blauen Mazda in Hisar ankamen. Zafer fuhr umsichtig und ohne besondere Eile. Dass er sich auch noch strikt an die Verkehrsregeln hielt, erleichterte unseren Job erheblich.

»Es wimmelt doch nur so von Taxis hier«, sagte der Chauffeur, als wir Emirgan passierten. »Wie soll er uns da bemerken?«

In Yeniköy kam ein weiterer Kommentar:

»Bei den Kreuzungen müssen wir aufpassen.«

Ich fragte mich, ob der gute Mann die Nummer mit dem Rotlicht beherrschte. Falls nicht, sollte ich sie ihm beibringen. Doch dann sagte ich lieber nichts, sondern konzentrierte mich auf den Mazda, von dem uns jetzt drei andere Autos trennten.

Zafer blieb auf der Höhe der Tankstelle kurz nach der Ortseinfahrt stehen und betätigte den linken Blinker. Sobald der entgegenkommende Verkehr es ihm erlaubte, bog er in eine kleine, links hinaufführende Straße ab. Wir mussten warten, bis sich auch uns die Möglichkeit bot, abzubiegen. Ich beugte mich weit vor, um in die Straße hineinzuspähen. Hier bestand wirklich die Gefahr, dass wir ihn aus den Augen verloren. Doch mein erfahrener Chauffeur beruhigte mich:

»Das ist eine ganz enge Straße, da kann er gar nicht losrasen.«

Wir fuhren jetzt die leicht ansteigende, tatsächlich sehr schmale Straße hoch. Zwischen den rechts und links geparkten Autos blieb gerade eine Wagenbreite für den Durchgangsverkehr übrig. Die rechts abbiegenden Straßen verweigerten fast ausnahmslos mit großen Verbotsschildern die Einfahrt. Der blaue Mazda war nirgends zu sehen.

»Er hat uns abgehängt«, sagte ich.

Der Taxifahrer aus Bebek schwieg. Wir fuhren noch ein Stück hoch, bis unser Wagen plötzlich hart bremste.

»So, mein Herr«, sagte der Fahrer vergnüglich, »nun zähl schon mal die Scheine ab.«

Da stand der blaue Mazda nämlich Nase an Nase mit einem Coca-Cola-Lieferwagen. Wir warteten neugierig, wer wohl den anderen überzeugte, rückwärts zu fahren und Platz zu machen. Es war schließlich der blaue Mazda, der langsam rückwärts in eine der Einbahnstraßen fuhr, um den Lieferwagen vorbeizulassen. Mein aufgeweckter Fahrer zwängte sofort die Nase seines Taxis in eine Lücke zwischen den beiden Wagen, sodass der Lieferwagen mit Ach und Krach auch an uns vorbeikam.

Wir waren jetzt wieder direkt hinter dem blauen Mazda. Plötzlich verließ dieser die Straße, um auf einem erstaunlicherweise unbebauten Stückchen Land zu parken.

Mein sympathischer Taxifahrer fuhr sofort an die rechte Straßenseite und stellte den Motor ab. Aus einem Abstand von fünfzig bis sechzig Metern sahen wir gemeinsam zu, wie Zafer ausstieg.

Er überquerte die Straße, läutete an der Eingangstür des direkt gegenüberliegenden Appartementhauses und wartete. Diese Wartezeit nutzte er, um ein paarmal eine Schwenkbewegung mit der Hüfte auszuführen. Dann beugte er ein Bein und stieß mehrere Male mit dem Knie gegen die hochgehaltene Ledertasche. Nach Abschluss dieses kleinen Zwischentrainings drückte er die Tür auf und verschwand im Haus.

Der Taxifahrer drehte sich zu mir und sagte:

»Die Verdoppelung hab ich mir bereits verdient. Wie geht's jetzt weiter?«

»Das weiß ich noch nicht«, entgegnete ich. »Wart mal hier.«

Ich stieg aus, lief an einer Baustelle vorbei, überquerte eine Nebenstraße und näherte mich so unauffällig wie möglich dem Haus, in dem wir Zafer hatten verschwinden sehen. Das Onur-Apartment hatte vier Stockwerke. An den meisten Fenstern waren die Vorhänge bereits zugezogen, hinter einigen brannte Licht, obwohl es erst langsam dunkel wurde. Im Hauseingang warf ich einen schnellen Blick auf die in zwei Reihen angeordneten Klingelschilder.

Das ging ja schnell. Nummer acht zeigte einen bekannten Namen: Dilek Aytar. Ich konnte auch feststellen, dass Frau Aytar eine Visitenkarte opfern musste, um ihr Klingelschild zu gestalten. Dilek Aytar hatte also vor, den Abend ihres freien Tages nach der erfolgreichen Modenschau zusammen mit dem Torhüter Zafer zu gestalten. Was konnte man da machen? Sah nicht gut aus für Kayahan Karasu.

Um jeden vorschnellen Schluss ganz auszuschließen, sah ich mir noch einmal aufmerksam und einen nach dem anderen sämtliche Namen auf den Klingelschildern an. Aber es war keiner dabei, der mir etwas sagte.

Ich ging langsam wieder zum Taxi zurück. Dieses Mal setzte ich mich nach vorn.

Dann nahm ich meine Brieftasche hervor. Ich verdoppelte die auf dem Taxameter angezeigte Gebühr und rundete sie noch erheblich auf.

»Hier, das ist für dich, Meister«, sagte ich und legte dem Fahrer das Bündel mit den größten im Umlauf befindlichen Noten in die ausgestreckte Hand. »Hättest du Lust, noch mal die gleiche Summe zu verdienen?«

»Wenn es 'ne saubere Sache ist.«

»Absolut sauber«, sagte ich. »Wenn wir hier weiter zusammen herumstehen, kann's allerdings danebengehen. Warte du also hier noch eine halbe, höchstens eine Stunde. Wenn der Typ von eben alleine oder in Begleitung einer Frau herauskommt, fahr hinter ihnen her. Ich glaube nicht, dass er rauskommt. Für dich ist das aber gleich, du kriegst dein Geld in jedem Fall. Was meinst du?«

»Was soll ich dazu meinen? Da komm ich wenigstens mal dazu, die Papiere in meinem Handschuhfach zu sortieren.«

»Gut«, sagte ich und nahm noch einmal die gleiche Summe aus der Brieftasche. Dann sah ich auf die Uhr.

»Finde ich dich an eurem Stand, wenn ich so um acht anrufe?«

»Ich bin da«, antwortete er. »Frag nach Sadri.«

Ich legte ihm das Geld in die Hand und schlug ihm leicht auf die Schulter. Dann stieg ich aus und ging, ohne mich umzusehen, in entgegengesetzter Richtung davon. Am nächsten Taxistand nur eine Straße weiter war kein Wagen frei. Erst auf der Hauptstraße konnte ich ein Taxi anhalten, das mich zurück nach Bebek brachte.

Bis wir dort ankamen, war ich gezwungen, einem endlosen Sermon in dem Radiosender zuzuhören, der es als seine Aufgabe betrachtete, die Menschen anzuhalten, ihren Glauben über alles zu stellen. Ich protestierte nicht. Doch als ich ausstieg, nachdem ich mir im Vorbeifahren noch schnell die Telefonnummer auf dem Firmenschild des Taxistandes eingeprägt hatte, ließ ich mir das Rückgeld bis auf die letzte Lira auszahlen. Mein Auto stand, wo ich es abgestellt hatte. Ich setzte mich hinein, öffnete die Fenster und rief bei Karasu Textilien an. Es meldete sich eine männliche Stimme.

»Verbinden Sie mich bitte mit Ilhan Bey«, sagte ich.

»Wen darf ich melden?«

Ich nannte meinen Namen.

»Einen Moment, bitte.«

Inzwischen war es recht dunkel geworden. Nach ein paar undefinierbaren Geräuschen in der Leitung hörte ich Ilhan Karasus ziemlich aufgeregte Stimme:

»Was gibt's?«

»Das Treffen wurde aufgeschoben.«

»Na so was.«

»Von Ihrer Seite ist schon jemand zu der Verabredung gekommen. Der Torhüter Zafer war da, aber die Gegenpartei ist nicht aufgekreuzt. Vielleicht haben sie ja kalte Füße gekriegt, oder der Mann, der kommen sollte, wurde im letzten Moment aufgehalten. Oder sie haben entschieden, das Ganze per Telefon abzuwickeln.«

»Auf jeden Fall ist aber was Faules im Gange«, meinte Ilhan Karasu. »Wie soll's jetzt weitergehen?«

»Sie sollten sich nicht zu weit vom Telefon entfernen«, schlug ich vor. »Ihr Mann ruft ja vielleicht nochmal an.«

»Ja, ich bleibe hier«, sagte Ilhan Karasu. Dann fragte er: »Hast du das mit dem armen Fotografen mitgekriegt?«

»Ich war heute auf seiner Beerdigung.«

»Wirklich? Hatte der etwa was mit uns zu tun?«

»Das hatte er ganz sicher.«

»Komm doch mal, und erzähl mir das alles ganz ausführlich«, sagte Ilhan Karasu.

»Mach ich«, sagte ich und fragte ihn, ob es in seiner Firma einen schwarzen Şahin gab. Ich nannte ihm die Nummer.

Ich merkte, wie er am anderen Ende der Leitung überlegte.

»Ich glaube nicht«, sagte er schließlich. »Wir haben drei größere Autos für die Auslieferungen und einen Kombi für die Kurierzustellungen. Aber der ist weiß. Ich glaube auch nicht, dass einer unserer Angestellten so ein Auto fährt. Ich habe jedenfalls nie einen schwarzen Şahin auf unserem Parkplatz bemerkt.«

»Und im Verein?«

»Unser Verein besitzt kein Auto«, sagte er lachend. »Wie kommst du jetzt ausgerechnet auf einen schwarzen Şahin?«

»Ist nicht so wichtig«, wiegelte ich ab. »Ich rufe Sie an, wenn es was Neues gibt.«

Ich legte auf, ließ den Motor an und arbeitete mich aus der kleinen Parklücke heraus, indem ich die hinter und vor mir stehenden Autos leicht antippte. Zum Glück ging kein Alarm los.

11

Ich fuhr nach Hause. Ich fand es ganz amüsant, wie jemand, der einer normalen Arbeit nachgeht, zu einer normalen Zeit nach Hause zu kommen, mein Auto vor dem Haus abzustellen und einem mit mir zusammen auf das Haus zumarschierenden Nachbarn, der mit seiner Aktenmappe unter dem Arm wie ein Beamter aussah, einen schönen guten Abend zu wünschen.

Bei mir war allerdings niemand da, der auf mich wartete. Deswegen musste ich mir auch selbst die Tür aufschließen. Keine Nachricht auf dem Beantworter. Ich ging durch die Wohnung und knipste alle Lichter an. Das Wohnzimmer, die Küche, das Schlafzimmer und mein Arbeitsraum, alles war, wie ich es verlassen hatte. Nichts hatte sich von der Stelle gerührt. Nicht einmal einen Stromausfall hatte es gegeben, der die Uhr in meinem Backofen angehalten hatte, dass sie mich mit einem freundlichen Blinken hätte willkommen heißen können.

Die nächste tiefgefrorene Pizza fand den Weg in die Mikrowelle. Die Cola in der am Vortag geöffneten Flasche war schal geworden. Weg damit in den Ausguss und eine neue Literflasche her.

Während ich aß, überlegte ich, ob ich mir eine Katze zulegen sollte.

Ich stellte mein schmutziges Geschirr neben das vom Vortage und rief beim Taxistand in Bebek an. Ich fragte nach Sadri.

»Der ist zu einem Kunden gefahren«, sagte der Mann, der abgenommen hatte.

»Kommt er nicht zurück?«

»Doch, wenn er den Kunden abgesetzt hat, kommt er sicher wieder her. Aber wann das sein wird, das kann ich nicht sagen.«

»Hat er vielleicht eine Nachricht für mich hinterlassen?«

»Geht es um den blauen Mazda?«

»Ja.«

»Ja«, sagte auch der Mann am Telefon. Er klang plötzlich ganz aufgeregt. »Er hat gesagt, du würdest anrufen. Er lässt dich grüßen. Der Mann sei nach einer halben Stunde aus dem Haus gekommen. Allein. Doch dann habe er Sadri abgehängt, als der in Emirgan von einer Polizeistreife angehalten wurde. Du möchtest es ihm nicht übel nehmen.«

Ich nahm es nicht übel.

Ich legte auf und holte aus dem Kleiderschrank ein dickes schwarzes Sweatshirt mit Reißverschluss und Kapuze und ein schwarzes Paar Jeans hervor. Turnschuhe vervollständigten mein Outfit. Zum Schluss steckte ich den Lissabonner Dietrich in die Tasche. Bevor ich das Haus verließ, trank ich vor dem Fenster noch eine Tasse extra starken schwarzen Kaffee.

Die Büyükdere-Straße war stadteinwärts mal wieder hoffnungslos verstopft. Doch ich kam in der Gegenrichtung gut voran. Die Kassette, die schon meine Verfolgung des schwarzen Şahin mitgemacht hatte, setzte da wieder ein, wo sie unterbrochen worden war. Ich machte ein wenig lauter. So gefiel es mir. Schließlich führte ich ein Leben mit nie voraussehbaren Entwicklungen. Das verlangte einen erhöhten Adrenalinspiegel. Die Idee mit der Katze war doch nicht so gut.

Die Hauptstraße in Ayazağa war wie ausgestorben. Kein Mensch weit und breit. Ich stellte mein Auto weit von dem Fotoladen entfernt ab und ging langsam an den geschlossenen Geschäften vorbei, wie jemand, der spät nach Hause kommt. Lediglich in dem Kaffeehaus, wo ich am Mittag den unsäglichen Kaffee getrunken hatte, gab es noch so etwas wie Leben.

Ich bog in die völlig dunkle Straße ein, in der das Atelier Foto Paris lag. Die Stühle vor dem Eingang hatte man fortgeräumt. Die Wassermelonen im Stand nebenan waren unter einer dicken Segeltuch-Abdeckung verschwunden. Die oben liegenden Fenster der fast durchweg zweistöckigen Häuser waren hermetisch verschlossen. Auch diese Straße war menschenleer.

Ich holte meinen Dietrich heraus. Doch ein Blick auf das Schloss überzeugte mich, dass hier nicht nur mein Dietrich, sondern der Schlüssel überflüssig war. Da hatte schon jemand vor mir das Bedürfnis verspürt, dem Laden einen Besuch abzustatten.

Die Tür stand offen. Das heißt, sie war unter einer gewissen Gewaltanwendung aufgegangen. Genauer gesagt, das ziemlich improvisierte Schloss hatte derselben nicht standgehalten. Wer immer diese Operation ausgeführt hatte, war nach getaner Arbeit hinausgegangen und hatte die Tür nur leicht angelehnt, um den Eindruck zu erwecken, dass sie geschlossen war. Er war hinausgegangen, oder ... Oder war er vielleicht noch da drin? Ich legte mein Ohr an die Tür. Nichts zu hören. Ich trat einen Schritt zur Seite, um zwischen den gerahmten Fotos im Schaufenster hindurch ins Innere des Ladens zu spähen. In der Dunkelheit konnte ich nichts entdecken. Einfach umzukehren, fand ich unmöglich, wo ich schon da war.

Ich stieß die Tür ganz vorsichtig auf und lehnte sie sofort wieder an, sobald ich drinnen war.

Während ich darauf wartete, dass meine Augen sich an die Dunkelheit gewöhnten, holte ich tief Atem, wobei ich die Luft bis in mein Hara einströmen ließ. Dort hielt ich sie eine Zeit lang an, bevor ich sie wieder herausließ. Allmählich tauchte vor meinen Augen ein langer Ladentisch auf. Und davor zwei Sessel, wie sie vor zwanzig Jahren modern gewesen waren. In Vitrinen hinter dem Ladentisch warteten Filme, Batterien und dergleichen auf Kundschaft. Als ich glaubte, meine Umgebung einigermaßen erkennen zu können, bewegte ich mich ein wenig vorwärts. Hinter dem Ende des Ladentisches konnte ich jetzt einen durch einen dicken, schwarzen, von der Decke herabhängenden Vorhang abgetrennten zweiten Raum ausmachen. Wohl das eigentliche Atelier, dachte ich. Ich ging aber nicht hinein, denn meine Aufmerksamkeit war inzwischen von einem zwischen der Vitrine und dem Ladentischende an die Wand gelehnten Schrank beansprucht.

Ein höchstens ein Meter hoher Schrank war das, auf dem ein circa 30 × 40 cm großes gerahmtes Foto stand. Ein Schrank zudem mit weit geöffneter Tür.

Ich bückte mich, um hineinzusehen. Auf der oberen Ablage standen verschiedene Medikamentenschachteln herum. Darunter lag ein Stapel gefalteter Zeitungen und darauf ein großer gepolsterter Briefumschlag. Spätestens jetzt hätte der Groschen fallen müssen. Aber wie ein Kind nach einem heiß ersehnten Spielzeug streckte ich die Hand nach dem Umschlag aus. Ich holte ihn nah an meine Augen heran, um die Adresse zu lesen, die auf einem mit einer unförmigen Büroklammer darauf befestigten Stück Papier stand.

»Ein Gruß von Uğur Dündarli« stand da geschrieben.

Den Umschlag zu öffnen und hineinzusehen, war mir nicht mehr vergönnt.

Der ganze Foto-Paris-Laden erstrahlte mit dem Schlag auf meinen Kopf in hellstem Licht. Als hätten sämtliche Paparazzi von Istanbul zur gleichen Zeit ihre Blitzlichter betätigt. Ich erinnere mich noch, dass ich unter der Wucht des Schlages gegen den Schrank flog und dort zusammensackte. Ach ja, und dass das schwere gerahmte Foto auf mich fiel. Danach war nur noch eine lange, tiefe, schwarze Finsternis.

Ich wurde noch nie operiert. Deswegen weiß ich auch nicht, wie man sich fühlt, wenn man aus der Narkose erwacht. Ich jedenfalls erwachte mit einem fürchterlichen Schmerz im Hinterkopf. Ich lag auf dem Rücken am Boden. Als Erstes erkannte ich zwei helle Neonröhren an der Decke. Das brachte mich auf den Gedanken: Notaufnahme. Aber als sich der Schleier nach und nach vor meinen Augen auflöste, begriff ich, dass ich vor der Vitrine lag. Dann merkte ich, dass die Tür des Schrankes über meinem Kopf geschlossen war. Das schwere Foto stand wieder an seinem ursprünglichen Platz. Es zeigte eine Fußballmannschaft in braungelben Trikots. Mein Gesicht, meine Haare und mein Sweatshirt waren klitschnass. Und ich war nicht allein.

Nuri, Teilzeitjournalist und Gehilfe von Yildirim Soğancı selig, schaute vom anderen Ende des Ladentisches besorgt zu mir herüber. Als er sah, dass ich mich bewegte, schien er erleichtert.

»Geht's dir besser, Abi?«, fragte er. Er war in Unterhemd und Pyjamahose. An seinem Hals baumelte ein Kettchen mit einer Plakette, auf der seine Militärdienstnummer stand.

Ich setzte mich auf und lehnte mich mit dem Rücken an die Glasvitrine. Dann führte ich eine Hand an meinen Hinterkopf, dort, wo es am meisten weh tat. Kein Blut, stellte ich erleichtert fest. Ich zog mich langsam ganz hoch, indem ich mich am Ladentisch festhielt. Nuri, der bisher allen meinen Anstrengungen bewegungslos zugesehen hatte, sprang plötzlich auf und stützte mich, damit ich nicht hinfiel.

»Komm Abi, setz dich hierher«, sagte er und zog mich zu einem der Sessel vor dem Ladentisch. Ich sackte hinein.

»Möchtest du einen Schluck Wasser?«, fragte er. »Ich hab dir vorhin schon etwas ins Gesicht geschüttet.«

Jetzt sah ich auch den Wasserkrug auf dem Tresen. Ich zeigte mit der Hand darauf. Dann trank ich gierig. Kein besonders gutes Trinkwasser, doch es tat mir gut.

»Geht's dir besser, Remzi Abi?«, fragte Nuri nochmal.

»Mir geht's gut.«

Ich fischte eine Zigarette aus der Tasche meines Sweatshirts. Meine Hand zitterte nicht, als ich sie anzündete. Ich langte nochmal an meinen Hinterkopf. Nein, Blut war da nicht, dafür würde es bald eine ansehnliche Beule geben. Trotzdem war ich dankbar, dass ich mit den fünfzig Prozent, die gegen mich gestanden hatten, so billig davongekommen war.

»Drinnen gibt's wohl auch keinen Kühlschrank, oder?«

»Brauchst du Eis, Abi?«, fragte Nuri. »Warte, ich hol dir schnell welches.«

Und schon war er durch die offen stehende Tür verschwunden. Ich nahm einen tiefen Zug von meiner Zigarette. Langsam kehrten die Lebensgeister zurück. Ich stützte mich auf dem Ladentisch ab und ging mühsam auf den Schrank zu, vor dem ich eben noch gelegen hatte. Ich bückte mich und sah hinein. Der Umschlag war weg. Ich sah noch unter dem Ladentisch und unter der Vitrine nach, aber natürlich war er nirgends. Den Zeitungsstapel kontrollierte ich, indem ich ihn an einer Seite anhob und schnell durchblätterte. Es waren alles Ausgaben derselben Sportzeitung. Die leeren Medikamentenschachteln im oberen Teil des Schrankes hatten alle einmal Mittel gegen Erkältung enthalten. Auf dem Boden des Schrankes erblickte ich einen etwa zwanzig Zentimeter langen plumpen Ziergegenstand. Eine Art bronzene Trophäe, die einen Fußballer darstellte, der einen Ball hoch über den Kopf hielt. Das Ganze stand auf einem hölzernen Sockel. Und der war auf meinem Hinterkopf gelandet, als sich jemand in seiner Arbeit gestört gefühlt hatte. Ich drehte das Ding in den Händen, unbesorgt um Fingerabdrücke und dergleichen. Es enthielt keinerlei Aufschrift oder sonst einen Hinweis auf ein spezielles Ereignis.

Als ich mich wieder aufgerichtet hatte, erschien Nuri. Sein Schlafanzugunterteil hatte er gegen eine graue Kordhose ausgewechselt. Darüber trug er ein gelb gestreiftes Hemd. Er hielt eine mit Eisstücken gefüllte durchsichtige Plastiktüte in der Hand, die ich ihm gern abnahm. Zu einem Päckchen gefaltet, tat die Kälte meinem Hinterkopf gut.

»Jetzt geht's dir besser, nicht wahr, Abi!«, sagte Nuri.

»Ich bin ganz in Ordnung«, beruhigte ich ihn.

Es war wohl an der Zeit, dass wir im beiderseitigen Interesse gewisse Fragen klärten.

»Wieso bist du hier aufgekreuzt, sozusagen als rettender Engel?«

»Wir haben von unten Lärm gehört, und da wollte ich mal nachsehen«, sagte Nuri verlegen, als hätte er mich mit einer nackten Frau erwischt. »Wir wohnen hier drüber, meine Mutter hatte Angst, dass eingebrochen wird.«

Ich fuhr fort, den Eisbeutel an meinem Hinterkopf herumzuführen.

»Hast du jemanden gesehen?«

»Wenn ich nicht gesehen hätte, wie der Kerl abhaute, wäre ich nie reingegangen vor Angst. Als ich unten ankam, war der schon am Ende der Straße. Ich bin reingegangen und habe das Licht angemacht, um zu sehen, was er hat mitgehen lassen. Und da sah ich dich da liegen.«

»Hast du überhaupt nicht mitbekommen, wie der Kerl aussah?«, fragte ich.

»Nein, der rannte viel zu schnell. Er hatte eine Tasche über der Schulter hängen, die wie verrückt hin- und herschaukelte.«

»Hast du dich denn nicht gefragt: ›Was will der denn hier?‹, als du mich da liegen sahst?«

»Natürlich nicht, Remzi Abi«, sagte Nuri. »Du lagst genauso da wie die Detektive in den Fernsehserien.«

»Was willst du damit sagen? Was für Detektive?«

Mit einem verschmitzten Lachen führte Nuri die Handbewegung aus, die »Ich bin doch nicht blöd« heißt.

»Mach uns doch nichts vor, Remzi Abi«, sagte er. »Nach der Beerdigung haben alle nur von dir gesprochen. Du seist Privatdetektiv. Der Chef habe dich engagiert. Und früher seist du Pilot gewesen.«

Ich fragte mich, ob wohl auch der Grund meiner Entlassung

aus den Diensten von Turkish Airlines Gesprächsthema gewesen sei. Doch danach fragte ich nicht. Auf jeden Fall war unsere Deckung aufgeflogen. Na ja, meine vorübergehende Identität als Karasu-Vertreter aus Kayseri war mir nicht besonders sympathisch gewesen.

»Haben sie auch darüber gesprochen, warum der Chef mich angestellt hat?«

»Du solltest den Trainer beobachten, haben die gesagt.«

Ich fragte mich, was es beim Trainer wohl zu beobachten gab, reichte diese Frage aber nicht an meinen Gesprächspartner weiter. Ich stand auf – fein, kein Schwindelgefühl – und legte die Eistüte auf dem Tresen ab..

»Arbeitest du schon länger in Yildirim Soğancis Laden?«, fragte ich.

»Nuri?«, ließ sich eine ängstliche Stimme vernehmen. Ein zu einer kleinen, verschrumpelten alten Frau gehörender Kopf wurde vorsichtig durch die Tür in den Raum gestreckt. Die Zipfel eines grünen Kopftuches waren über dem Mund zusammengebunden.

»Ist schon gut, Mutter«, sagte Nuri. »Es ist nichts passiert. Mach dir keine Sorgen.«

Der Kopf verschwand wieder.

»Seit sechs Monaten«, beantwortete Nuri meine Frage. »Yildirim Abi hatte vorher einen anderen Laden, weiter vorne. Er hatte Zoff mit dem Besitzer, und der hat ihn rausgesetzt. Wir hatten unser Haus hier gerade fertig gebaut, und der Laden stand noch leer. Meine Mutter sagte, wenn er dich anstellt, kann er ihn mieten.«

»Du warst gerade vom Militär zurück?«, fragte ich.

»Ja, und ich hatte keine Arbeit. Ich sagte mir, da kann ich einen ordentlichen Beruf erlernen und gleichzeitig …«

»Und gleichzeitig …?« Nuri brauchte ein wenig Ermunterung.

»Wenn du's genau wissen willst, haben wir Yildirim Abi nicht so ganz getraut. Man soll ja über Tote nichts Schlechtes sagen, aber er hatte nun mal keinen besonders guten Ruf. Wir sagten uns auch, wenn ich mit im Laden bin, dann kann er uns nicht um die Miete prellen.«

»Hat er es versucht?«

»Nein«, sagte Nuri. »Das hat er nicht. Er hat die Miete und auch meinen Wochenlohn immer pünktlich bezahlt. Das war in Ordnung. Aber da waren andere Sachen, die mir nicht ganz geheuer waren.« Dabei schüttelte er seinen Kopf, als wollte er sagen: »Nein, so was!« Er druckste herum und wusste anscheinend nicht, wie weiter.

Ich sah ihn geduldig wartend, aber fragend an.

»Remzi Abi«, sagte er. »Ich möchte mich nicht versündigen an einem Verstorbenen, aber Yildirim Abi hat, glaube ich, irgendwelche krummen Dinger gedreht.«

Ich sagte nichts. Das sicherste Mittel, ihn zum Weiterreden zu bringen.

»Ich weiß nicht, wie ich das beschreiben soll. Aber er hat sich so komisch benommen. Er tat immer so geheimnisvoll. Und in letzter Zeit war er ständig nachts unterwegs. Bis zum Morgen. Nicht wegen Frauen und so. Versteh das nicht falsch. Wegen irgendwas anderem ... Und wenn er hier war, ging er dauernd nach hinten, obwohl es gar nichts zu entwickeln gab, und blieb da eine halbe, manchmal eine ganze Stunde drin. Er hat mir aber nie gezeigt, was er da machte ...«

Ich beharrte auf meinem ermunternden Schweigen.

»Manchmal, wenn er zum Mittagessen was getrunken hatte, redete er mit sich selbst. ›Die werden schon noch sehen, was der König der Paparazzi alles auf Lager hat‹, sagte er dauernd vor sich hin. Mir erzählte er, dass er bald viel Geld verdienen und mir den Laden überlassen würde, wenn er erst mal den neuen Posten bei

Karasu übernommen hatte. Er bekäme eben alles mit. Solches Zeug redete er die ganze Zeit, wenn er was getrunken hatte.«

Schade, dass er nicht ein paar Whiskys mehr intus hatte, bevor wir während der Modenschau ins Gespräch kamen, dachte ich.

»Wie kam er mit denen von der Zeitung aus?«

»Nicht besonders gut«, meinte Nuri. »Samstags ging er mit seiner Kamera los und verfolgte alle Spiele. Abends kam er dann und diktierte von hier aus lang und breit seine Artikel. Aber wenn er am Tag danach die Zeitungen sah, fing er an herumzubrüllen: ›Verdammte Brut, ihr könntet wenigstens meinen Namen drunterschreiben!‹« Nuri machte Yildirim Soğanci nach: »›Die haben wieder alles gekürzt!‹ Aber er gab gern damit an, Journalist zu sein.«

»Was war da in dem Schrank?«, war meine nächste Frage.

»Weiß ich nicht«, sagte Nuri. »Der war immer abgeschlossen. Und den Schlüssel trug er immer zusammen mit den anderen Ladenschlüsseln in seiner Tasche herum. Als ich mit Hikmet Abi ins Krankenhaus gegangen bin, da haben sie mir den Schlüsselbund, zusammen mit seinen anderen Sachen, Brieftasche und so, ausgehändigt. Das ist alles oben in unserer Wohnung. Ich habe noch einen extra Ladenschlüssel.«

»Wo ist seine Wohnung?«

Nuri lachte. »Der hatte keine Wohnung. Da drinnen ist noch ein Zimmer, da hat er geschlafen.«

»Lass mich mal sehen.«

Ich ging hinter Nuri, der den Samtvorhang hochgehoben hatte, in das dahinter liegende Studio. Darin befanden sich ein Fotoapparat auf einem Stativ, ein Schemel, ein Vorhang für den Hintergrund und zwei Scheinwerfer mit großen Schirmen. Neben dem Spiegel in der Ecke hingen zwei Krawatten an einem Nagel. Nuri öffnete ein paar von den Druckknöpfen, mit denen die Hintergrundleinwand an der Wand befestigt war, und zwängte sich durch die Lücke hinter die Leinwand. Ich folgte ihm.

Auf einem höchstens fünf Quadratmeter kleinen Fleckchen waren ein Bett mit Matratze, ein zusammenklappbarer Plastikkleiderschrank und ein in der Ecke stehender Tisch mit einer kleinen Flüssiggasflasche, zwei Gläsern, einer Teekanne und einigen Paketen Würfelzucker darauf untergebracht. Ein Fenster gab es nicht. Unter dem Tisch entdeckte ich noch einen Koffer. Das Bett sah erstaunlich ordentlich aus. Ich drückte meine Zigarette in einem auf dem Boden stehenden Aschenbecher aus.

Nuri erklärte leicht verschämt:

»Ich habe gestern nach der Beerdigung noch ein wenig hier aufgeräumt. Ich dachte, vielleicht kommt ja sein Onkel aus Mengen. Da sollte es nicht so schlimm aussehen.«

»Da hast du ein gutes Werk getan«, sagte ich. »Ist dir beim Aufräumen irgendetwas aufgefallen?«

»Unter dem Bett ...«, der Junge schien sich noch ein wenig mehr zu schämen, »da waren Zeitschriften. Weißt du, solche schlimmen ...«

Ich fragte nicht, was er mit den Zeitschriften angestellt hatte. Stattdessen öffnete ich den Plastikreißverschluss des Plastikkleiderschrankes und sah mir Yildirim Soğancis Garderobe an. Dann machte ich den Koffer auf. Gähnende Leere. Hier war wirklich nichts anzutreffen außer todtraurigem Elend.

»Das reicht«, sagte ich. »Möge er in Frieden ruhen.«

Wir gingen wieder zurück auf die andere Seite der Leinwand und von dort in den vorderen Raum.

»Vielen Dank, Nuri«, sagte ich, wobei ich eine gewisse Autorität in meine Stimme legte. »Du bist jetzt für den Laden verantwortlich. In den sechs Monaten hast du ja sicher gelernt, wie das hier so läuft. Lass morgen sofort die Tür reparieren. Sollten aus Mengen oder so irgendwelche Erben auftauchen, werde ich mit denen reden. Der Verstorbene hatte ja sowieso vor, den Laden dir zu überschreiben.«

»Vielen Dank, Remzi Abi«, sagte Nuri.

»Ich glaube aber nicht, dass jemand kommt.«

»Meinst du wirklich nicht, Remzi Abi?«

»Sicher nicht«, sagte ich. »Spring doch mal schnell nach oben, und bring mir die Sachen, die sie dir im Krankenhaus übergeben haben.«

Mit dem eifrigen Bemühen des Detektivgehilfen, die Schattenseiten des Yildirim Abi ans Tageslicht zu bringen, verschwand Nuri durch die hintere Tür. Bis er zurückkam, konnte ich noch einmal schnell alles in Augenschein nehmen. Doch ich fand nichts, was mir irgendwelche Geheimnisse des Verstorbenen hätte preisgeben können. Als Nuri mit einer Plastiktüte in der Hand zurückkam, fand er mich da, wo er mich verlassen hatte.

Er legte die Tüte schweigend auf den Tresen und leerte sie aus. Ich nahm die Dinge eins nach dem anderen in die Hand und untersuchte sie. Die Kamera mit dem Teleobjektiv. Drei Schlüssel an einem Schlüsselhalter, der einen Fruchtbarkeitsgott darstellte, dem man im Nachhinein sein Ehrfurcht erweckendes vorgestrecktes Glied gekürzt hatte. Der Yale-Schlüssel gehörte sicher zum Laden und der kleinste zum Schrank. Ich zeigte auf den dritten Schlüssel, doch Nuri zuckte nur mit den Schultern. Dann eine Brieftasche, in deren Kreditkartenteil eine einsame Bankkarte steckte. In dem Fach für die größeren Noten war ein Betrag, mit dem man in einem ordentlichen Istanbuler Lokal ein ordentliches Abendessen hätte begleichen können. In einem anderen Fach fand ich den Personalausweis des Verstorbenen, dessen Plastikhülle vor Alter ganz blind geworden war. Das Foto von dem jüngeren Yildirim Soğancı kannte ich ja bereits aus der Zeitung. In Zonguldak war er geboren. Weiter stieß ich auf einen Zeitungsausschnitt mit der Überschrift »Der Meister steht fest«. Auch hier keine Unterschrift und kein Foto. Dann noch Zigaretten, Feuerzeug, zwei Papiertaschentücher, etwas Kleingeld und eine leere schwarze Filmdose. Ich löste schnell den dritten Schlüssel vom Bund und steckte ihn ein. Öffnete doch jeder Schlüssel mindestens eine Tür!

Auf mein Kopfnicken hin packte Nuri alles zurück in die Tüte. Das Handy war wohl irgendwo unterwegs abhanden gekommen.

»Hast du in den Fotoapparat geschaut?«, fragte ich Nuri. »Ist noch ein Film drin?«

Da war er selber noch nicht drauf gekommen. Er nahm den Apparat in die Hand und untersuchte ihn gründlich.

»Ja, da ist einer drin.«

»Nimm ihn raus.«

»Der hat aber gar keine Fotos gemacht, Remzi Abi«, sagte Nuri. »Der Zähler steht noch auf eins.«

Er hat den Film eben für andere, wichtigere Objekte aufgehoben, dachte ich mir.

Ich setzte mich in den Sessel, schlug die Beine übereinander und zündete mir noch eine Zigarette an. Nuri stand mir gegenüber und wartete.

»Ich danke dir, Nuri«, sagte ich. »Du hast mir wirklich sehr geholfen. Behalte du den Beutel mit den Sachen. Ist ja nichts Wichtiges drin, aber vielleicht fragt jemand danach. Tut mir Leid, dass wir deiner Mutter ein bisschen Angst gemacht haben, entschuldige mich bitte bei ihr.«

Ich überreichte ihm eine Visitenkarte und fünf der größten augenblicklich im Umlauf befindlichen Banknoten.

»Ruf mich an, wenn es was Neues gibt, wir verfolgen das dann zusammen weiter. Pass gut auf, und wenn du irgendetwas hörst oder siehst, was mit Yildirims Angelegenheiten zu tun hat, ruf mich sofort an. Wir sehen uns noch.«

»Geht in Ordnung, Remzi Abi.« Doch dann fiel ihm noch etwas ein.

»Und wenn sie doch wiederkommen, Remzi Abi?«

Ich dachte an die Lektion, die mir meine Beule erteilt hatte, und sagte:

»Die kommen nicht wieder. So viel ist sicher.«

12

Mit der Hand an der Beule ging ich zum Auto. Ich hatte es vor Nuri nicht zugeben wollen, aber der hatte mir ganz schön zugesetzt. Ich wollte nichts als schnell nach Hause und mich in der Wanne lang machen. Niemand war hinter mir her. Und mein Auto fand den Weg nach Hause fast ohne meine Hilfe.

Meine Wohnung empfing mich ohne Überraschungen. Keine Nachricht auf dem Beantworter. Ich hatte gerade begonnen, mich für das Bad auszuziehen, als es an der Tür klingelte. Ich ging öffnen. Da stand unser Hausverwalter. Mit Pantoffeln an den Füßen.

»Ich hoffe, ich störe nicht«, sagte er.

»Ach was«, sagte ich.

Ich kannte den Mann nicht besonders gut, obwohl er seit Jahren unser Hausverwalter war. Er war irgendein Militär im Ruhestand, aber ich wusste weder seinen Dienstgrad noch seine Waffengattung. Ich lieferte regelmäßig meine Unkostenbeiträge ab, und wenn wir uns im Treppenhaus trafen, ging es über einen Gruß kaum hinaus.

»Ich habe ein Problem«, sagte er und blieb in der Tür stehen. »Ich bräuchte schnellstens Ihre Hilfe.«

»Kommen Sie doch herein«, sagte ich. Er trat ein, und ich machte Licht im Wohnzimmer.

»Als ich Sie nach Hause kommen hörte, dachte ich, ich gehe lieber gleich, bevor es zu spät wird«, sagte der Mann. »Entschuldigen Sie, dass ich so eindringe, aber ich weiß wirklich nicht weiter. Das gesamte Geld für die Heizkosten der nächsten drei Monate ist verschwunden.«

»Beruhigen Sie sich erst einmal«, sagte ich. »Das findet sich wieder. Ich mache uns erst einmal einen Kaffee.« Ich ging in die Küche und stellte den Wasserkocher an. Als ich zurückkam, sah ich, dass er nicht Platz genommen hatte, sondern unruhig im Zimmer umherlief. Ich ging zurück und werkelte in der Küche, bis das Wasser heiß war. Mit zwei dampfenden Kaffees in der Hand kam ich ins Wohnzimmer zurück.

»Vielen Dank«, sagte er. Dann setzte er sich in einen der Sessel. Ich hatte keine Beistelltische, also musste er seine Tasse in der Hand behalten.

»Wie ist der Scheck denn verloren gegangen?«

»Das ist eine ganz komische Sache, ich begreife das nicht.«

»Erzählen Sie doch mal.«

Er nahm einen Schluck Kaffee.

»Heute Abend fand in unserer Wohnung die Mieterversammlung statt«, sagte er. »Sie ist gerade erst auseinander gegangen. Ich hatte die Aufforderung ans Anschlagbrett geheftet, aber Sie konnten wohl wieder nicht kommen.«

Ich lächelte freundlich und nahm schweigend einen Schluck von meinem Kaffee.

»Es kommt sowieso kaum jemand«, sagte er. »Wir waren nur zu viert. Emel Hanim, der Fernfahrer, Muzaffer Bey und ich. Es gab ein, zwei Angelegenheiten zu besprechen. Wir prüften zusammen die Rechnungen. Ich bin immer ganz froh, wenn nur wenige kommen, dann gibt es nicht so viel Durcheinandergerede. Nun, als wir die Rechnungen durchsahen, zeigte ich ihnen den Scheck, den ich für die Heizölfirma ausgestellt hatte. Morgen wollte ich ihn übergeben. Es war meine Idee gewesen, das Heizöl früh einzukaufen, weil es jetzt billiger ist als im Winter. Trotzdem, für den Preis hätte man früher 'ne ganze Wohnung kaufen können. Ich weiß noch, wie wir unsere Wohnung hier … Nun ja, der Scheck war auf den Überbringer ausgestellt.«

Ich steckte mir eine Zigarette an. Mein Gast hatte abgelehnt. Er starrte auf den Boden und fuhr fort:

»Nachdem ich die Summe auf dem Scheck in unser Rechnungsblatt eingetragen hatte, legte ich ihn in eine Schublade, damit er nicht verloren geht. Dachte ich. In dem Zimmer, in dem wir waren, steht eine Kommode, in der ich alle meine Papiere für die Hausverwaltung aufbewahre. Die Schubladen sind bis zum Rand mit Papierkram gefüllt. Ich legte den Scheck vor aller Augen auf die Papiere in der obersten Schublade. Dann fiel plötzlich der Strom aus. Ich ging einen Moment hinaus, um meine Taschenlampe zu holen. Als ich wieder hereinkam, waren alle aufgestanden. Ein Durcheinander, als ob Istanbul bombardiert würde. Wir saßen noch ein bisschen im Schein der Taschenlampe, und dann ging das Licht wieder an. Nach weiteren zehn bis fünfzehn Minuten erklärten wir die Versammlung für beendet, und die Leute gingen nach Hause.«

Während seines Berichtes hatte er immer mal wieder an seinem Kaffee genippt.

»Als alle gegangen waren, machte ich, wie es meine Gewohnheit ist, die Schublade noch mal auf, um mich zu vergewissern, dass alles schön ordentlich abgelegt war. Aber der Scheck war nicht da, wo ich ihn hingelegt hatte.«

»Meinen Sie, da hat einer zu dem Scheck ›Komm mit‹ gesagt?«

»Leider«, sagte der Hausverwalter. »Leider muss einer so etwas gesagt haben. Ich wollte meinen Augen nicht trauen.«

»Hören Sie, machen Sie sich keine unnötigen Sorgen«, sagte ich. »Sie können den Scheck ja morgen bei der Bank für ungültig erklären lassen.«

»Das weiß ich auch, aber das ist doch nicht das Problem«, sagte er. »Stellen Sie sich das mal vor. Wer lässt sich denn zu so etwas herab? Das ist der Punkt. Ich kenne alle drei als aufrichtige Menschen, von denen ich so etwas niemals erwarten würde. Wenn es wirklich in unserem Hause jemanden gibt, der dumm genug ist, nicht zu wissen, dass er damit nichts anfangen kann, dann muss ich wissen, wer das ist. Aber ich kann doch nicht von Tür zu Tür gehen und fragen: ›Haben Sie meinen Scheck mitgehen lassen?‹«

»Nein, das können Sie nicht«, stimmte ich zu.

»Das wäre doch ein Skandal, wenn ich das täte.«

»Ja, das wäre es.« Ich nickte zustimmend. Dabei schmerzte mein Kopf immer noch.

»Deswegen bin ich zu Ihnen gekommen«, sagte der Hausverwalter. »Ich dachte, das ist ein Fall für Sie. Wer hat meinen Scheck eingesteckt? Wo ist mein Scheck?«

»Es muss ihn wohl jemand an sich genommen haben, als der Strom ausfiel. Können Sie sich erinnern, was jeder Einzelne gemacht hat, als es dunkel wurde?«

»Als plötzlich das Licht ausging, sind wir, das heißt Emel Hanim und ich, ans Fenster gelaufen, um zu sehen, ob das eine allgemeine Stromunterbrechung ist. Wir haben den Vorhang zur Seite gezogen, draußen war es überall stockdunkel. Als ich rausging, um meine Taschenlampe zu holen, kam der Fernfahrer mir nach und fragte ziemlich aufgeregt, ob ich eine Kerze hätte. Muzaffer Bey entschuldigte sich immer wieder bei Emel Hanim, die er in der Dunkelheit angerempelt hatte. Er war richtig verlegen, so als ob er sie irgendwie unsittlich berührt hätte.«

»Wie lange dauerte der Stromausfall?«

»Höchstens zehn Minuten«, sagte der Hausverwalter. »Aber wir waren nur ungefähr zwei Minuten wirklich im Dunkeln. Danach saßen wir im Schein der Taschenlampe um den Tisch herum.«

»Es muss also in den zwei Minuten geschehen sein.«

»So ist es«, sagte der Soldat im Ruhestand. »Aber wer kann das bloß gewesen sein?«

Hier war jetzt wohl die klassische Frage an der Reihe, die jeder Detektiv im öffentlichen Dienst zu einem bestimmten Zeitpunkt stellen muss:

»Wen würden Sie am ehesten verdächtigen?«

Es war dem guten Mann anzusehen, dass ihm die Beantwortung dieser Frage nicht leicht fiel:

»Im Grunde niemanden. Emel Hanim ist zwar eine Quasselstrippe, die gern ihre Nase in alle Angelegenheiten hereinsteckt, ob sie was davon versteht oder nicht, aber so etwas würde ich ihr nie zutrauen. Der Fernfahrer ist kein armer Mann, selbst ein größerer Betrag wie der auf dem Scheck ist für ihn nicht die Welt. Muzaffer Bey ... unmöglich, der Mann ist seit vierzig Jahren Richter. Bevor ich den verdächtige, würde ich eher an mir selber zweifeln.«

Der Mensch muss seinem Nachbarn helfen. Im vollen Bewusstsein, dass uns das nicht weiterbringen würde, stand ich auf, holte ein Blatt Papier und einen Bleistift und begann, mit Hilfe meines Nachbarn, eine kleine Skizze von der Sitzordnung während der Mieterversammlung aufzuzeichnen. Auf dieser Skizze trugen wir dann sämtliche für die entscheidenden zwei Minuten denkbaren Bewegungslinien zwischen den anwesenden Personen ein. Anschließend bezogen wir in dieses Bewegungsmuster auch noch die Kommode ein. Als uns dies – wie erwartet – der Lösung keinen Schritt näher brachte, forderte ich den Hausverwalter noch einmal auf, sein Gedächtnis anzustrengen und sich zu erinnern, was ganz genau jeder Einzelne in den unheilvollen zwei Minuten gemacht hatte. Alles umsonst. Nur meine Kopfschmerzen waren schlimmer geworden.

»Und wenn Sie zur Polizei gehen?«

»Auf keinen Fall«, sagte er. »Ich werd mich doch nicht blamieren! Die einzige Lösung für mich ist, herauszufinden, wer den Scheck da weggenommen hat. Sobald ich das weiß, geh ich allein hin, klingele an der Tür und sage: ›Das war ein gelungener Scherz, aber jetzt haben wir genug gelacht. Her mit dem Scheck!‹ Wir können dann ja vielleicht auch wirklich ein bisschen zusammen lachen. Danach werde ich den Betreffenden nicht mehr grüßen und auch nicht mehr zu den Versammlungen einladen.«

»Und das müsste noch heute Abend geschehen.«

»Ja, heute Abend noch«, sagte er. »Sonst muss ich morgen in aller Frühe zur Bank und den Scheck stornieren lassen.«

Meine Kopfschmerzen waren jetzt unerträglich. Im Geiste sah ich mich in meiner Wanne im warmen Schaumwasser liegen. Unser Hausverwalter stand plötzlich auf und rief:

»Mensch, bist du nun Detektiv oder nicht?« Auf seinem Gesicht lag ein kleines, fast boshaftes Lächeln. »Nun streng sie schon an, deine grauen Zellen, und find sie mir, die diebische Elster, wer immer das sein mag.«

»Dies wär an sich mehr ein Job für Miss Marple«, wandte ich ein. »Die würde jetzt sämtliche im Haus kursierenden Gerüchte sammeln und Ihnen zuflüstern, wer den Scheck mitgenommen hat. Und außerdem auch noch, wer in den Briefkästen gewühlt und die Kinozeitschriften durchgeblättert hat und wer für die vor die Haustür geworfenen leeren Pizzaschachteln zu belangen ist.«

Wir lachten beide. Aber weil der Verwalter sofort verstummte und aus dem Fenster zu blicken begann, als ob er sich für seinen Temperamentausbruch schämte, wurde auch ich wieder ernst. Tatsächlich stellte sich für mich ja die Frage, ob meine bisher bei der Lösung anstehender Fälle angewendeten Methoden hier überhaupt sinnvoll waren. Mein Tätigkeitsfeld war bislang stets draußen, auf den Straßen, oder war zumindest von dort ausgegangen, wenn es sich doch einmal auf geschlossene Räume erstreckte. Die Menschen, mit denen ich dabei zu tun gehabt hatte, waren eher von der üblen Sorte. Und nun dies hier: eine Mieterversammlung im Wohnzimmer, dazu ein Fall, der sich innerhalb von zwei Minuten im Dunkeln abgespielt hatte, kein Wunder, dass ich verwirrt war.

Doch dann fiel mir etwas ein, was unser Aikidosan einmal

während einer Unterrichtsstunde zum Besten gegeben hatte: »Während des Kampfes«, hatte er gesagt, »müssen wir das Hauptziel vergessen. Wenn unser Gegner uns am Handgelenk ergriffen hat, dann liegt genau da sein schwächster Punkt. Wir überlassen ihm unser Handgelenk. Denn wir haben Wichtigeres zu tun.«

»Mein lieber Herr Hausverwalter«, sagte ich also, »setzen Sie sich bitte noch mal.«

»Sie waren zu viert in Ihrem Wohnzimmer?«, fragte ich, als ob es sich um die wichtigste Frage der Welt handelte.

»Wir waren vier Personen«, sagte er.

»Und Sie haben nicht aus irgendwelchen Gründen den Scheck selbst verschwinden lassen, und versuchen nun, Ihre Nachbarn damit zu belasten?«

»Niemals«, rief er. »Um Gottes willen, wie käme ich dazu!«

»Und Sie verdächtigen niemanden von den Anwesenden?«

»Ich schwöre, ich habe keinen Verdacht.«

»Aber Sie haben den Scheck in die Kommode gelegt?«

Er nickte.

»In die obere Schublade.«

»Ich habe ihn in die obere Schublade gelegt.«

»Und als Sie ihn hinterher suchten, haben Sie ihn nicht da gesehen.«

»Ich habe ihn nicht gesehen.«

»Sie sind dann zu mir gekommen.«

Er nickte erneut mit dem Kopf. Wenn er es auch längst bereute, mich aufgesucht zu haben, so gab er sich doch Mühe, es sich nicht anmerken zu lassen.

»Okay«, sagte ich. »Der Fall ist klar.«

»Was ist klar?«

»Wir werden jetzt zu Ihnen hinuntergehen. Ich möchte den Schauplatz auch mit eigenen Augen sehen. Und wenn ich da dasselbe sehe, was meine grauen Zellen bisher gesehen haben, dann wird der Scheck noch vor morgen früh in Ihre Schublade zurückgekehrt sein.«

»Das wär zu schön«, sagte mein Nachbar, der aktive Hausverwalter und Soldat im Ruhestand. »Gehen wir.«

Zusammen stiegen wir die zwei Stockwerke hinab. Der Hauswart klingelte an seiner eigenen Tür. Seine Frau öffnete und lief sofort, ohne uns willkommen zu heißen, nach hinten, als wolle sie sich verstecken.

»Kommen Sie doch herein«, sagte der Hausverwalter. Ich trat hinter ihm in das kleine, mit alten, wohl noch aus der Aussteuer seiner Frau stammenden Möbeln voll gestopfte Wohnzimmer. In einer Ecke stand, irgendwie bedrückt, die berühmte Kommode. Sie schien überhaupt nicht einverstanden mit dem ihr zugewiesenen Platz außerhalb des Schlafzimmers. Ich blieb in der Mitte des Zimmers stehen und sah mich schweigend um, als wollte ich mir das Szenario für die Zeit des Stromunterbruchs noch einmal vergegenwärtigen. Dann trat ich ans Fenster und sah gedankenschwer zwischen den Vorhängen hinaus. Anschließend lief ich schnell und im Zickzack durch den Raum, ganz so, als ob sich mehrere Personen gleichzeitig von der Stelle bewegten. Der Hausverwalter verfolgte mich mit ungläubigen Augen.

»Jetzt«, sagte ich bedeutungsvoll, »werden wir den Moment nachstellen, wo es passiert sein muss. Bevor das Licht ausging, waren Sie hier ...«

Ich zeigte auf den Platz, den wir oben auf der Skizze eingetragen hatten. Er ging sofort hin und setzte sich.

»Wenn ich jetzt ein Zeichen gebe, dann heißt das, dass das Licht ausgegangen ist. Das heißt, Sie gehen hinaus. Und dann tun Sie genau das, was Sie in Wirklichkeit getan haben. Nicht mehr und nicht weniger.«

Weil er nicht wusste, was er darauf noch sagen konnte, nickte er nur mit dem Kopf. Und als ob ich von dort den besten Überblick hätte, lehnte ich mich mit dem Rücken gegen die Wand.

»Eins, zwei, drei«, sagte ich. Dann schnipste ich mit dem Finger und rief: »Jetzt!«

Es würde mich nicht wundern, wenn mein Gastgeber während seiner Schulzeit auf dem Militärgymnasium in der Theatergruppe größte Erfolge verbuchen konnte. Auf mein »Jetzt« hin ging er auf das Fenster zu, wie ein Blinder, mit vor sich ausgestreckten Händen, als gälte es, einen Zusammenstoß mit anderen Personen zu vermeiden. Als er trotzdem vor dem Fenster mit Emel Hanim zusammenstieß, die vor ihm dort angekommen war, entschuldigte er sich mit einer lebensnahen Pantomime. Dann schob er den Vorhang zur Seite und sah nach draußen. Darauf wandte er sich – wieder mit nach vorn gestreckten Armen – der Zimmertür zu. Bevor er hinausging, machte er noch einen gut sichtbaren Bogen um den der Türe am nächsten stehenden Sessel.

Sobald er draußen war, sprang ich zur Kommode hinüber.

Ich nahm den Scheck von dort, wo ich ihn tatsächlich fand, und legte ich ihn da hin, wo er hingehörte.

Als ich mich wieder aufrichtete, war mein neuester Klient, Soldat im Ruhestand, doch durchaus aktiv im Hausverwaltungsdienst, bereits wieder an der Tür. In der Hand hielt er eine beeindruckende Taschenlampe. Er hatte sowohl das untere Neon- wie auch das rote Blinklicht darüber angeknipst.

»Die Ehre des Hauses ist gerettet«, sagte ich. »Sie schulden mir einen Kaffee.«

»Wie? Was?«, fragte er.

»Sie können dem Heizöllieferanten morgen den Scheck geben«, sagte ich. »Jetzt muss ich aber gehen.«

»Na so was!«, rief er. »Na so was!« Und schon war er an der Schublade. Als er den Scheck in die Hand nahm und mich verwundert ansah, hatte ich bereits die Tür geöffnet und meine Schuhe angezogen.

»Gute Nacht«, sagte ich und zog die Tür zu.

Ich weiß nicht, ob er sich noch bedankt hat, während ich die Treppe hinaufstieg. Gehört habe ich jedenfalls nichts mehr.

Sobald ich wieder in meinen eigenen vier Wänden war, schluckte ich ein Aspirin. Dann ging ich ins Bad, zog mich aus und schmiss mich in die Wanne. Natürlich nicht, ohne sie vorher voll laufen zu lassen – wobei ich noch ein wenig aus dem Fenster sah – und verschiedene Pülverchen hineinzustreuen, denen man eine entspannende Wirkung nachsagt. Die Badezimmertür hatte ich gut geschlossen, um ja nicht durch ein Klingeln des Telefons oder der Türglocke gestört zu werden. Eine halbe Stunde blieb ich in dem warmen Wasser liegen und freute mich an meinem Sieg über den geheimnisvoll verlorenen Scheck.

Nach dem Bad ließ sich mein Hunger nicht länger verdrängen. Da mir die Fertigpizzen aber zum Hals heraushingen, bestellte ich per Telefon eine Pide mit Gehacktem. Aber ohne Ei, bitte. Ich überlegte, ob Aysu Samanci inzwischen aufgetaucht war, wusste aber nicht, wen ich um diese Zeit noch danach hätte fragen können. Sollte ich nicht lieber mich fragen, wer mir den Ziergegenstand über den Kopf gehauen hatte?

Als ich gerade überlegte, ob ich mir schnell einen Kaffee machen sollte, während ich auf meine Pide wartete, läutete das Telefon. Ich erkannte sofort die aufgeregte Stimme meines Freundes, des Werbeagenten.

»Hast du das mitgekriegt?«, fragte er nur.

»Was?«, fragte ich zurück.

»Hast du den Fernseher nicht an?«

»Nein.«

»Mach ihn sofort an, wir können hinterher reden«, sagte er, nannte mir den Kanal und legte auf.

Ich drückte sofort den Knopf für den genannten Sender – es handelte sich um den, der die Abendnachrichten stets besonders ausführlich und farbig bringt und, wenn sie auch noch recht blutig sind, mit endlosen Wiederholungen. Ich sah schon wieder ein Passfoto.

Diesmal das Passfoto des Spielers mit der Nummer sieben von Karasu Güneşspor, des Linksaußen Muharrem, bekannt auch als »Sohn des Windes«.

Dann folgte ein Taxi mit offen stehender Tür, belagert von Polizisten, Journalisten und Ambulanzhelfern, die einem die Sicht versperrten. Trotzdem konnte ich sehen, dass der Fahrersitz, die Fußmatte davor und das Steuerrad völlig von Blut bedeckt waren. Soweit die zitternde, unaufhörlich hin- und herschwenkende Kamera das wiedergeben konnte, schwamm das Innere des Taxis in Blut. Ab und zu erfasste die Kamera auch Polizisten mit schnurlosen Telefonen in der Hand, die ihre Köpfe in den Wagen hineinsteckten. Dann zeigte sie ein paar andere Taxis. Und dazu die fassungslosen, weinenden, schreienden Taxifahrer. Dann ein schnell davonstiebendes Ambulanzfahrzeug. Und dann ein paar blutüberströmte Fußballschuhe, die ein Polizist, der nichts von diesem Blut abbekommen wollte, mit weit vorgestreckten Armen der Kamera entgegenhielt. Dann von neuem das Passfoto. Und wieder das blutverschmierte Steuerrad.

Irgendwann merkte ich dann auch, dass mein Fernseher ohne Ton lief. Nachdem ich die Tontaste gedrückt hatte, sah ich die gleichen Bilder noch einmal, diesmal mit Kommentar. »Nach diesem letzten grauenhaften Taxifahrermord stehen die Kollegen des Opfers unter Schock«, sagte der Sprecher. Den wenigen klaren Angaben, die man mit Müh und Not zwischen einem Wust von Auslassungen über die Unmenschlichkeit dieser Tat heraushören konnte, war zu entnehmen, dass der Taxichauffeur Muharrem Serdarli an diesem Abend gegen 21 Uhr tot in seinem Taxi aufgefunden worden war. Einem anderen Fahrer des gleichen Taxistandes, der einen Kunden abgesetzt hatte, war das auf der von Maslak nach Istinye herabführenden Straße, kurz hinter der Einfahrt zur Istanbuler Börse, am Straßenrand abgestellte Taxi aufgefallen. Weil er das Nummernschild kannte, wollte er nachsehen, ob bei seinem Kollegen alles in Ordnung war. Muharrem Serdarli saß mit durchgeschnittener Kehle in seinem Fahrzeug. Die sofort herbeigerufene Polizei hatte festgestellt, dass der bedauernswerte Taxichauffeur vor dem Eintreten des Todes eine große Menge Blut verloren hatte. Die Fahndung nach dem Mörder war bereits eingeleitet. Die kleine Handtasche mit den Einnahmen des Muharrem Serdarli war vom Mörder beziehungsweise den Mördern entwendet worden. Auch die anderen Kollegen waren, als sie von dem schrecklichen Vorfall gehört hatten, unverzüglich zum Ort des Verbrechens geeilt, wo sie den überall beliebten und für sein zuvorkommendes Wesen bekannten Muharrem Serdarli beweinten. Muharrem Serdarli war gleichzeitig einer der wichtigsten Spieler des neu in die dritte Liga aufgestiegenen Fußballvereins Karasu Güneşspor.

Dieser letzte Satz wurde von dem erneut eingeblendeten, wahrscheinlich von seinem Führerschein stammenden Passbild des Muharrem Serdarli und den von einem Polizisten an den Schnürsenkeln hochgehaltenen blutigen Fußballschuhen begleitet. Dann wurden uns wieder das Taxi, das blutige Innere desselben und die weinenden, wehklagenden Taxifahrer gezeigt.

Als die Sendung damit anfing, immer wieder das Gleiche in der gleichen Reihenfolge zu zeigen, schaltete ich schnell auf ein paar andere Kanäle um. Dort nahm das Leben einen ganz anderen Lauf. Zurück auf dem ersten Sender, sah ich, dass man auch da zu anderen Nachrichten übergegangen war. Jetzt konnte man einen in den Korridoren unseres Justizpalastes ausgetragenen Familienstreit vom Anfang bis zum Ende mitverfolgen.

Ich bemerkte plötzlich, dass ich die ganze Zeit vor dem Fernseher gestanden hatte. Ich stellte den Apparat leiser, setzte mich und zündete mir eine Zigarette an.

Irgendwie bedrückte es mich, dass anscheinend alle, mit denen ich im Garten der Esma Sultan Yali auch nur ein paar Worte gewechselt hatte, sich von diesem Erdendasein verabschiedeten. Ich dachte gerade daran, den lieben Gott zu überreden, auf dass er meinen Freund, den Werbemenschen, beschützen möge, als das Telefon läutete.

Am anderen Ende der Leitung hörte ich die Stimme des Schutzbefohlenen, die sagte:

»Hast du's jetzt gesehen?«

»Ja.«

»Schrecklich, nicht?«

»Ziemlich.«

»Was für ein komischer Zufall, dass die einfach so nacheinander wegsterben!«

»Einen Zufall würde ich das allerdings nicht gerade nennen.«

»War das denn kein Raubmord?«

»Das glaube ich nicht.«

»Was denn?«

Es schien mir nicht klug, ihm von den Pistolenschüssen oder von der verloren gegangenen Aysu Samanci zu berichten. Und auch über die auf meinem Hinterkopf gelandete Fußballerstatuette zu sprechen, passte mir nicht besonders. Stattdessen fragte ich ihn:

»Kanntest du den Taxifahrer?«

»Ja, ich hatte ihn während der Vereinsfeier für den Aufstieg kennen gelernt. Er war nicht gerade ein besonders auffälliger Typ.«

»Weißt du, wo sich der Stand befindet, zu dem er gehörte?«

»Wenn ich mich nicht irre, ist der ganz in der Nähe von Dilek

Hanims Wohnung«, sagte mein Freund. »Ein paar Mal hatte er sie zu den frühmorgendlichen Sitzungen in meiner Agentur gebracht. Weil es bei uns kaum Parkplätze gibt, zieht die Gute es öfters vor, ihr Auto zu Hause zu lassen.«

Es war also der Stand, an dem ich vorbeigekommen war.

»Hast du Ilhan Bey schon Bescheid gegeben? Oder Kayahan Bey?«

»Nein. Ich habe als Erstes dich angerufen. Jetzt muss ich mich allerdings wohl auch bei denen melden und ihnen mein Beileid aussprechen.«

»Ja, tu das. Ich muss jetzt auch noch mal heraus.«

»Bis bald«, sagte er und legte auf.

Und schon fing ich an, mich seelisch auf den zweiten Beileidsbesuch des Tages vorzubereiten. Ich atmete tief durch, zog mich wieder an, warf mir zusätzlich noch meine Fliegerjacke über die Schultern. Ich ließ das Licht in der Wohnung brennen und ging hinaus.

Ich saß gerade im Auto, als ich den Laufjungen des Kebab-Lokals mit einem großen Tablett auf der Schulter gemächlich auf unsere Haustüre zutrödeln sah.

Ich ließ den Motor an. Da hatte mal wieder jemand die Adresse falsch aufgeschrieben!

13

Lange musste ich nicht suchen. Rund um den kleinen Stand mit dem Plexiglasschild mit der Aufschrift »Taxi Frohsinn« standen mindestens viermal so viele Taxis, wie dort hingehörten. Das von Neonröhren erleuchtete Häuschen war voll gepackt mit Männern, die mit ernsten Mienen vor sich hinrauchten. Die, die nicht mehr hineinpassten, standen oder hockten davor. Ich musste noch ein gutes Stück fahren, bis ich einen Parkplatz fand.

Langsam näherte ich mich dem Menschenknäuel. Einer der Männer hockte mit dem Rücken an dem Kiosk und weinte laut schluchzend. Zwei Kollegen hatten ihn in die Mitte genommen und ihre Hände auf seine Schultern gelegt. Sie sagten nichts. Ich steckte meinen Kopf durch die offene Tür des Taxistandes: »Mein herzliches Beileid.«

»Danke«, riefen sie alle durcheinander.

Das Telefon des Taxistandes läutete. Ein Schnauzbärtiger nahm ab. Ich stand noch immer neben der Tür und konnte die Schluchzer des Kollegen von draußen hören.

Der Schnauzbärtige sagte »Jaja« ins Telefon. Und dann: »Danke, vielen Dank.« Und dann, nach einer weiteren Pause: »Morgen. Hier, wir werden uns an der Tankstelle auf der Hauptstraße versammeln.« Dann hörte er wieder zu.

»Ja«, fuhr er dann fort. »Die Kollegen wollen bis zum Gouverneur gehen.« Nachdem er wieder eine Weile zugehört hatte, meinte er:

»Je mehr, desto besser. Nach dem Protestmarsch gehen wir dann alle gemeinsam zur Beerdigung.« Ich wandte mich an denjenigen von den Männern draußen, der mir am gefasstesten erschien. »Wie ist das passiert?«, fragte ich ihn leise. »Der Bastard hat ihm den Hals durchgeschnitten, von hier bis hier«, sagte er, indem er seine Worte mit der passenden Handbewegung untermalte. »Und dann hat er das Geld genommen und ist abgehauen.«

»Verdammter Bastard«, sagte ich, bevor ich ihn fragte: »War er zu einem Kunden unterwegs?«

Der am Boden hockende, schluchzende Kollege unterbrach sein Weinen, um meine Frage zu beantworten:

»Er wollte eigentlich gar nicht losfahren, der Arme«, brachte der Mann mühsam hervor. Ich ging ihm gegenüber in die Hocke. »Zweimal hat er Kollegen vorgelassen, obwohl er dran war. Ich weiß nicht, er war irgendwie nicht bei Laune. Doch dann kam ... gleich da vorne ist doch das Onur-Apartmenthaus.« Der gute Mann unterdrückte nur mit Mühe sein Weinen. »Als von dort ein Anruf kam, ist er doch gefahren. Und dabei habe ausgerechnet ich ihm Bescheid gegeben, dass er von dort verlangt wird.« Hier brachen die Schluchzer wieder mit aller Macht hervor.

Das Onur Apart? Das Haus, in dessen Eingang ich vor ein paar Stunden gestanden und die Namen auf den Klingelschildern gelesen hatte?

Ich glaube nicht an Zufälle. Selbst wenn ich wollte, ich kann es nicht. Dafür sorgt das Leben, das mir immer wieder beweist, dass nichts, aber auch gar nichts vom Zufall abhängt.

Mit mühsam hervorgequetschten Worten setzte der Mann seinen Bericht fort:

»Er hatte sich gerade ein Paar neue Schuhe gekauft, die hat er mir gezeigt. Ein Paar nagelneue Stollenschuhe ... Nicht mal bei einem einzigen Spiel hat er sie tragen können, der Arme ...«

Bei diesen letzten Worten war die Stimme des Mannes zu einem Flüstern herabgesunken, dann verstummte er und weinte nur noch. Seine neben ihm hockenden Kameraden versuchten, ihn mit leichtem Tappen auf die Schulter zu trösten. Sie sagten kein Wort. Drinnen ging wieder das Telefon. Der Schnauzbärtige sagte: »Wir arbeiten heute nicht.«

»Heute wird hier nicht gearbeitet«, wiederholte er nach einer Weile. »Kein Fahrer von diesem Stand fährt heute. Wir haben einen Trauerfall.«

Der Anrufer gab nicht auf, und der Schnauzbart verlor die Geduld:

»Mensch, bist du schwer von Begriff, oder was?«, rief er zornig. »Geh und find dir woanders ein Taxi!« Er knallte den Hörer auf die Gabel.

Das zustimmende Nicken seiner Kollegen war noch nicht beendet, als das Telefon schon wieder klingelte. Der Schnauzbärtige gab dem Mann neben ihm zu verstehen, dass der abnehmen solle, und kam schnell nach draußen. Er wühlte mit beiden Händen in den Hosentaschen. Ich bot ihm schnell eine Zigarette an.

»Danke.« Er sah mich an und fragte: »Von welchem Stand kommst du denn?«

»Ich arbeite auf der anderen Seite.«

Er sah mich noch einmal an und sagte: »Du siehst aber nicht aus wie einer von uns.«

»Eigentlich bin ich ja Beamter. Nachts fahre ich nebenberuflich Taxi.«

Sein Blick wurde um keinen Deut freundlicher, als er mir zu verstehen gab, dass ich mich lieber trollen sollte:

»Hier gibt es für dich nichts zu holen. Und die Kollegen sind sowieso schon in einem Stimmungstief. Sag deinen Vorgesetzten lieber, dass sie uns morgen keine Schwierigkeiten in den Weg legen sollen.«

Ich wollte dem Schnauzbärtigen lieber nicht darlegen, dass er keinen Polizisten vor sich hatte. Ich legte ihm bloß meine Hand auf die Schulter und sagte:

»Nur Mut, Kollege, der Bastard wird sicher geschnappt.«

»Und du pass auf, wenn du zur Nachtarbeit fährst«, entgegnete der Schnauzbart mit einem ganz leicht ironischen Lächeln.

Ich warf einen letzten Blick auf den Taxistand und machte mich auf den Weg zum Onur-Apartmenthaus. Im Hauseingang überprüfte ich noch einmal alle Namen neben den Klingelknöpfen. Dilek Aytar schien durch eine starke Leuchtkraft aufzufallen.

Ich klingelte, wartete ein paar Sekunden und klingelte ein weiteres Mal. Diesmal erheblich länger.

Sie wird doch nicht schon schlafen um diese Zeit, dachte ich und beschloss, ihr noch ein Chance zu geben. Doch auch nachdem ich den Finger lange Zeit auf dem Knopf hatte ruhen lassen, rührte sich nichts. Darauf drückte ich den Knopf der obersten Klingel. Ganz kurz, um niemanden unnötig zu verärgern.

»Wer ist da?«, ertönte eine männliche Stimme aus der Sprechanlage.

»Ich komme vom Taxistand hier unten. Ich wollte Sie etwas fragen.«

»Ach so«, sagte die Stimme verständnisvoll. Dann sprang die Tür auf.

Im Treppenhaus machte ich Licht. Direkt hinter dem Eingang hing ein verglastes Anschlagbrett. Dilek Aytars Wohnung war die Nummer fünf, und sie hatte mindestens bis zum laufenden Monat April ihre Beiträge pünktlich bezahlt. Ich eilte die Stufen hinauf. Im zweiten Stock kam ich an der Tür mit der Nummer fünf auf einem Metallschildchen und einem Fußabtreter davor, auf dem Welcome stand, vorbei. Ganz oben erwartete mich hinter der halb geöffneten Tür ein Mann im Unterhemd und mit einer brennenden Zigarette in der Hand. Als ich näher kam, öffnete er die Tür noch ein Stückchen, aber nicht ganz.

»Entschuldigen Sie die Störung.«

Er brummte verständnisvoll und nickte.

»Haben Sie heute Abend von unserem Stand ein Taxi bestellt?«, fragte ich.

»Nein.«

»Wo finde ich den Hausverwalter?«

»Ich bin der Hausverwalter.«

»Da hab ich ja Glück gehabt. Darf ich Sie um Hilfe bitten? Ich werde jetzt überall klingeln und die gleiche Frage stellen. Würden Sie bitte mit mir kommen, damit die Hausbewohner sich so spät am Abend nicht erschrecken.«

»Warte einen Moment.«

Als er wieder herauskam, hatte er ein Hemd übergezogen und die Zigarette weggelegt. »Herzliches Beileid«, sagte er, als wir auf die gegenüberliegende Tür zuschritten.

Ich bedankte mich. Ich blieb hinter dem Hausverwalter stehen und überließ es ihm, zu klingeln. Wir traten beide einen Schritt zurück und warteten. Eine etwa fünfunddreißigjährige Frau mit mürrischem Gesicht machte auf und ließ uns wissen, dass sie kein Taxi gerufen habe.

Wir gingen einen Stock hinunter. Der Hausverwalter und der Mann von Nummer sechs unterhielten sich eine Zeit lang über den letzten Taxifahrermord. Dabei stellte sich heraus, dass auch der Zahnarzt Muzaffer Bey kein Taxi benötigt hatte.

Ich hinderte den Hausverwalter nicht daran, bei Dilek Aytar zu klingeln. Als niemand öffnete, wandte mein Begleiter sich kommentarlos der Treppe zu. Ich stieg hinter ihm hinunter. Auch bei der Nummer vier war niemand zu Hause.

»Unser altes Tantchen Gül benutzt sicher kein Taxi«, sagte mein Assistent, als wir auf die Nummer drei zugingen. »Aber wir können ja trotzdem mal fragen.«

Der Klingelton war noch nicht verklungen, als die Tür schon

aufging. Eine mindestens achtzig Jahre alte Frau stand vor uns. Sie hatte ein mit Rosen und Zweigen bedrucktes Kleid an. Ihre weißen Haare waren zu einem strengen Zopf geflochten. Als sie den Hausverwalter neben mir erkannte, entspannten sich ihre misstrauischen Gesichtszüge.

»Gül Teyze, hast du vielleicht heute Abend ein Taxi bestellt?«, fragte der Mann mit einem scherzhaften Unterton.

»Nein. Was soll ich mit einem Taxi? Aber wieso fragen Sie mich das? Ist was passiert?«

»Der Kollege hier ist von dem Taxistand unten an der Straße, wir fragen überall im Haus«, sagte der Hausverwalter, der diese Erklärung offensichtlich für ausreichend hielt und sich schon wieder der Treppe zuwandte. Auch ich hatte hinter ihm kehrtgemacht, als die Stimme der alten Frau mich festnagelte:

»Die Frau von Nummer fünf hat heute Abend ein Taxi gerufen«, rief Gül Hanim.

Ich drehte mich um.

»Sind Sie ganz sicher?«

»Natürlich bin ich sicher, mein Junge«, sagte Gül Hanim. »Glaubst du, ich bin gaga, nur weil ich weiße Haare habe?«

»Natürlich nicht.«

»Und dann ist sie in einen Wagen vom ›Taxi Frohsinn‹ eingestiegen«, triumphierte die Tante. Sie hatte ihre Wohnungstür noch weiter geöffnet. »Ich habe gerade die Nachrichten gesehen, mein Junge«, fuhr sie fort. »Mein herzliches Beileid. Hoffentlich findet der Mörder seine gerechte Strafe.«

Ich hörte, wie im unteren Stockwerk an einer Tür geläutet wurde. Auch ein kleiner Wortwechsel drang bis zu uns herauf.

»Wann war das, Tantchen?«

»Das kann ich nicht so genau sagen«, meinte Gül Hanim. »Aber es war schon dunkel. Ich hatte ein kleines Nickerchen gemacht und mich dann mit einem Kaffee an das Fenster gesetzt.

Da habe ich sie dann gesehen. Sie hatte sich ordentlich aufgedonnert.«

»War sie allein?«

»Ja. Sie war für den Abend angezogen. So richtig elegant.«

»Vielen Dank, Tantchen«, sagte ich. »Wenn du uns brauchen solltest, sind wir immer für dich da.«

»Ich danke dir, mein Sohn«, erwiderte Gül Hanim. »Das tut mir so Leid für den Armen. So jung, wie er noch war.«

Ich pflichtete ihr mit einem traurigen Kopfnicken bei. Gül Hanim zog die Wohnungstür zu, und ich ging die Treppe hinab.

Der Hausverwalter drückte noch einmal auf den Klingelknopf einer Tür, als er mich kommen sah, und gab mir zu verstehen, dass auch da niemand zu Hause war.

»Ich danke Ihnen sehr«, sagte ich. »Tut mir Leid, Sie zu dieser späten Stunde bemüht zu haben.«

»Das ist doch nicht wichtig«, entgegnete er. »Es tut uns allen schrecklich Leid um den jungen Mann. Hoffentlich erwischen sie bald den Mörder.«

»Ja, hoffentlich«, sagte auch ich. »Noch einmal vielen Dank und gute Nacht.«

Draußen war es kühler geworden. Es sah nicht nach Regen aus, aber trotzdem machte ich den Reißverschluss meiner Lederjacke zu. Als ich sah, dass es auf dem freien Feld gegenüber dem Onur Apart eine Lücke für meinen Wagen gab, war mein Entschluss schnell gefasst. Ich lief noch ein paar Schritte abwärts, um von weitem einen Blick auf den Taxistand zu werfen. Er war nicht mehr ganz so überfüllt wie vorher, aber es waren immer noch genug Leute dort.

Ich setzte mich ins Auto und ließ den Motor an. Dann steuerte ich langsam und ohne die Scheinwerfer einzuschalten das freie Plätzchen an, auf dem am Nachmittag Zafer seinen blauen

Mazda abgestellt hatte. Ich kurbelte meinen Sitz ein wenig nach hinten und machte es mir bequem.

Eine Zigarette konnte ich mir nicht anzünden, wegen des berühmten glimmenden Punktes. Also begann ich, tief durchzuatmen. Ich spürte, wie die Luft in die Mundhöhle, dann in die Kehle und die Luftröhre gelangte. Von dort drückte ich sie weiter nach unten. Als sie die oberen Lungenflügel gefüllt hatte, schickte ich sie noch weiter nach unten bis auf den Grund des Zwerchfells und von dort in mein Hara. Dort hielt ich sie, solange es ging. Mit dem Glücksgefühl eines wieder an die Wasseroberfläche gelangenden Tauchers ließ ich die angehaltene Luft dann mit einem plötzlichen Stoß aus meinem Mund entweichen. Ich wiederholte die Übung mehrere Male.

Wenn man diese Übung oft genug durchführt, spürt man zuerst eine angenehme Kühle am oberen Gaumen und dann einen Schwindel im Kopf. An einem kalten Tag reagiert der Körper mit einer plötzlichen Erwärmung. Und der Pulsschlag lässt sich bis in die Fingerspitzen fühlen. Man fühlt sich entspannt oder – wie es mir oft passiert – voller Spannkraft.

Allerdings war ich jetzt ziemlich hungrig. Und trotz meiner Atemübungen gierte ich nach einer Zigarette. Und wenn ich nur ein bisschen nachgab, würde ich auf der Stelle einschlafen.

Aber ich wartete. Ich wartete, ohne die Augen zu schließen und ohne eine Zigarette auch nur in den Mund zu stecken. Soweit meine Sitzposition es zuließ, streckte ich ab und zu meine Beine weit vor. Eines nach dem anderen erloschen die erleuchteten Fenster in dem gegenüberliegenden Haus. Autos, die vorbeifuhren, wurden immer seltener. Ein paar vereinzelte Fußgänger gingen schnell vorbei. Gül Hanim lag sicher längst in tiefem Schlaf. Und der Hausverwalter saß wohl vor dem Fernseher. Vielleicht bekam er den Playboy-Kanal rein.

Als ich kurz nach zwei Uhr die Lichter eines Autos erblickte, sagte ich mir: Da kommt sie. Ein Taxi hielt direkt vor dem Apartmenthaus. Als die Innenbeleuchtung anging, konnte ich Dilek Aytars Kopf erkennen. Auch Kayahan Karasu war da. Er beugte sich nach vorne und bezahlte den Fahrer.

Vor der Haustür kramte Dilek Aytar eine Zeit lang in ihrer Handtasche herum. Die kleinen Schritte, die sie nach rechts und links vollführte, um ihr Gleichgewicht zu behalten, zeigten, dass sie sich nicht mit zwei Gläschen Wein begnügt hatte. Schließlich übergab sie Kayahan Karasu einen Gegenstand, vermutlich den Hausschlüssel. Tatsächlich schloss Kayahan Karasu die Tür auf, während er mit der anderen Hand Dilek Aytar um die Hüfte fasste und stützte.

Während die beiden hineingingen, stieg ich aus. Und während sie den kleinen Flur durchquerten und auf die Treppe zugingen, lief ich mit schnellen, leisen Schritten auf den Hauseingang zu. Ich sah, wie die schwere Eisentür langsam zufiel, und kam gerade noch rechtzeitig, um einen Fuß dazwischenzubringen. Ich trat schnell ein und ließ die Tür mit einem leisen Klick zufallen.

Aus dem Treppenhaus war lautes Klacken von Stöckelschuhen und halb unterdrücktes Gekicher zu hören. Dann noch ein paar Schritte, eine Tür wurde geöffnet und wieder geschlossen.

Ich steckte mir eine Zigarette an und ging betont langsam die Treppen hoch. Die Zeit sollte gerade reichen für ein bisschen Geschmuse, wenn es das war, was sie vorhatten. Auf keinen Fall wollte ich aber so spät kommen, dass sie bereits ausgezogen waren. Unterwegs musste ich noch den Lichtschalter suchen, weil die automatische Beleuchtung ausgegangen war. Vor der Nummer fünf warf ich meine halb gerauchte Zigarette auf den Boden, zertrat sie und stieß die Kippe mit dem Fuß nach unten. Ich legte mein Ohr an die Tür und horchte. Von drinnen kam kein Laut. Dann klingelte ich, einmal ganz kurz. Jetzt hörte ich drinnen gedämpfte Schritte. Dann hörte ich Dilek Aytar fragen:

»Wer ist da?«

»Remzi Ünal.«

Einen Augenblick war es ganz still.

»Weeeer?«

»Ich bin's, Dilek Hanim. Remzi Ünal.«

Die Tür wurde jetzt so weit geöffnet, wie es die dahinter vorgelegte Kette zuließ. Das Licht im Flur ging schon wieder aus. Ich trat zwei Schritte zurück und machte es an.

Dilek Hanim schaute mich durch den Spalt mit großen Augen an. Ihr Körper war hinter der Türe versteckt.

»Es ist sehr spät, aber kann ich hereinkommen?«

Allmählich schien sie sich zu überzeugen, dass ich es wirklich war, und sie gewann ihre Fassung ein wenig zurück.

»Es ist tatsächlich sehr spät«, sagte sie. »Einen Moment.«

Die Tür ging zu. Ich stand auf dem Welcome-Fußabtreter und wartete. Nach kurzer Zeit hörte ich, wie die Türkette losgemacht wurde. Dilek Hanim öffnete und hieß mich eintreten. »Bitte sehr.«

Kayahan Karasu stand direkt hinter Dilek Hanim. So, als wolle er sich nicht in die Angelegenheiten seiner Gastgeberin einmischen, jedoch zur Stelle sein, wenn es erforderlich war.

»Guten Abend«, sagte ich und sah beide an, als ich eintrat. Kayahan Karasu sagte nichts. Und Dilek Aytar machte keinerlei Anstalten, mich ins Wohnzimmer zu bitten. Sie hatte einen Morgenrock an.

»Ich bitte zu entschuldigen, dass ich Sie um diese Zeit belästige«, sagte ich. »Aber ich habe unangenehme Neuigkeiten. Ich habe draußen auf Sie gewartet.«

»Was ist denn so wichtig, dass Sie stundenlang ...«, begann Kayahan Karasu aufgebracht, brachte seinen Satz aber nicht zu

Ende. Dilek Aytars strenger Blick hatte ihn zum Verstummen gebracht.

»Ich habe in erster Linie Ihretwegen gewartet«, sagte ich zu Dilek Aytar gewandt. »Es hätte auch die Polizei sein können. Vielleicht kommen die aber erst morgen.«

»Die Polizei?«, fragte Dilek Aytar erstaunt.

»Was hat Dilek mit der Polizei zu tun?«, wunderte sich Kayahan Karasu.

»Vielleicht sollten Sie hereinkommen«, meinte Dilek Aytar jetzt. »Setzen Sie sich, und erzählen Sie, was das soll mit der Polizei.«

Kayahan Karasu stürzte vor uns ins Wohnzimmer, als wollte er noch schnell ein paar Dinge aus dem Weg räumen, die ein fremder Mann nicht unbedingt sehen sollte.

Das Wohnzimmer war etwas größer als mein eigenes. Es brannte nur eine niedrige auf einem Tischchen stehende Lampe. Die Vorhänge an den Fenstern waren geöffnet, und man konnte in den gegenüberliegenden Neubau hineinsehen. Der Boden war mit einem dicken flauschigen Teppich ausgelegt. Auf einem runden Esstisch stand ein großer Strauß aus frischen exotischen Schnittblumen, wie ich sie noch nie gesehen hatte. In einer Ecke thronte ein enormer Schreibtisch, wie ihn wohl amerikanische Präsidenten zu Anfang des zwanzigsten Jahrhunderts benutzt haben mochten. Und Kayahan Karasu stand mit schuldbewusster Miene daneben. Er sah aus, als ob er die soeben zusammengeklaubten und meinen unbefugten Blicken entzogenen Wäschestücke in eine der schweren Schubladen dieses Möbels gestopft hätte. In der Mitte des Raumes stand die mit weichem Stoff bezogene Sitzgruppe, ein Sofa und zwei Sessel mit runden, einladenden Formen. Eine Wand war in voller Länge und Breite mit einem riesigen, eine Nachtansicht von New York zeigenden Poster bedeckt.

Dilek Aytar warf sich auf das Sofa, ohne ihren männlichen Gästen einen Platz anzubieten. Sie fuhr sich mit den Händen durchs Gesicht und strich dann die Haare nach hinten. Sie hatte unter dem völlig unpassenden grünen Morgenmantel einen superkurzen schwarzen Rock an. Sie zog die schwarz bestrumpften Beine unter sich und bedeckte die Knie und Oberschenkel mit den Zipfeln des Morgenrocks. Kayahan Karasu war neben dem Sofa stehen geblieben. Er hatte die Krawatte zwar gelockert, aber nicht abgelegt. Wenn er sich bewegte, schlenkerte sie unter seinem Hals hin und her. Ich setzte mich schräg gegenüber Dilek Aytar.

»Was ist denn nun?«, fragte Kayahan Karasu.

»Ja, erzählen Sie, ich platze vor Neugierde«, sagte Dilek Aytar.

»Muharrem ist ermordet worden, der Fahrer des Taxis, mit dem Sie heute Abend fortgefahren sind. Jemand hat ihm in seinem Auto die Kehle durchgeschnitten.«

»Oh Gott!«, rief Dilek Aytar und schlug beide Hände vor Mund und Nase. »Oh Gott!«

»Wer hat ihn umgebracht?«, fragte Kayahan Karasu.

»Das weiß man noch nicht«, sagte ich. »Sein Geld wurde gestohlen.«

Dilek Aytar strich sich jetzt mit den Händen über die Augen und verschmierte dabei ihr Make-up.

»So ein Pech«, meinte Kayahan Karasu. Es blieb unklar, wen er meinte.

Dilek Aytar streckte die Hand mit zwei vorgestreckten Fingern nach Kayahan Karasu aus. Dabei schüttelte sie unentwegt den Kopf. Der Mann nahm sofort eine Zigarette aus seinem Päckchen, reichte sie ihr und beugte sich vor, um ihr Feuer zu geben.

Auch ich steckte mir eine an. In dem aus der Öffnung der Tischlampe nach oben steigenden Lichtkegel bildete der Rauch dichte Schwaden.

»Und was hat Dilek damit zu tun?«, fragte Kayahan Karasu. »Der Fahrer ihres Taxis wurde ermordet und beraubt. Dies hier ist, verdammt noch mal, Istanbul, und so was passiert leider gar nicht selten.«

»Sie haben ihn umgebracht, den armen Kerl, sie haben ihn umgebracht, was?«, murmelte Dilek Aytar vor sich hin. Ihre Augen waren dabei auf einen unsichtbaren Punkt auf dem Teppich gerichtet.

»Dilek Hanim ist wahrscheinlich die letzte Person, die den Mann lebend gesehen hat«, sagte ich. »Die Polizei wird sie sicher einiges fragen wollen.«

Dilek Hanim sprach jetzt, ohne den Blick vom Teppich zu lösen:

»Muharrem hat mich gefahren heute Abend. Wenn ich ein Taxi brauchte, rief ich immer bei dem Stand an, und wenn Muharrem da war, ließ ich ihn rufen«, sagte sie. »Er war ein netter Junge. Wir haben uns oft über die Spiele und so weiter unterhalten.«

Kayahan Karasu schien plötzlich die Ohren zu spitzen.

»Was für Spiele?«, fragte er.

»Muharrem Serdarli war gleichzeitig der Linksaußen von Karasu Güneşspor«, warf ich ein. »Wussten Sie das nicht?«

»Nein«, sagte er. »Ich kümmere mich überhaupt nicht um diese Fußballsachen.« Dann hob er die plötzlich die Brauen, als ob er etwas sehr Wichtiges entdeckt hätte. »Glauben Sie, dass diese Geschichte was mit der Sache zu tun hat, derentwegen mein Vater Sie angeheuert hat?«

Ich gab keine Antwort.

»Wann haben Sie das Taxi gerufen?«, fragte ich stattdessen Dilek Aytar.

»So um acht Uhr herum«, sagte sie. »Ich war für den Abend mit Kayahan verabredet. Vielleicht trinke ich etwas, dachte ich mir und wollte deswegen mein Auto lieber stehen lassen. Ich habe den Stand angerufen, wie ich das mache.«

»Wohin sind Sie gefahren?«

»Zum ›Troubadour‹. Ich bin direkt vor der Tür des Restaurants ausgestiegen.«

»Haben Sie sehen können, ob er von dort jemanden mitgenommen hat oder nicht?«

»Nein, das hab ich nicht«, sagte sie. »Vor dem Lokal standen viele Menschen herum. Nachdem ich bezahlt hatte, bin ich sofort hineingegangen.«

»Haben Sie sich unterwegs unterhalten?«

»Meine Frage haben Sie nicht beantwortet, aber Sie stellen unentwegt Fragen«, maulte Kayahan Karasu.

»Vielleicht habe ich auch an Sie ein paar Fragen«, entgegnete ich, obwohl ich keinen Schimmer hatte, was ich ihn hätte fragen sollen. Aber das war nicht weiter schlimm, denn Kayahan Karasu platzte wütend los:

»Was wollen Sie denn fragen, blöder Kerl, mitten in der Nacht! Sie werden mit meinem Geld bezahlt und wollen mir Fragen stellen!« Er lief – vielleicht weil er sich nicht traute, auf mich loszugehen – auf den imposanten amerikanischen Schreibtisch zu und begann, nervös mit den Papieren darauf zu spielen. Als eines der Blätter auf den Boden fiel, hob er es sofort auf und legte es verkehrt herum auf den Schreibtisch zurück. Was ich aber in dieser einen Sekunde gesehen hatte, rief mir etwas ins Gedächtnis zurück. Es hatte mit der nächtlichen Modenschau zu tun.

»Kayahan! Ich bitte dich!«, rief Dilek Aytar. »Remzi Bey«, sagte sie. »Wir sind sehr müde, glauben Sie uns das. Vielleicht zerrt ja auch die Nachricht, die Sie uns da gebracht haben, an unseren Nerven. Können wir nicht morgen weitermachen?«

Auch ich war müde. Und hungrig. Im Grunde meines Herzens war ich nur allzu bereit, die beiden sich selbst zu überlassen.

Doch halt, nicht sofort. Da ging mir nämlich noch etwas durch den Kopf. Probieren kostet ja nichts, dachte ich mir. Ich drückte meine Zigarette in den Aschenbecher auf dem Beistelltischchen neben mir und erhob mich.

»Ja, dann gute Nacht«, sagte ich. Erst als die Erleichterung auf ihren Gesichtern nicht mehr zu übersehen war, sprach ich weiter:

»Apropos, weiß jemand von Ihnen, wo Aysu Samanci steckt?«

14

Dilek Aytar und Kayahan Karasu standen auf und erstarrten in der Pose ungeschickter Model-Eleven, die nicht wissen, wie sie sich auf dem Laufsteg zu bewegen haben.

Kayahan Karasu fasste sich als Erster:

»Wer ist denn Aysu? Wir kennen niemanden mit dem Namen.«

»Aber nicht doch, mein Lieber«, sagte ich. »Da vorne auf dem Arbeitstisch liegt die Fotokopie einer ihrer neuen Entwürfe für die nächste Saison. Auf irgendeine Weise haben Sie also sicher mit ihr Bekanntschaft geschlossen.«

»Was fällt dir ein!«, sagte Kayahan Karasu. Dilek Aytar hielt ihren Morgenrock über der Brust zusammen und verfolgte unseren Dialog mit zusammengepressten Lippen.

»Es handelt sich um einen ihrer Entwürfe für die Firma Barbie House«, sagte ich, wobei ich den Namen der Konkurrenzfirma besonders stark betonte.

Kayahan Karasu drehte plötzlich durch. Zornentbrannt kam er auf mich zu und streckte die Hände gegen meine Brust, um mich wegzustoßen. Instinktiv reagierte ich mit einem Handachi. Ich machte einen Schritt zurück, indem ich mit meinem linken Fuß einen Halbkreis ausführte, und drehte gleichzeitig meinen Körper, bis ich in der gleichen Richtung stand wie er. Weiter wollte ich mit dem Sohn meines Kunden nicht gehen. Aber der konnte nicht mehr stoppen und rannte kopfvoran in die durch mein Wegtreten entstandene Lücke. Zuerst knallte er auf den hinter mir stehenden Sessel, und als der unter der Wucht des Aufpralls wackelte, landete er rücklings auf dem Boden.

»Kayahan!«, schrie Dilek Aytar und rannte los, um dem Mann zu helfen. Weil ihre Hände jetzt nicht mehr den Morgenrock zusammenhielten, ging der Ausschnitt weit auf und versteckte gar

nichts mehr. Kayahan Karasu saß hinter dem Sessel am Boden und hielt sich mit nicht übermäßig intelligentem Gesichtsausdruck den Kopf. Nachdem Dilek Aytar festgestellt hatte, dass er einigermaßen unversehrt war, sagte sie:
»Sie sollten jetzt wirklich gehen.«
Ich hatte eine sarkastische Antwort auf der Zunge, zuckte nur mit den Schultern und verließ den Raum. Eine eindrückliche Stille begleitete meinen Abgang.
Draußen war es kühl geworden. Ganz mechanisch zündete ich mir eine Zigarette an, während ich in mein Auto stieg. Doch auf leeren Magen schmeckte der Glimmstängel scheußlich, und ich warf ihn weg. Ich fuhr an dem nun im Dunkeln liegenden Taxistand »Frohsinn« vorbei und von dort auf die Hauptstraße. Auf der fast leeren Uferstraße rollte ich gemütlich und laut vor mich hinpfeifend bis nach Arnavutköy. In dem Kuttelsuppenladen, der bis zum Morgen geöffnet hat, aß ich hintereinander zwei Teller der köstlich-scharfen, nach Knoblauch duftenden Suppe. Dann fuhr ich nach Hause und schmiss mich unverzüglich ins Bett. Der Schlaf ließ nicht auf sich warten.

Erholsam war er nicht. Ich erwachte mit einem widerlichen Geschmack im Mund. Ich duschte so kalt, wie ich es gerade noch aushalten konnte. Der Kaffee, den ich mir gönnte, nachdem ich meine Zeitung hereingeholt hatte, enthielt fast mehr braunes Granulat als Wasser.
Die Berichterstattung über den Mord an Muharrem Serdarli erschöpfte sich in Stellungnahmen der Berufskollegen zu den so genannten Taxifahrer-Morden. Ein riesiges Farbfoto der blutigen Fußballschuhe und der entsetzt schreienden und weinenden Taxifahrer fehlte auch nicht. Es gab keinen Augenzeugen, und auch das Messer oder irgendein anderes Schneidewerkzeug, das den Hals des Opfers durchtrennt hatte, war bisher nicht gefunden

worden. Der Verfasser des Artikels vertrat die Meinung, dass auch dieser Mord neben den anderen ungesühnten Taxifahrer-Morden auf seine Aufklärung würde warten müssen, wenn nicht der Zufall den Ermittlern zu Hilfe kam. Oder wenn nicht Remzi Ünal seine Nase hineinsteckte, vervollständigte ich den Kommentar.

Im inneren Teil der Zeitung gab es eine winzige Nachricht über die Modenschau des Karasu-Textilimperiums, zusammen mit einem Foto der rückwärts den Laufsteg betretenden Models mit ihren großzügigen Rückendekolletees. Nicht eine Zeile dagegen über das Ableben des Yildirim Soğanci hinter den Toiletten.

Als meine Kaffeetasse leer war, brach ich mir ein Stück des frischen Brotes ab, das diesmal pünktlich zusammen mit meiner Zeitung vor meiner Wohnungstür gelegen hatte, und beendete kauend meine morgendliche Lektüre. Eine innere Stimme sagte mir, dass es gleich mehrere Anrufe für mich geben würde. Also ließ ich mir mit meiner Morgentoilette Zeit und das Telefon in Ruhe. Dafür saß ich bald mit einem zweiten Kaffee vor meiner Cessna, die schon ewig wartete, unter einem stillen blauen Himmel ohne jeden Luftverkehr. Die Wolken waren an ihrem Platz. Wie immer in genau 4000 Fuß Höhe.

Ich war gerade auf 1500 Fuß aufgestiegen, als das Telefon läutete. Nach dem zweiten Läuten brachte ich meinen Flieger in die Waagerechte, und nach dem dritten Klingelton stellte ich den Autopiloten ein. Noch bevor es zum vierten Mal läutete, hob ich ab:

»Kayahan Bey möchte Sie sprechen«, sagte eine junge Frau.
»Bitte sehr.«
»Guten Morgen, Remzi Bey«, sagte er. »Wir sind in einer Sitzung, ich werde mich kurz fassen.«
»Guten Morgen.«
»Ich habe mit meinem Vater gesprochen«, sagte Kayahan Bey. »Wir sind übereingekommen, Sie von der Aufgabe, die Sie im

Zusammenhang mit Karasu Güneşspor übernommen haben, zu entlasten.«

»Verstanden.«

»Deshalb möchten wir, dass Sie von nun an weder mich noch Dilek Hanim, noch sonst jemanden aus unserer Firma oder dem Fußballclub belästigen.«

»Verstanden.«

»Und dass ich Sie wegen Ihres Verhaltens gestern Abend nicht vor Gericht bringe, sollten Sie als Ausdruck meines guten Willens zur Kenntnis nehmen«, fügte er hinzu.

»Ich hab's kapiert«, sagte ich. »Kann ich bitte einen Moment mit Ilhan Bey sprechen?«

Er zögerte einen Moment. Dann hörte ich aus der Muschel die Stimme von Ilhan Karasu, allerdings weniger klar als die seines Sohnes und wie von einem Echo unterlegt. Er hatte also seinen Raumlautsprecher eingeschaltet, was hieß, dass auch ich von allen im Sitzungszimmer Anwesenden gehört werden konnte.

»Wir haben dich, scheint's, vor die Tür gesetzt«, sagte Ilhan Karasu.

»Das kommt schon mal vor.«

»Du scheinst nicht gerade überrascht zu sein.«

Eine winzige Chance. Ich ergriff sie.

»Warum soll ich überrascht sein«, sagte ich. »Es ist nicht das erste Mal, dass mich jemand unterhalb der Gürtellinie angreift.« Wenn der Mann seine eigenen Worte ernst nahm, würde er sich wohl erinnern, sagte ich mir.

Für einen Moment herrschte Stille.

»Ich hab dich nicht verstanden«, sagte Ilhan Karasu. »Deine Stimme kommt nicht gut rüber. Kannst Du das noch mal wiederholen?«

»Es ist nicht das erste Mal, dass mich jemand unterhalb der Gürtellinie angreift«, sagte ich laut und deutlich.

»Aha, jetzt habe ich's kapiert. Aber ... gemäß den Gesetzen des Marktes ... haben wir den Vertrag mit dir aufgelöst.« Die Wörter »Gesetz« und »Markt« versah er mit besonderer Betonung. Er hatte sich erinnert und schien sich an dieser Erinnerung zu erfreuen.

»Dann ist ja alles in Ordnung«, sagte ich. »Ich gehe grundsätzlich nur zu Spielen, zu denen ich eingeladen werde.« Etwas Ähnliches hatte ich kürzlich schon mal gesagt.

»Das ist ein guter Grundsatz«, meint er. Nach einer kurzen Pause fuhr er hörbar erleichtert fort: »Du kannst aber mit der Eintrittskarte, die ich dir gegeben habe, zu allen unseren Spielen kommen, wenn du Lust hast.«

Ich wollte ganz sicher sein, ihn richtig verstanden zu haben.

»Die habe ich immer noch in meiner Brieftasche. Aber ich dachte, dass ich sie vielleicht wegwerfen sollte, jetzt, wo Sie mich rausgeschmissen haben.«

»Natürlich nicht«, sagte er, inzwischen völlig wohl gelaunt. »Da hast du ein Andenken an mich. Wenigstens das.«

»Vielen Dank«, sagte ich artig. »Es war mir ein Vergnügen, Sie kennen gelernt zu haben.«

»Ganz meinerseits«, sagte er. »Vielleicht sehen wir uns ja bald einmal wieder.«

»Ich habe ganz vergessen, Ihnen zu kondolieren, herzliches Beileid«, sagte ich noch. Und: »Alles Gute für Samstag.«

»Vielen Dank«, sagte Ilhan Karasu und legte auf.

Und schon klingelte es wieder. Ich fürchtete schon, dass Kayahan Karasus Codeknacker schnelle Arbeit geleistet hatten, doch zu meiner Erleichterung hörte ich die Stimme meines Werbeagenturfreundes.

»Was gibt's Neues seit gestern Abend?«

»Nichts Besonderes. Ich habe gerade meinen Job verloren.«

»Bist du jemandem auf den Fuß getreten?«

»Sieht so aus.«

»Und was wird aus dem verschobenen Spiel?«

»Keine Ahnung. Vielleicht haben sie ja kalte Füße gekriegt und es sich anders überlegt. Das Treffen hat nicht stattgefunden.«

»Aber dafür gibt's, scheint's, andere Entwicklungen.«

»Ja, die gibt's.«

»Was wirst du jetzt tun?«

»Ich werde mir dich als Vorbild nehmen.«

»Wie meinst du das?«

»Was würdest du tun, wenn Karasu Textilien dich plötzlich nicht mehr haben will?«, fragte ich.

»Ich würde sofort zur Konkurrenz gehen«, sagte er ohne zu zögern. Erst dann schien er zu begreifen, was er gesagt hatte. Es kam ein lauter Ton der Verwunderung.

»Eben«, sagte ich.

»Woher willst du wissen, ob Cem Bey überhaupt Verwendung für dich hat?«, fragte mein neunmalkluger Freund.

»Er hat mir schon beinahe ein Angebot gemacht. Und wenn er sich nicht daran erinnert, werde ich das tun.«

»Die Modebranche hat's dir wohl angetan.«

»Sehr sogar.«

»Komm doch heute Abend mal wieder zum Training, da kannst du mir das alles ausführlich erzählen.«

»Wenn ich's schaffe, komme ich«, sagte ich. Das Mittwochtraining verpasste ich ungern, es kamen immer nur wenig Teilnehmer.

»Gibt es etwas, was ich für dich tun kann?«, fragte er mich zum Schluss noch.

Ich sagte Nein und dass ich ihn sicher darum bitten würde, wenn es so etwas gab.

Jetzt musste ich herausfinden, ob es einen neuen Kunden für mich gab. Ich war sicher, dass Aysu Samanci noch nicht aufgetaucht war. Und ich wollte ganz sicher sein, dass es sich hier nicht doch nur um eine Pubertätskrise handelte.

Bei Barbie House antwortete mir eins der Empfangsmädchen vom Vortag. Nein, Aysu Hanim war heute nicht zur Arbeit erschienen. Wer war der Anrufer, wollte er eine Nachricht hinterlassen? Nein, das wollte er nicht, der Verwandte, der selbst wieder anrufen würde.

Ich hatte kaum aufgelegt, als das Telefon sich schon wieder meldete. Hoffentlich ist das nicht die Tante, die es einfach nicht schafft, ihren Namen und so weiter zu hinterlassen. Aber die rief ja nie an, wenn ich zu Hause war.

»Remzi Bey?«, ertönte eine beeindruckende Stimme. Vor meinem geistigen Auge erschien ein Paar wohl gerundeter Brüste, die aus einem Negligé hervorlugten.

»Wie geht es Ihnen, Dilek Hanim?«

»Nicht besonders gut«, sagte Dilek Aytar. »Wir haben uns gestern Nacht sehr schlecht benommen. Ich rufe an, um mich dafür zu entschuldigen. Und gleichzeitig herauszufinden, ob Sie noch irgendwelche Fragen an uns haben. Und ich wollte mich auch bedanken.« Das alles war wie in einem Atemzug hervorgekommen.

»Wofür wollen Sie sich denn bedanken?«

»Sie sind unserem Ausrutscher mit so viel Verständnis begegnet. Kayahan hat Sie ja regelrecht angegriffen. So habe ich ihn noch nie erlebt.«

»Das war der Alkohol.«

»Vielleicht ist es auch ...«, meinte sie mit leicht verführerischem Ton, »ja, ganz im Vertrauen, Kayahan meint mich manchmal ein bisschen zu sehr beschützen zu müssen, wenn andere Männer zugegen sind.«

»Das kann man ihm wirklich nicht verdenken.«

»Und natürlich kenne ich Aysu«, fuhr Dilek Aytar fort. »Wir arbeiten schließlich in der gleichen Branche, nur dass sie für Barbie arbeitet. Aber die Fotokopien, die Kayahan mitgebracht hatte, die habe ich zum ersten Mal gesehen. Das müssen Sie mir glauben. Ganz im Vertrauen, wir haben uns deswegen auch ein wenig gestritten.«

»Ich glaube Ihnen«, sagte ich im Brustton tiefster Überzeugung. Dabei war ich ganz sicher, dass Kayahan Karasu weder eine Mappe noch einen Briefumschlag oder etwas Ähnliches in der Hand gehabt hatte, als er aus dem Taxi gestiegen war.

»Sie klingen ein wenig verstimmt.«

»Nun, ich werde schließlich nicht jeden Tag von einem Kunden geschasst. Deswegen dürfte ich im Grunde nicht einmal mit Ihnen reden.«

»Gestern Abend haben Sie aber gar nicht so ausgesehen, als ob Sie sich an Verbote halten würden«, sagte Dilek Aytar, wobei sie bewusst oder unbewusst ein bisschen kicherte.

»Nun, wo wir schon dabei sind, Verbote zu übertreten«, nahm ich den Faden auf, »hat Muharrem Ihnen gegenüber etwas über seine neuen Fußballschuhe gesagt?«

»Ja, er hatte sie erst an dem Abend gekauft und noch nicht einmal nach Hause gebracht. Er hat sie mir auch gezeigt. ›Die habe ich extra für das Spiel am Samstag gekauft‹, hatte er gesagt.‹« Dann fügte sie mit einem deutlich traurigen Ton in der Stimme hinzu: »Der Arme, nicht mal in einem einzigen Spiel hat er sie tragen können.«

Ich überlegte ein, zwei Sekunden, ob ich ihr eine bestimmte Frage stellen sollte oder nicht. Die kurze Pause schien für Dilek Aytar das Ende unserer Unterhaltung einzuleiten.

»Na, dann tschüss«, sagte sie. »Und nochmals vielen Dank für ihr Verständnis gestern Abend.«

Sie hatte sich geirrt. »Eigentlich schulden Sie mir Dank für etwas ganz anderes«, sagte ich so sachlich wie möglich, als wenn wir gerade erst das Gespräch aufgenommen hätten.

»Das verstehe ich nicht«, sagte sie.

»Wenn Kayahan wüsste, wer Sie gestern Nachmittag besucht hat, würde sein Beschützerinstinkt sicher noch ganz andere Formen annehmen.«

»Was?«, rief sie. Jetzt hätte ich gern ihr Gesicht gesehen.

»Offen gestanden frage ich mich seit gestern, was der Torwart von Karasu Güneşspor in Ihrer Wohnung zu suchen hatte«, fuhr ich fort. »Ich möchte Ihnen natürlich nicht zu nahe treten. Und Sie wissen ja auch, dass Sie keine meiner Fragen beantworten müssen.«

»Sie können einem richtig Angst machen. Woher wissen Sie das?«

»Berufsgeheimnis.«

»Nun, im Grunde geht es Sie ja wirklich nichts an«, sagte sie in versöhnlichem Ton. »Aber ich werde es Ihnen trotzdem sagen, sozusagen um unseren gestrigen Fauxpas auszubügeln. Er war gestern da, um meinen Rat einzuholen.«

»Wozu?«

»Er wollte von mir wissen, wie er sich zum Saisonende noch einmal so richtig in der Presse platzieren könnte. Ich bin ja für Public Relations zuständig. Ich habe ihm ein paar Tipps gegeben.«

»Ein kluges Kerlchen.«

»Seit ein paar Tagen schon rief er dauernd an und wollte eine Verabredung«, sagte Dilek Aytar. »Gestern war ich zuhause und hatte bis zum Abend nichts zu tun. Da habe ich ihn kommen lassen. Irgendwie fand ich es nicht richtig, ihn in die Firma zu bestellen. Deswegen hatte ich ihn ein paar Mal abgewimmelt.«

»Alles klar«, sagte ich. »Wie gesagt, ich war nur neugierig.«

»Sie können einem aber wirklich Angst machen. Und nochmals vielen Dank, dass Sie das gestern Abend in Kayahans Anwesenheit nicht zur Sprache gebracht haben.«

»Warum hätte ich das tun sollen?«

»Rufen Sie mich ruhig wieder an, wenn Ihnen noch andere Fragen einfallen. Auch ich halte mich nicht an blödsinnige Verbote.«

»In Ordnung. Sie hören wieder von mir.«

»Auf Wiedersehen, Remzi Bey.«

Ein Berufskollege in New York hätte die Frau jetzt mindestens zum Abendessen eingeladen. Aber ich war ja nur ein in der Türkei arbeitender Privatdetektiv, wo die Quote der Morde aus verletztem Mannesstolz besonders hoch war. Kayahan Karasu war auch so schon nervös genug.

Ich stand vor meinem Telefon und trommelte ungeduldig auf dem Apparat herum. Ein unbestimmtes Gefühl sagte mir, dass noch ein Anruf ausstand. Und richtig, der erste Klingelton war noch nicht verklungen, als ich den Hörer schon in der Hand hatte.

»Ich würde gern mit Remzi Ünal Bey sprechen«, sagte eine junge weibliche Stimme.

»Am Apparat«, sagte ich.

Ich hatte die Stimme des Mädchens erkannt, bei dem ich mich kurz vorher nach Aysu Samanci erkundigt hatte.

»Ich verbinde Sie mit Cem Tümer Bey«, sagte die junge Frau höflich, doch irgendwie stockend. Sie schien verwirrt.

»Haben wir nicht schon miteinander gesprochen?«, fragte sie schließlich.

»Ganz recht«, erwiderte ich. »Ich hatte nach Aysu Samanci gefragt.«

»Mein Gott, wo steckt das Mädchen aber auch?«, rief sie ehrlich beunruhigt, fand aber mit einem knappen »Ich verbinde« schnell zu ihrem professionellen Ton zurück.

»Aysu ist immer noch nicht aufgetaucht, und ich mache mir jetzt doch Sorgen«, sagte Cem Tümer, der selbst ein kurzes »Guten Morgen« für überflüssig hielt. »Reifenpanne, Kino- oder Einkaufstour waren es wohl nicht.«

»Ich fürchte, da haben Sie Recht, Cem Bey. Was gedenken Sie zu tun?«

»Ich gedenke mich mit Ihnen hinzusetzen, um gemeinsam zu überlegen, was zu tun ist. Mein Lösungspotenzial ist beschränkt. Schließlich sind Sie ja der Fachmann.«

»Das kann ich nur hoffen.«

»Warum sind Sie so bescheiden? Ich habe nur Gutes über Sie gehört.«

»Von wem?«

»Nach unserem Gespräch gestern habe ich ein wenig herumtelefoniert. Die Referenzen waren durchaus ermutigend.«

»Da sind vielleicht nicht alle der gleichen Meinung. Erst heute Morgen hat mich einer meiner Klienten vor die Tür gesetzt. Besser gesagt, mein einziger derzeitiger.«

»Ilhan fasst nicht immer die richtigen Entschlüsse«, sagte Cem Tümer. »Das weiß keiner besser als ich. Machen Sie sich nichts draus.«

»Es handelt sich wohl eher um einen Entschluss der zweiten Generation.«

»Wie der Vater, so der Sohn. Wann treffen wir uns?«

Ich überlegte kurz. Verbot hin oder her, ich hatte sowieso keine Lust, zum zweiten Mal in dieser Woche hinter einem Trauerzug herzugehen. In welcher Moschee und nach welchem Gebet die Beerdigung stattfinden würde, auch das ließe sich schon irgendwie in Erfahrung bringen. Auf keinen Fall wollte ich nur zwei Stunden nach unserem morgendlichen Telefongespräch mit der Geschäftsführung von Karasu Textilien zusammentreffen. Ich brauchte aber unbedingt noch ein paar Informationen, um meiner Verhandlungsposition eine solide Grundlage zu geben.

»Machen Sie einen Vorschlag. Ich richte mich nach Ihnen.«

»Wir drehen heute Nachmittag. Ich werde auch auf dem Set

sein. Wenn Sie so um zwei dorthin kommen könnten, finden wir sicher einen Moment, uns in eine Ecke zurückzuziehen.«

»Das passt mir gut.«

»Einen Moment noch«, sagte Cem Tümer und rief laut »Biriçim! Wo liegt das Studio, in dem Irfan heute Nachmittag dreht?«

Er hörte Biriçim zu und beschrieb mir dann den Weg zu dem Studio.

»Das reicht. Um zwei bin ich dort.«

»Bis dann«, sagte Cem Bey. »Der Verkehr dort ist ziemlich chaotisch. Ruf mich auf dem Handy an, wenn Du's nicht findest.« Und er nannte mir eine Nummer, die ich sofort auswendig lernte.

Es war noch zu früh, um loszuziehen. Zeit genug, mich ein wenig vor meine Cessna zu setzen. Die war immer noch unterwegs, während ich die türkische Telecom reich machte. Nach wie vor auf Autopilot flogen wir jetzt bei beständiger Witterung, Höhe und Geschwindigkeit durch einen völlig leeren Bildschirm. Eine einzige Angabe zeigte mir, dass der Treibstoffpegel sich geringfügig gesenkt hatte. Jetzt die Position zu bestimmen und einen zur Landung geeigneten Flughafen zu finden, das dauerte zu lange. Abstürzen lassen wollte ich meine Cessna diesmal aber auch nicht. In meinem Leben in echten Cockpits echter Flugzeuge hatte ich genügend harte Landungen hingelegt. Sollte sie doch weiterfliegen, wohin sie Lust hatte. Irgendwann, so oder so, kommt jedes Flugzeug runter.

Einmal musste ich aber noch telefonieren. Beim Taxistand in Bebek verlangte ich den Kollegen Sadri. Während ich auf ihn wartete, stellte ich mir vor, wie der Taxifahrer Sadri mit seinem Sadri-Alişik-Schnurrbärtchen auf einem Stuhl vor dem Taxistand-Häuschen saß und die Leute bei McDonald's beobachtete.

»Bitte sehr«, sagte er schließlich. Sogar seine Stimme klang wie die seines berühmten Namensvetters.

»Hallo, Meister. Ich bin der, für den du hinter dem blauen Mazda hergefahren bist.«

»Mensch, Chef. Wie geht's denn so? Du musst entschuldigen, ich hab den Wagen verloren, als ich von einer Verkehrsstreife angehalten worden bin. Ich hatte ein Rotlicht überfahren. Tut mir wirklich Leid.«

»Das macht nichts. Hast du viel bezahlen müssen?«

»Nee«, sagte er. »Einer von den Polizisten war ein Bekannter, wir haben ein bisschen rumgequatscht. Aber dein Glatzkopf ist mir dabei entwischt. Kann ich noch was für dich tun?«

»Nein, danke, aber ich würde dich gern etwas fragen.«

»Nur zu.«

»Unser Mazda-Fahrer hatte eine Tasche in der Hand, als er das Haus betrat«, sagte ich. »Kannst du dich erinnern, ob er die immer noch hatte, als er wieder herauskam?«

»Ja, die hatte er in der Hand.«

»Vielen Dank. Ach, da war noch etwas, was ich gern wüsste. Wenn ein Taxi telefonisch bestellt wird, nehmt ihr dann auf dem Rückweg zum Stand unterwegs neue Kunden auf?«

»Ein anständiger Kollege macht das nicht. Aus zwei Gründen. Erstens gilt für alle ordentlich geführten Taxistände, dass die Fahrer unverzüglich zurückkehren, sobald die Kundschaft ausgestiegen ist. Auf diese Weise sind immer Taxis am Stand, und es gibt auch keine Konkurrenzstreitigkeiten unter den Fahrern. Der zweite Grund ist die persönliche Sicherheit. Du hast sicher mitgekriegt, was gestern mit dem armen Kerl passiert ist!«

»Meinst du, der hat seinen Mörder unterwegs aufgelesen?«

»Ganz sicher war das auch so ein Freischaffender. Die haben einfach zu viel Gottvertrauen. Das kannst du nachprüfen: Unter den in den letzten Jahren ermordeten Taxifahrern ist nicht einer, der zu einem ordentlich geführten Stand gehört hat.«

»Alles klar«, sagte ich. »Vielen Dank. Und pass du gut auf, mein Lieber.«

»Wird gemacht, Abi«, sagte der Fahrer Sadri aus Bebek. »Wann immer du mich brauchst, du weißt, wo du mich findest.«

Ich brach mir noch ein Stück von dem Brot ab und verließ kauend meine Wohnung.

15

Ich fand das Studio in der Gegend von Cöpyolu, da wo sich heute die Automobil-Werkstätten aneinander reihen. Es lag an einer breiten Straße, auf der man wegen der zu beiden Seiten abgestellten Unfallwagen und der völlig achtlos an den unmöglichsten Stellen geparkten Autos, Liefer- und Lastwagen und sogar Bussen nur mühsam vorwärts kam.

Wenn ich es nicht gewusst hätte, ich hätte hier nie im Leben ein Film- oder Aufnahmestudio vermutet. Sogar die Autowerkstatt-Lehrlinge mit den ölverschmierten Gesichtern, die ich ein paar Mal nach dem Weg fragte, kannten es.

Ich stellte mein Auto auch nicht vorschriftsmäßig ab und betrat das Gebäude durch eine schmale eiserne Tür. Niemand hielt mich auf, während ich einen dunklen Korridor entlangging, der mich vermutlich an einen etwas belebteren Ort bringen würde. Auf dem Boden schlängelten sich Kabel, große Lampen standen herum, und an den Wänden lehnten bunte Kulissenteile. Vom Ende des Korridors waren Stimmen zu hören. Der Raum, in den der Korridor sich ohne Tür öffnete, war hell erleuchtet. Noch bevor ich dort war, überholte mich ein Junge mit einem schwingenden Tablett voller Teegläser. Er trat ohne zu zögern ein, während ich am Eingang stehen blieb und mich erst einmal umsah.

Der Raum vor mir war fast so groß wie eine kleine Basketballhalle. Die hohe Decke überzog ein einziges Gewirr von Drähten und Schienen für die Scheinwerfer. Die mehr als sechs Meter hohen Wände waren bis auf eine Ausnahme weiß gestrichen. Der Boden lag voller dicker Kabel, Werkzeugtaschen und jeder Menge Kisten und Schachteln. Vor einer blau angestrichenen Wand häufte sich ein Sandberg, der genügt hätte, den Zementbedarf für ein kleineres Gecekondu zu decken. Auf dem Sand standen aus Sperrholz geschnitzte zweidimensionale Sonnenschirme, ein halbes Schnellboot und ein Windsurfbrett, das bei dem kleinsten Hauch umkippen konnte. Und dazwischen all der Kleinkram, wie er zu einem normalen Strand gehört. Ein Mädchen in weißem Bademantel lag auf einem Strandtuch und wippte gelangweilt mit den Füßen.

Weil die Gruppe hinter der auf diese Strandszene gerichteten Scheinwerferanlage im Dunkeln stand, konnte ich niemanden erkennen. Nur Cem Tümers wippenden Pferdeschwanz glaubte ich ausmachen zu können. Neben ihm fuchtelten noch mindestens sechs bis sieben Personen herum, die wild durcheinander auf die Strandszene zeigten oder durch die imposante, auf einem Dreifuß ruhende Kamera blickten.

Plötzlich wurde der auf den künstlichen Strand gerichtete Scheinwerfer hochgefahren. Die Gespräche brachen ab. Das Mädchen, das sich bisher auf seinem Handtuch gelangweilt herumgeräkelt hatte, legte den Bademantel ab. Es trug einen Bikini ohne Oberteil. Mit den Händen über den Brüsten streckte es sich bäuchlings auf dem Handtuch aus. Ein langhaariges Wesen aus der Gruppe hinter der Kamera, dessen Geschlecht ich nicht ausmachen konnte, ging zu ihm hinüber, betupfte ein paar Stellen auf dem Rücken, nahm den abgelegten Bademantel hoch und zog sich, sorgfältig seine Fußspuren verwischend, wieder zurück.

»Und ... bitte!«, rief eine Stimme.

Das bäuchlings auf dem Handtuch liegende Mädchen wippte kokett mit den Füßen.

»Stopp!«, rief die gleiche Stimme.

Einer von den Kameraleuten rannte nach vorn und strich das Badehandtuch glatt, das sich an einer Ecke eingerollt hatte.

»Bitte!«, wurde von neuem gebrüllt.

Das Mädchen wippte wieder mit den Füßen.

»Stopp! Okay! Scheinwerfer! Die nächste Gruppe fertig machen!«

Die Scheinwerfer wurden wieder heruntergefahren. Das langhaarige Wesen warf dem Mädchen den Bademantel zu. Die Gruppe hinter der Kamera zeigte sich entspannt und machte Anstalten auseinander zu gehen. Der drei Schritt vor mir wartende Junge mit dem Teetablett bewegte sich jetzt auf die Menge zu. Auch ich machte ein paar Schritte vorwärts.

»Die Mädchen sollen endlich kommen, hab ich gesagt!«, schrie jemand.

Endlich erkannte Cem Tümer mich und kam mit ausgestreckter Hand auf mich zu. Er trug einen Pullover und eine Cordhose. Sein Pferdeschwanz wippte mit jedem Schritt hin und her.

»Haben Sie uns leicht gefunden? Sie sind ja überpünktlich.«

Aus der Tür neben der blau gestrichenen Wand kamen jetzt fünf Mädchen in Badeanzügen und mit Plastik-Strandschuhen an den Füßen und schlurften vorsichtig auf den Sandhaufen zu. Sobald sie ihn erklommen hatten, begannen sie, wie an einem echten Strand hin- und herzuhopsen.

»Geht's gut voran mit den Aufnahmen?«

»Wir haben gerade erst angefangen«, antwortete Cem Tümer. »Die Vorbereitungen schlucken die meiste Zeit. Und bei einigen der Modelle mussten heute Morgen noch Änderungen gemacht werden.«

»Haben Sie keine Werbeagentur?«

»Nein, ich mach das alles selbst. Ich krieg zwar jeden Monat mindestens zwei Angebote von Leuten, die für mich arbeiten wollen. Aber ich traue denen nicht viel zu. Und Ihr verdammter Freund hält mich ja immer noch hin.«

»Der hat mehr Glück als ich. Den hat sein Klient noch nicht vor die Tür gesetzt.«

Cem Tümer nahm mich am Arm und zog mich zu der Tür hin, durch die die Models eben herausgekommen waren.

»Wir können da drinnen reden«, sagte er. Er drehte sich um

und machte eine Handbewegung zu einer schönen Frau hinter der Kamera – ich erkannte Frau Tümer –, die besagte: Wir sind da drinnen. Und zu mir: »Wenn ich gebraucht werde, können wir ja unterbrechen.«

Hinter der Tür befand sich ein kantinenartiger Raum mit fünf Tischen, von denen zwei mit hunderten von Kleidungsstücken überhäuft waren. An der Wand im Hintergrund war mit Hilfe eines Vorhangs eine Art provisorische Umkleidekabine errichtet worden. Wir setzten uns an den ersten leeren Tisch.

»An sich sollte Aysu jetzt auch hier sein«, sagte Cem Tümer und kam damit direkt auf unser Thema.

»Haben Sie bei ihren Freunden nachgeforscht?«, fragte ich.

»Natürlich. Wir alle in der Firma sind über ihr Verschwinden besorgt. Wir haben ihre Bekannten gefragt, und die haben weiter bei ihren Freunden außerhalb des Hauses nachgehakt. Niemand weiß etwas. Selbst wenn wir hier noch einigermaßen ohne sie zurechtkommen, können wir mit unseren Vorbereitungen für die nächste Saison ohne sie gar nicht weitermachen.«

»Hat sie früher schon mal …?«

Cem Tümer fiel mir ins Wort: »Aysu arbeitet seit einem Jahr bei uns. Eine derartige Verantwortungslosigkeit hat sie sich bisher noch nie zuschulden lassen kommen.«

»Was sagt ihre Mutter?«

»Ich habe heute Morgen mit ihr telefoniert. Die arme Frau ist sehr besorgt. Außerdem hat sie Angst, dass ihre Tochter ihre Stelle verlieren könnte. Aber auch sie konnte mir niemanden nennen, bei dem wir nach dem Mädchen suchen könnten.«

»Hat sie einen Schatz?«

»Ihre Freunde bei uns wissen von niemandem. Andererseits ist sie nicht eine, die so etwas überall herumerzählt. Das ist jedenfalls die übereinstimmende Meinung ihrer Kollegen.«

Eines der Models kam auf seinen Plastik-Strandschuhen hereingeschlichen. Ihr winziger Bikini mochte an einem echten Strand ja nicht weiter auffallen, hier jedoch wirkte er ein wenig bizarr. Dessen war sich das Mädchen offensichtlich bewusst. Sie warf uns einen schrägen Blick zu und verschwand hinter dem Vorhang.

»Werden Sie den Job übernehmen und mir Aysu finden?«, fragte Cem Tümer so sachlich, wie es ihm möglich war.

»Im Moment bin ich ja gezwungenermaßen frei.«

»Dann finden Sie sie. Ich kann Ihnen garantieren, dass Sie das Honorar zufriedenstellen wird.«

Der Vorhang der Umkleidekabine ging auf, und das Mädchen erschien in einem noch auffälligeren Teil. Den vorher getragenen Bikini warf sie auf einen der Kleiderberge. Dann schlurfte sie mit einem nachlässigen Gang, der mit ihren Bewegungen auf dem Laufsteg nicht das Geringste zu tun hatte, an uns vorbei und verschwand durch die Tür.

»Stellen Sie jedes Mal einen Detektiv an, wenn von Ihren Mitarbeitern jemand für zwei Tage nicht zur Arbeit erscheint?«

Cem Tümer stand auf. Dann setzte er sich wieder. Er fuhr sich mit den Händen durch den Haarschopf und ließ ein, zwei lange Haare, die an seinen Fingern kleben geblieben waren, unter den Tisch fallen.

»Ich habe Angst«, sagte er. »Regelrecht Angst.«

Die verbeulten Blechaschenbecher sagten mir, dass man hier rauchen durfte. Ich steckte mir eine Zigarette an und legte das Päckchen zusammen mit dem Feuerzeug auf den Tisch.

»Angst um Aysu Samanci oder um Ihre Firma?«

Seine Hände bewegten sich automatisch auf mein Zigarettenpäckchen zu. Er nahm sich wortlos eine Zigarette und zündete sie an. Bevor er antwortete, blies er den ersten Zug in den Raum.

»Ich weiß nicht, wie viel Sie wissen«, sagte er und trommelte mit den Fingern auf den Tisch.

»Ich sollte Sie vielleicht über ein paar meiner Arbeitsprinzipien aufklären«, sagte ich. »Erstens bin ich nicht böse, dass Sie mir nicht alles gesagt haben. Das erschwert höchstens meine Arbeit. Ich verliere unnötig Zeit, Sie übrigens auch. Zweitens belastet das, was ich während meiner Arbeit erfahre, weder mein Gewissen, noch veranlasst es mich, irgendwelche Schritte zu unternehmen. Für Ihre Handlungen beziehungsweise Unterlassungen sind Sie allein verantwortlich. Sie gehen weder mich noch Dritte etwas an, auch den Staat nicht. Und drittens kann ich unter gewissen Umständen unglaublich vergesslich sein.«

Er sah mich direkt an, als ob er fragen wollte: Ist das alles? Ich nutzte die Gelegenheit.

»Und auf gar keinen Fall – viertens – interessiert mich im Sport und erst recht im Fußball das so genannte Fairplay.«

»Fairplay, von wegen!«, sagte Cem Tümer zu sich selbst. »Fairplay!«

Zwei weitere seiner langen Haare fanden den Weg unter den Tisch.

»Ein aufregendes Fußballspiel sehe ich mir gern an. Und ein Bluff kann ein Spiel sicher noch aufregender machen.«

»Für mich zu viel Aufregung. Wäre ich doch bloß nicht darauf eingegangen!«

»War es nicht Ihre Idee?«

Er sah mich mit großen erstaunten Augen an. Auf seiner Stirn glänzten kleine Schweißtröpfchen. Der Mann konnte also auch schwitzen, ohne in die Pedale zu treten.

»Mir wäre das nicht im Traum eingefallen«, sagte Cem Tümer. »Und selbst wenn, hätte ich mir das allein nie zugetraut. Aber als der Vorschlag an mich herangetragen wurde, schien mir alles ganz leicht.«

»Wie und von wem wurde der Vorschlag an Sie herangetragen?«

»Soll ich ganz von vorn anfangen? Wo wir schon mal dabei sind.«

»Ja, bitte.«

Der Teeküchenjunge erschien mit mindestens zwölf gefüllten Teegläsern auf seinem Schwingtablett.

»Ganz frisch«, sagte er nur.

Ich nahm einen Tee. Cem Tümer wollte keinen.

»Wenn der Mensch in ein bestimmtes Alter kommt, möchte er sein Geld noch für etwas anderes ausgeben als für sein Haus, Auto, Grundstück und so weiter«, begann Cem Tümer seinen Bericht. »Ich verstehe nicht viel von Fußball, meine Frau war schon immer der größere Fan. Sie verpasst nie ein Spiel im Fernsehen und kann sich den ganzen Sonntagabend das Geschwätz der Sportsender um die Ohren schlagen.«

»Welchem Verein hält sie denn die Stange?«

»Komischerweise hat sie keinen Lieblingsverein. Deswegen sieht sie sich auch immer alle Spiele an. Man könnte fast annehmen, dass Fußball in ihrem Leben eine wichtige Lücke füllt.«

Ich bin kein Eheberater, also fragte ich nicht, um was für eine Lücke es sich hier wohl handelte.

»Vor drei Jahren wollte ich ihr zu unserem Hochzeitstag ein wirklich tolles Geschenk machen«, fuhr Cem Tümer fort. »Ein ausgefallenes Geschenk, für eine Frau eben, die schon alles hat. Natürlich reichten meine Mittel nicht, ihr einen Erstligaverein zu schenken, deswegen kaufte ich ihr einen aus der dritten. Ich kaufte ihn ihr, doch musste ich mich von einer eilig zusammengerufenen Vollversammlung zum Präsidenten wählen lassen. Die Spieler hätten einen weiblichen Präsidenten nicht akzeptiert. Also musste ich das machen.«

Der Tee war wirklich frisch gebrüht, allerdings schon ziemlich kalt.

»Beim festlichen Abendessen an unserem Hochzeitstag habe

ich ihr also die Standarte des Klubs überreicht, die ich von der Wand des Klubgebäudes hatte mitgehen lassen, und gesagt: ›Ich bin zwar gezwungenermaßen euer Präsident, doch der Verein gehört dir.‹ Sie war vor Freude außer sich. Seitdem sieht sie sich nicht mehr die Spiele der ersten Liga im Fernsehen an, sondern geht jedes Wochenende auf den Platz. Da ich keine große Lust habe mitzugehen, bringt unser Chauffeur sie zu den Spielen. Stell dir das doch mal vor, meine bessere Hälfte im Pelz unter strömendem Regen auf dem schlammigen Fußballplatz! Und wenn nur zehn Zuschauer zugegen sind, ist sie mit Sicherheit die elfte. Wer geht sonst schon zu den Spielen vom Sport- und Fußballklub Central?«

Ich fragte mich auch, was den Leuten bei diesem Anblick so durch den Kopf gehen mochte.

»Die Fußballbegeisterung meiner Frau hat inzwischen Formen angenommen, dass sogar unser Ehe…« Cem Tümer schien sich schwer zu tun, gewisse Dinge beim Namen zu nennen.

»Na ja, Sieg oder Niederlage scheinen einen direkten Einfluss auf unser Liebesleben zu haben«, brachte er es endlich auf den Punkt. Ich nickte verständnisvoll mit dem Kopf.

»Aber die Angelegenheit hat noch ganz andere Auswirkungen für mich. Natürlich ist die Werbung gut für die Firma. Aber mit der Zeit entwickelte sich eine Art von Aberglauben in meinem Verhältnis zum Klub. Wenn wir siegten, gingen die Geschäfte gut. Davon war ich überzeugt. Große Aufträge kommen herein, der Umsatz steigt. Und wenn wir verloren, musste ich mit dem Gegenteil rechnen. Inzwischen warte ich jedes Mal ungeduldig auf das Ende der Saison, um endlich Ruhe zu haben.«

»Wie war die letzte Saison?«

»Beschissen, die schlechteste bisher«, sagte Cem Tümer offenherzig. »Einerseits die Wirtschaftskrise, die wir natürlich auch spüren. Andererseits der Verein im Sinkflug. Natürlich versuche ich einen klaren Kopf und die Firma über Wasser zu behalten, auf der anderen Seite mach ich mir fast in die Hose vor Angst, dass wir aus der Liga fliegen.«

»Das würde Ihre Frau auch sehr betrüben.«

»Was heißt hier ›betrüben‹, für sie wär das das Ende der Welt. Und auch ich – ich weiß nicht, aber auch mir kommt es immer so vor, als ob Barbie House Konkurs anmelden muss, wenn der Verein absteigt. Wie ich schon sagte, schönster Aberglaube! Als ob zwei Stunden am Wochenende die Entwicklung der ganzen folgenden Woche bestimmen würden.«

»Und der Verein im Sinkflug.«

»Ja, der Verein im Sinkflug. Unsere Zeit lief ab, die Saison ging dem Ende zu, und wir werden wohl rausfliegen. Der Trainer taugt nichts, die Spieler sind unmotiviert, und wir sitzen jedes Wochenende in Panik da und kauen verzweifelt an unseren Nägeln. Als plötzlich …«

»Als plötzlich?«

»Ja, als plötzlich dieser Journalist auftaucht.«

»Yildirim«, sagte ich.

»Wer ist denn Yildirim?«

Sollte ich mich geirrt haben, fuhr es mir mit einem stechenden Bauchschmerz durch den Kopf.

»Nun, Ihr Journalist, der dicke Reporter. Yildirim Soğanci, so war sein Name.«

»Ja, stimmt«, sagte Cem Tümer und schnalzte mit dem Finger. »Das habe ich gestern aus der Zeitung erfahren, dass er Yildirim hieß. Mir hatte er nämlich einen anderen Namen genannt, als er das erste Mal bei mir anrief.«

Ich wollte beweisen, dass ich den Schlag auf meinen Kopf nicht ganz umsonst eingesteckt hatte. Oder vielleicht mein Ego stützen.

»Dündar Uğurlu?«

»Ja, genau«, sagte Cem Tümer. Er schien nicht überrascht, dass ich den Decknamen des Mannes kannte. Jedenfalls ließ er sich nichts anmerken. »Ein leicht zu merkender Name für alle, die ein bisschen mit den Medien zu tun haben. Vor zwei Wochen hatte der Dicke mich während eines Spiels auf meinem Handy angerufen.«

»Während eines Spiels?«

»Ja«, sagte Cem Tümer. »Wir hatten gerade das zweite Tor kassiert. Noch bevor unsere Jungs ins Mittelfeld zurückgelaufen waren, läutete mein Handy. Gleichzeitig machten sich die paar Fans der gegnerischen Mannschaft über uns lustig und schrien: ›Barbie raus! Barbie raus!‹ Ich war nicht gerade hochgestimmt, als ich den Anruf annahm.«

»Und weiter?« So viel Kreativität hatte ich dem dicken Fotografen gar nicht zugetraut.

»›Machen Sie sich keine Sorgen, für alles gibt's 'ne Lösung‹, sagte jemand, ohne sich vorzustellen. ›Wenn Sie Karasu im letzten Spiel schlagen, können Sie Ihren Tabellenplatz halten.‹ ›Und wie soll das gehen?‹, fragte ich. Der Mann lachte und sagte eine Zeit lang nichts. Ich behielt mein Handy aber am Ohr, während ich das Spiel beobachtete.«

»Und dann?«

»Dann griffen unsere Spieler an«, sagte Cem Tümer aufgeregt, als ob er ein wirklich vor seinen Augen ablaufendes Spiel kommentierte. »Genau vor unserer Tribüne setzte einer von uns zu einem Pass an, doch sein Gegenspieler nahm ihm den Ball ab und schoss ihn nach vorne. In dem Moment begann der Mann am Telefon wieder zu sprechen. ›Stellen Sie sich vor, dass der Typ da vorne den Ball durchlässt‹, sagte er. ›Ich könnte das arrangieren. Und vielleicht auch noch den Torwart ein bisschen bearbeiten‹, witzelte er. Der Kerl schlug mir da in aller Offenheit vor, den linken Verteidiger und den Torwart zu bestechen.«

Meinem Gesprächspartner war inzwischen so heiß geworden, dass ihm sogar mein kalter Tee willkommen gewesen wäre, hätte ich ihm den angeboten.

»Meine Frau saß direkt neben mir«, nahm er jetzt den Faden wieder auf. »Bleich und an ihren Fingernägeln kauend, verfolgte sie das Spiel. Die anderen brüllten immer noch: ›Barbie raus!‹, und ich dachte an die Schecks, die ich am Wochenbeginn schreiben musste. Und da wartete dieser Kerl am Telefon auf Antwort. Ich wusste wirklich nicht mehr, ob ich nun dasaß und mir ein Spiel ansah oder gerade die Hucke vollbekam.«

Mir fiel beim besten Willen nichts ein, womit ich ihm das Weiterreden hätte erleichtern können. Also drückte ich meine Zigarette aus und schwieg. Cem Tümer fand auch allein die Kraft fortzufahren.

»Eine Zeit lang schwiegen wir beide, ich immer noch mit dem Handy am Ohr. Schließlich sagte der Mann: ›Wenn Sie über meinen Vorschlag nachzudenken bereit sind, stehen Sie auf.‹«

»Und Sie sind aufgestanden.«

»Verdammt noch mal, ja, ich bin aufgestanden. Irgendwie schien mir das leichter, als offen am Telefon zu sagen, dass ich dazu bereit wäre.«

Meine Bewunderung für die Kreativität des dicken Fotografen nahm noch zu.

»Der Mann am Telefon sagte dann: ›Ich rufe Sie wieder an. Dündar Uğurlu wird sich freuen, mit Ihnen zusammenzuarbeiten. Warten Sie einfach auf Nachricht von Dündar Uğurlu.‹ Dann legte er auf.«

»Sie haben sich doch sicher umgesehen, während Sie mit dem Mann sprachen«, sagte ich. »Ist Ihnen denn niemand aufgefallen?«

»Nein«, sagte Cem Tümer. Während er energisch den Kopf schüttelte, zeigte die Spitze seines Pferdeschwanzes sich mal rechts, mal links von seinem Nacken. »Natürlich habe ich mich umgesehen. Doch auf der klapprigen Tribüne oder sonst in der Nähe war niemand, der in Frage kam. Ich habe auch den Trick mit der letzten Nummer auf dem Handy probiert, aber die Funktion war ausgeschaltet. So blieb mir nichts anderes übrig als zu warten.«

Hinter uns ertönte eine Frauenstimme. »Cem, kannst du mal einen Moment herkommen?«

Ich drehte mich um. Cem Tümers schöne, fußballbegeisterte Ehehälfte stand in der Tür, mit zwei Badeanzügen in der Hand. Cem Tümer stand auf, ging zu ihr hinüber, und beide verschwanden durch die Tür.

Bis Cem Tümer zurückkehrte, betrachtete ich die traurigen Augen von Humphrey Bogart, der mich aufzufordern schien, noch eine Zigarette zu rauchen.

Dann kam Cem Tümer auch schon zurück, mit zwei Gläsern Tee in der Hand. »Die hab ich dem Jungen vom Tablett stibitzt«, sagte er und stellte ein Glas vor mich hin.

»Ihre Frau hat, wie ich sehe, auch noch für Barbie House Zeit«, sagte ich, als er sich wieder hingesetzt hatte.

»Dass die Ehefrauen der Chefs im Geschäft mitmischen, entspricht in unserer Branche durchaus der Tradition, Selcan ist da keine Ausnahme. Ihr habt euch noch nicht kennen gelernt, oder?«

»Das kommt schon noch«, meinte ich. »Weiß sie Bescheid über diesen Vorschlag mit der Absprache?«

Ich nahm einen Schluck von meinem Tee, der diesmal wirklich frisch gebrüht und heiß war.

»Nach dem ersten Gespräch habe ich ihr nichts gesagt«, antwortete Cem Tümer. »Am nächsten Morgen kam aber schon der zweite Anruf.«

Ich nahm noch einen Schluck Tee, und Cem Tümer beförderte noch ein paar einzelne Haare unter den Tisch.

»Der Mann behauptete, die Sache schon zur Hälfte eingefädelt zu haben. Einen der Spieler hätte er bereits in der Tasche, der andere zierte sich noch ein wenig, aber auch der würde bald Ja sagen. Zur gegenseitigen Absicherung sollte ein Treffen vereinbart werden. Er würde mir wieder Bescheid geben.«

»Hat er eine Summe genannt?«

»Über Geld fiel kein einziges Wort. Ich habe auch nicht gefragt. Ich dachte mir, der wird zu gegebener Zeit schon damit herausrücken. Vielleicht meinte er mit der ›Absicherung‹ ja auch genau das. Nach dem zweiten Anruf habe ich Selcan dann eingeweiht.«

»Wie hat sie reagiert?«

»Sie las gerade die Sportseite in der Zeitung, als ich davon anfing. Sie hörte mir lange stumm zu, schließlich sagte sie nur: ›Fairplay.‹ Nichts als ›Fairplay‹. Sie sagte das so vollkommen ruhig, dass ich erst dachte, sie liest was aus der Zeitung vor. Bis zum Abend der Karasu-Modenschau haben wir das Thema nicht mehr angerührt.«

»Hat der andere noch mal angerufen?«

»Er hat nichts mehr von sich hören lassen. Als ob die Sache geritzt sei. Ich hatte damit gerechnet, dass er sich während des Spiels von voriger Woche noch mal meldet, und bin extra deswegen hingegangen, obwohl ich gar keine Lust dazu hatte. Mit dem Handy immer am Ohr hab ich kaum was mitgekriegt. Ich war hin- und hergerissen zwischen der Hoffnung, dass er nicht anruft, weil die Sache geplatzt war, und dem Wunsch, dass er doch noch von sich hören lässt.«

Cem Tümer nahm jetzt endlich die Hände aus den Haaren und trank seinen Tee aus. Mein Glas war längst leer.

»Am Abend der Modenschau dachte ich überhaupt nicht mehr an die Sache. Ich hatte das völlig vergessen und tat so, als ob ich mich für die vorgeführten beknackten Kleider interessierte.

Irgendwann kam dann jemand zu mir und sagte: ›Schöne Grüße von Dündar Uğurlu.‹ Ich erkannte die Stimme gleich. Das war der Mann, der mich angerufen hatte. Ein dicker Mensch mit kleinen, sehr lebhaften Augen. Und unmöglich angezogen.«

»Hatte er eine Kamera um?«, fragte ich.

»Ja, ein billiges Modell«, sagte Cem Tümer mit befremdetem Kopfschütteln. »Während ich noch überlegte, was ich antworten sollte, sagte er: ›Morgen nach dem Nachmittagstraining sind wir im Café hinter der Moschee von Bebek.‹ Ich sagte, das sei in Ordnung. Er blieb noch eine Weile bei mir stehen und zeigte mit dem Finger auf eines der Models auf dem Laufsteg. ›Die sollen endlich mit den Durchsichtigen anfangen, damit unsere Augen was zum Feiern haben‹, sagte er, als wenn wir uns schon ewig kennen würden. Und dann schnippte er mit einer vertraulichen Geste mit seinen Fingern gegen die Brusttasche meines Anzugs und entfernte sich. Ich blieb ziemlich verdattert zurück.«

Die Haaransammlung unter dem Tisch erhielt noch einmal Zuwachs.

»Sie sind am nächsten Tag aber nicht in das Café in Bebek gegangen. Warum nicht?«

»Nachdem Sie an dem Morgen bei mir weggegangen waren, habe ich mich sofort auf die Zeitungen gestürzt. Auf dem Foto habe ich ihn natürlich erkannt. Dann wird ja wohl nichts aus der Sache, sagte ich mir. Gleichzeitig bekam ich's mit der Angst zu tun, Sie hatten ja erwähnt, dass er sich mit Aysu gestritten hatte. Ich spürte, dass die Sache ernstere Dimensionen annahm. Obwohl ich nicht wusste, was es war, hatte ich ein mulmiges Gefühl. Dazu kam dann noch mein schlechtes Gewissen. Und als das Mädchen verschwand ...«

»... haben Sie mich angerufen.«

»Ja. Und seit heute Morgen habe ich sogar richtig Angst. Ehrlich gesagt ...«

»… möchten Sie so schnell wie möglich Aysu finden und auch ihr ein paar Fragen stellen, nicht wahr?«

Bevor er antwortete, pflügte er lange genug durch seinen Schopf, um für heute die größte Ernte loser Haare einzusammeln.

»Ja, genau das möchte ich.«

»Dummerweise habe ich den Eindruck, dass Aysu nicht sehr geneigt ist, Ihre Fragen zu beantworten.«

Ich blickte mich um, ob nicht etwa seine Frau, der Junge mit dem Teetablett, eins der Vorführmädchen oder sonst jemand vom Filmset hinter mir stand, und sagte:

»Vor allem jetzt, nachdem der dicke Fotograf ermordet wurde.«

16

Cem Tümers Gesichtsausdruck glich dem eines Regisseurs, der nach stundenlangen Aufnahmen erfährt, dass kein Film in der Kamera war. Er war so baff, dass er sogar vergaß, in seine Haare zu greifen.

»Ermordet? In den Zeitungen stand überall Tod durch Infarkt, Herzschlag oder so.«

»Wenn jemand viermal hintereinander mit einer Pistole auf Sie abdrückt, könnten Sie auch einen Infarkt kriegen. Umso mehr, wenn genügend Gründe beständen, Sie aus dem Weg zu schaffen. Ganz zu schweigen von dem hohen Cholesterinspiegel.« Meine Hände vollführten eine Demonstration von Yildirim Soğancis Bauchumfang.

»Woher wollen Sie wissen, dass auf ihn geschossen wurde?«

»Ich hab die Schüsse gehört und gerochen. Deswegen bin ich gestern zu Ihnen gekommen. Genauer, um mit Aysu zu sprechen. Auch wenn ich zu dem Zeitpunkt weder ihren Namen wusste noch eine Ahnung hatte, was ich sie fragen wollte.«

»Das heißt, dass es immer wichtiger wird, Aysu zu finden.«

»Ja, und aus dem gleichen Grund wird Aysus Wunsch, unauffindbar zu bleiben, immer stärker«, fügte ich hinzu.

»Wie wollen Sie vorgehen?«

»Es hat wenig Sinn, jemanden, der freiwillig verschwindet, auf der Straße zu suchen. Entweder macht man jemanden ausfindig, der weiß, wo sie ist, oder man muss die wichtigsten Gründe für ihr Verschwinden eliminieren.«

»Das heißt …?«

»Ich werde jemanden fragen gehen.«

»Heißt das, dass Sie jetzt für mich arbeiten?«

»Ja.«

Er nahm die Hände aus den Haaren und sah mir entschlossen

ins Gesicht, so als ob er nie wieder darin herumwühlen wollte. Dann sagte er: »Und wie soll ich Sie für Ihre Bemühungen entschädigen? Wir haben noch gar kein Honorar ausgemacht.«

»Fairplay«, sagte ich. »Wenn Sie mir erlauben, dass ich Ilhan Karasu Bescheid gebe, dass es am Samstag kein abgekartetes Spiel geben wird, dann sind Sie mir weiter nichts schuldig dafür, dass ich jemandem ein paar Fragen stelle.«

Cem Tümer sagte nichts und sah mich weiter an. Nach einer Weile gegenseitigen Schweigens fragte ich mich, ob er mich wohl verstanden hatte oder ganz und gar geistesabwesend war. Doch dann bewies er, dass er nicht umsonst der erfolgreiche Cem Tümer, Chef der Firma Barbie House, war.

»Und was wären Ihre Forderungen, wenn es darum ginge, wichtige Gründe zu eliminieren?«, fragte er.

»Ich möchte nicht falsch verstanden werden. Ich bin weder Polizist noch Staatsanwalt, Richter oder Geldeintreiber. Bei Angelegenheiten, die in deren Kompetenz fallen, rühre ich keinen Finger. Ich hege jedoch einen schwachen Verdacht, dass bei Aysus Untertauchen ein paar wichtige Gründe mitspielen, die auch die Firma Barbie House direkt angehen.«

»Und Sie könnten die aus der Welt räumen …«, meinte Cem Tümer. Der ernste Gesichtsausdruck des zielstrebigen Geschäftsmannes verließ ihn jetzt nicht mehr.

»Wer weiß. Vielleicht ja. Wenn der Fall eintrifft, können wir uns immer noch über ein Honorar unterhalten.«

»Spricht etwas gegen meine Frage, welcher Art diese wichtigen Gründe sein könnten?«

»Lassen Sie mir ein, zwei Tage Zeit«, entgegnete ich. »Ich möchte den Wagen nicht vor die Pferde spannen.« Ich erhob mich, und auch er stand auf. Sein Pferdeschwanz wippte mit.

»Dann sind wir uns ja einig«, sagte Cem Tümer und streckte mir die Hand hin. »Sagen Sie Ilhan, was Sie wollen.«

»Sie haben ja meine Telefonnummern«, sagte ich, als ich meine Hand zurückzog. »Sollte Aysu Samanci sich entschließen, wieder aufzutauchen, lassen Sie es mich bitte wissen.«

Ich verließ das Aufnahmestudio mit den am Strand eines nicht vorhandenen Meeres herumliegenden Mädchen in knalligen Badeanzügen, mit den riesigen Spots, die sich abmühten, die Sonne zu ersetzen, und den lauten »Aufnahme«- und »Stopp«-Rufen und trat auf die Straße hinaus. Die Geräusche hier, das wilde Gehupe und Gehämmere, die waren lebensecht. Ich marschierte zu meinem Auto, nahm das Telefon und wählte die Nummer von Karasu Textilien.

»Könnte ich bitte mit Ilhan Bey sprechen?«
»Wen darf ich melden?«, fragte das Mädchen.
Ich wusste nicht, wie streng das von Kayahan Karasu verhängte Verbot gehandhabt wurde.
»Ein Fan von Karasu Güneşspor«, sagte ich deshalb mit von Herzen kommendem Grinsen. Ich konnte regelrecht hören, wie es im Gehirn des Mädchens klingelte. Sie senkte plötzlich ihre Stimme, als ob sie heimlich mit ihrem Freund redete.
»Ilhan Bey ist mittags zur Beerdigung gegangen«, sagte sie. »Von dort wollte er gleich ins Stadion.«

Ich legte eine neue Kassette ein und ließ den Motor an. Nachdem ich mehrere eintönige, fast identische Straßen durchfahren hatte, erreichte ich den Büyükdere-Boulevard. Der Verkehr in Maslak war um diese Stunde noch recht zahm. Niemand verfolgte mich. Und auch ich fuhr hinter niemandem her, sondern steuerte mein Auto gemächlich nach Ayazağa. Auf der parallel zum Stadion verlaufenden Straße fand ich einen Parkplatz. Ich trat an die Drahtgitterabsperrung und sah auf den Lehm-Fußballplatz.

Karasu Güneşspor war noch immer beim Nachmittagstraining.

Diesmal hatte die Mannschaft den ganzen Platz zur Verfügung. Die eine Hälfte trug grell leuchtende Windjacken. Ich suchte Ismail. Er gehörte zu der Gruppe mit den Windjacken. Sein Fuß schien in Ordnung. Zafer mit den roten Schuhen stand im gegnerischen Tor. Auf dem obersten Balkon des Mehrzweckgebäudes sah ich ein paar Gestalten.

Dann pfiff der Trainer, um abzubrechen. Er ging zu den um Ismail herumstehenden Spielern herüber, und ich sah, wie er ihnen mit Hand- und Armbewegungen etwas erklärte. Die Jungs hörten mit gebeugten Köpfen zu. Ich ging den Maschendrahtzaun entlang zu dem schmaleren Ende des Stadions hinüber. Auf dem freien Platz hinter der Mauer waren in mehreren Reihen Personen- und zwei Lieferwagen abgestellt. Kein schwarzer Şahin. Aber ein vierschrötiger, dunkelblauer Mercedes. Der musste Ilhan Karasu gehören.

Ich passierte die Drehsperre vor dem blechernen Eingangshäuschen, die aber schon längst nicht mehr aussperrte, sondern als Karussell für die Kinder der Nachbarschaft funktionierte, und betrat das Stadion. Als ich unter den leeren Tribünen vorbeiging, hörte ich vom Spielfeld her Stimmen. Die Tür in dem hohen, das Spielfeld und die Spieler vor unbefugten Menschen und ungeeigneten Gegenständen schützenden Drahtzaun stand offen, und es war niemand da, mir den Eintritt zu verwehren. Ohne auch nur eine Sekunde zu zögern, betrat ich das vor mir liegende Gebäude durch die Türe, über der UMKLEIDEKABINEN geschrieben stand.

Nach ein paar Schritten in dem nur durch das kleine Mattglasfensterchen über der Eingangstür schwach erhellten und stark nach Lasonil riechenden Korridor stellte ich fest, dass zu beiden Seiten Gänge abzweigten. Ich entschied mich zunächst für den rechten, dunkleren der beiden Flure. Den Lichtschalter wollte ich lieber nicht betätigen. Aber auch so konnte ich auf der ersten Tür das Metallschildchen SCHIEDSRICHTERRAUM erkennen, doch diese Herren interessierten mich im Moment nicht. Da war die zweite Tür, nämlich der UMKLEIDERAUM I, mehr nach meinem Geschmack, entdeckte ich dort doch einen unter dem Metallschild angebrachten Computerausdruck mit der Überschrift KARASU GÜNEŞSPOR. Keine dreißig Sekunden widerstand das Schloss meinem treuen Lissabonner Dietrich.

Der Lasonilgeruch wurde erheblich stärker, als ich die Tür sorgfältig hinter mir zugemacht hatte. Ich stand jetzt in der kleinen Kabine mit Spinden. Zwei vorhanglose Fenster im oberen Teil der freien Wand ließen etwas Licht herein. Zu beiden Seiten der Tür und unter dem Fenster verlief eine hölzerne Sitzbank. An den darüber angebrachten Haken hingen ein paar Hosen und Hemden. Neben den Sporttaschen standen Schuhe mit hineingestopften Strümpfen auf dem Boden herum.

Meine Augen blieben an einer schwarzen Tafel vor der den Schränken gegenüberliegenden Wand hängen, auf der mit Kreide geschrieben stand: »Du wirst uns sehr fehlen, Muharrem.«

Ich ging zu den Spinden hinüber. Zwanzig waren es den darauf angebrachten Nummern zufolge. Ich holte den kleinen Schlüssel hervor, den ich dem so schrecklich verstümmelten Fruchtbarkeitsidol-Schlüsselanhänger von Yildirim Soğancı entnommen hatte. Er sah ganz so aus, als ob er in einen dieser Spinde passen könnte. Ich fing also unten in der Ecke beim Schrank Nummer zwanzig an und wusste, dass ich nicht allzu viel Zeit hatte.

Nummer zwanzig war es jedenfalls nicht, und auch die neunzehn widerstand meinem kleinen Schlüssel. Jetzt durfte niemand kommen. Auch die achtzehn wollte nicht aufgehen. Nummer siebzehn war nicht abgeschlossen. Es war aber nichts drin außer einer offensichtlich schon länger nicht mehr benutzten Bandage.

In Nummer sechzehn jedoch drehte sich das Schlüsselchen wie frisch geschmiert. Die Tür sprang weit auf, um die darin gehorteten Schätze vor meinen Augen auszubreiten. Jeder weiß, dass in unserer heutigen Zeit Wissen der größte Schatz ist. Da lag er also, mein Schatz, in einer durchsichtigen Schachtel: eine CD.

Ich steckte sie in die Tasche, verschloss den Schrank wieder und steckte auch den Schlüssel ein.

Durch die Oberlichter drangen immer noch die Stimmen vom Spielfeld. Ich fühlte mich jetzt viel besser. Trotzdem hielt ich es für ratsam, das Ohr an die Tür zu legen, bevor ich öffnete. Nichts war zu hören. Ich trat vorsichtig hinaus, nahm mir aber nicht die Zeit, hinter mir abzuschließen.

Draußen blendete mich das helle Sonnenlicht. Dennoch ging ich entschlossenen Schrittes an der Gitterzaun-Tür vorbei zum hinteren Teil. Ich steckte mir eine Zigarette an. Bei der nach oben führenden Treppe spürte ich allerdings eine gewisse Anspannung. Ich erklomm langsam die Stufen, während ich die CD in meiner Tasche berührte.

Bis auf einen Besucher, der an einem der hinteren Tische saß und Zeitung las, war das Lokal menschenleer. Sogar in der Kaffeeküche war niemand zugegen. Die zu den Balkonen für die Ehrengäste und die dazugehörigen Damen führende Tür war zu. Ich benutzte die Treppe hinter der Kaffeeküche, um noch einen Stock höher zu steigen. Die Tür am Ende dieser Treppe führte zunächst auf eine Terrasse. Dort hatte man nachträglich ein schäbiges Zimmer abgeteilt, über dessen Tür ein Schild hing, das gut zu einem unserer traditionellen Barbierläden gepasst hätte. DIREKTION stand drauf. Neben der Tür hatte sich ein wuchtiger Kerl aufgebaut. Er war etwas größer als ich und trug einen korrekten Anzug.

Unbekümmert ging ich auf die Tür zu. Als der Klotz begriff, was ich vorhatte, machte er einen Schritt seitwärts und stellte sich in voller Breite vor mich.

»Ich habe mit Ilhan zu sprechen«, sagte ich in gebieterischem Ton.

»Verboten«, sagte der Typ und legte die Hände vor dem Bauch übereinander.

»Vielleicht solltest du drinnen Bescheid geben«, sagte ich. »Es ist wichtig.«

»Verboten.« Mehr konnte der Kerl anscheinend nicht sagen.

»Arbeitest du für Ilhan Bey oder für Kayahan?«

Mit unbewegter Miene blickte er auf einen Punkt irgendwo hinter mir.

Ich trat meine Zigarette aus und beförderte sie mit einem Fußtritt die Treppe hinunter. Dann krempelte ich die Ärmel hoch.

»Dann müssen wohl die Fäuste entscheiden«, sagte ich, wobei ich mein Gewicht schon mal auf mein vorgestelltes rechtes Bein verlagerte.

Der Ausdruck äußerster Verwunderung auf dem Gesicht des Kerls war ihm wohl selbst kaum bewusst.

»Wir können ja wetten, wenn du willst«, sagte ich jetzt. »Wenn du gewinnst, geh ich meiner Wege. Wenn ich dich schlage, gilt das Verbot als aufgehoben. Einverstanden?«

Er entblößte gelbe Zähne und lachte.

»Oder ich mache Ernst, gehe jetzt durch die Tür, und du versuchst, mich daran zu hindern. Bei der Prügelei, die dann kommt, kann alles Mögliche passieren. Zum Beispiel fällt einer von uns die Treppe hinunter. Auf jeden Fall entsteht Lärm, der ruft deinen Arbeitgeber herbei. Und wenn wir dann alle bei der Polizei landen, steht noch lange nicht fest, für wen das schlimmer ist.«

Plötzlich wurde er ernst. Er begann, mich ein wenig anders einzuschätzen.

»Herauszufinden, wer von uns der Stärkere ist, nützt im Grunde weder dir noch mir«, fügte ich hinzu. »Ganz gleich, wer siegt, du kriegst Ärger, nicht ich.«

Ich entnahm seinen Blicken, dass er durchaus geneigt war, eine dritte Variante anzuhören.

»Am besten«, sagte ich deshalb, »gehe ich jetzt zu der Türe da vorne. Und du bist eben gerade in dem Moment zur Toilette gegangen. Im unteren Stock, wohlgemerkt.« Ich zeigte mit dem Kinn auf die Treppe und erklärte: »Gleich links, wenn du unten bist.«

Bevor er weiter nachdenken konnte, machte ich den ersten Schritt auf die Tür zu. Er rührte sich nicht. Beim zweiten Schritt hatte ich die Hand auf der Klinke. Keine Reaktion. Mit dem dritten Schritt ging ich durch die Tür und zog sie hinter mir zu. Ich durchmaß schnell das winzige Direktionszimmer und trat auf den Balkon hinaus.

Dort traf ich auf den lachenden Ilhan Karasu und seinen in höchstem Maße erstaunten Sohn.

»Hallo«, sagte ich zu den beiden.

Und zu Kayahan Karasu gewandt: »Ihr Mann ist gerade mal ausgetreten, er kommt gleich wieder.«

Kayahan Karasu stand wütend auf und verließ den Balkon, wobei er die Tür zuschlug. Ich setzte mich auf seinen frei gewordenen Stuhl.

»Der muss wohl auch pinkeln«, sagte Ilhan Karasu.

»Ich habe Sie in der Firma angerufen«, sagte ich. »Deswegen weiß ich, dass Sie hier sind.«

Ilhan Karasu blickte auf das Spielfeld hinunter. Die Spieler schien er gar nicht zu sehen. Das Kirk-Douglas-Grübchen an seinem Kinn war noch markanter hervorgetreten.

»Ich sehe, du hast deine Eintrittskarte noch nicht zerrissen.«

Ich ersparte mir eine längere Einleitung – man konnte ja nicht wissen, wie lange wir noch allein waren – und sagte: »Wegen Samstag können Sie beruhigt sein. Es wird ein sauberes Spiel.«

»Bist du ganz sicher?« Er sah immer noch auf das Spielfeld hinunter, ohne etwas wahrzunehmen.

»Hundertprozentig«, versicherte ich ihm. »Und wenn Sie

nichts dagegen haben, wäre ich gern dabei, um mir das anzusehen.«

Ilhan Karasu nickte.

»Kayahan ist ordentlich wütend auf dich«, sagte er, immer noch leicht geistesabwesend. »Wieso eigentlich?«

»Ich habe in Dilek Hanims Haus etwas gesehen, was dort nicht hingehörte«, sagte ich. »Und das, laut Dilek Hanim, Ihr Sohn höchstpersönlich dorthin gebracht haben soll.«

»Und das hat mit dem ›Angriff unterhalb der Gürtellinie‹ zu tun?«

»Ich denke schon«, sagte ich und berührte die Schachtel in meiner Jackentasche.

Er seufzte. Er hatte seinen Blick wieder auf das Spielfeld gewandt. Ich war sicher, dass er die dort schwitzenden Jungs nicht sah.

»Das Leben ist doch bizarr!«

»Ja, ist es«, stimmte ich bei.

»Heute war ich bei der Beerdigung eines jungen Menschen«, sagte Ilhan Karasu. »Das macht mich fertig, wenn junge Leute sterben. Vor allem so.«

Ich schwieg und blickte auch aufs Spielfeld.

»Tu, was du kannst.« Ich brauchte ihn nicht zu fragen, wozu er mich aufforderte. Zwei Tränen erklärten genug.

Ich stand auf. Weil mir nichts anderes einfiel, legte ich ihm die Hand auf die Schulter und sagte:

»Leben Sie wohl, bis bald.«

Kayahan Karasu saß mit dem Handy in der Hand an dem Schreibtisch des kleinen Direktionszimmers, das für mich immer noch aussah wie die Amtsstube eines Dorfvorstehers. Mit leisen Bip-Bip-Tönen spazierte er durch das Menü. Er sah mich kurz an, als ich zur Tür hereintrat, sagte aber nichts.

»Ich war Ihrem Vater noch etwas schuldig. Das habe ich jetzt in Ordnung gebracht.«

Er sagte immer noch nichts. Ich ging langsam auf die andere Tür zu, die auf die Terrasse hinausführte.

»Remzi Bey!« Ich drehte mich um.

»Ich möchte mich entschuldigen für gestern Abend. Ich war ziemlich gestresst.«

»Das macht doch nichts. Passiert uns allen mal.«

»Ich habe überhaupt nichts gegen Sie«, sagte Kayahan Karasu. Das Handy hatte er auf den Tisch gelegt. »Das Wichtigste ist, dass mein Vater sich nicht grämt.«

Diesmal sagte ich nichts.

»Er hält große Stücke auf Dilek. Wenn er erfährt, dass sie Muster von Aysu haben wollte, um sie zu uns herüberzuziehen, wird er bestimmt sehr zornig. Er würde es nie gestatten, dass wir seinem früheren Partner eine Mitarbeiterin ausspannen.«

Das hörte sich gut an.

»Und Sie selbst, würden Sie das zulassen?«

»Ich denke da anders als mein Vater. Ich habe zwar auch gehört, dass diese Aysu sehr begabt sei, aber ich kenne sie nicht weiter. Wenn ich aber weiß, dass sie für uns von Nutzen sein kann, würde ich mich sicher nicht um Cem Tümers Gefühle kümmern.«

»Ob Aysu für Sie von Nutzen ist oder nicht, kann ich nicht beurteilen«, sagte ich. »Aber wenn Sie tatsächlich daran denken, die junge Frau herüberzuholen, dann müssten Sie sie erst mal finden.«

Er sah mich fragend an.

»Sie ist seit zwei Tagen verschwunden«, erklärte ich.

Mit einer Handbewegung schien er zu sagen: Na und?

»Diese Kreativen sind doch alle ein bisschen verrückt«, meinte er. »Man weiß nie, was sie als Nächstes anstellen. Sie hat sich vielleicht nur ein bisschen geärgert und wird schon wieder auftauchen. Vielleicht will sie auch nur beweisen, wie wichtig sie ist.«

»Hoffen wir, dass es so ist. Cem Tümer jedenfalls ist besorgt.«

»Er sollte vielleicht ihren Freund fragen«, sagte Kayahan Karasu, der das Handy wieder in der Hand hatte und mit neuen Bip-Bip-Tönen durch das Menü jagte.

Ich durfte das Gespräch als beendet betrachten.

»Auf Wiedersehen. Vielleicht sehen wir uns ja am Samstag, wenn Sie auch zum Spiel kommen.«

»Vielleicht.«

Ich verließ das Dorfvorsteher-Zimmer. Als der Türsteher mich sah, nahm er Haltung an. Mit zwei Fingern der rechten Hand machte ich ein V.

Ich wollte jetzt schnell die CD ansehen, die mir noch wichtiger schien als die Arbeitsmuster von Aysu Samanci.

17

Um herauszufinden, was auf einer Computer-CD enthalten ist, braucht man nun einmal einen Computer. Mein eigener, mit dem ich zuhause meine Cessna Skylane RG flog, erschien mir der verlässlichste. Als ich auf dem Weg nach draußen an der Kaffeeküche vorbeikam, nickte ich dem jungen Mann zu, der dort die Gläser abtrocknete, und sagte:

»Ismail ist wieder in Ordnung.«

»Sag ich doch, Meister«, gab der Mann zurück. »Willst du nicht doch was trinken?« Seine Überzeugung, dass es sich bei mir um einen Talentjäger handelte, war jetzt vollends gefestigt.

Zu Hause parkte ich direkt vor der Haustür. Unser Hausverwalter stand auf einer Klappleiter und ersetzte eine Birne der Treppenhausbeleuchtung.

»Gutes Gelingen«, sagte ich artig.

»Danke, Remzi Bey. Wenn man nicht alles selber macht!«

Ich setzte ein wohlerzogenes Hausmitbewohnerlächeln auf und versuchte, mich an der Leiter vorbeizudrücken. Weit kam ich nicht.

»Wie, um Himmels willen, haben Sie gestern abend den Scheck gefunden? Meine Frau und ich haben uns die ganze Nacht den Kopf darüber zerbrochen.«

»Vielleicht sollten Sie nicht so viele Krimis lesen. Echte Lebenshilfe bieten die nicht.«

Damit stürmte ich die Treppe hoch, bevor er wieder den Mund auftun konnte.

Auf meinem Anrufbeantworter war eine einzige Nachricht. Ich ging direkt zu meinem PC. Mein Flugzeug war an irgendeinem nordamerikanischen Ort, von dem ich weder die Längen- noch die Breitengrade kannte, abgestürzt. Dann aber hatten

Zauberhände die Bruchstücke aufgesammelt, wieder zusammengesetzt und alles auf die einzige Piste von Meigs Island gebracht. Dort wartete es geduldig auf mich, vorausgesetzt, es gab keinen Stromausfall. Oder eine andere CD, die wichtiger war.

Ich nahm also die CD mit dem Flugsimulator heraus und ersetzte sie durch die aus dem Schrank Nummer sechzehn. Dann machte ich es mir auf meinem Sessel bequem und starrte erwartungsfroh auf den Monitor.

Der blieb leer.

Ich fluchte laut. Ich nahm die CD noch einmal heraus und legte sie wieder ein. Mein PC blieb stur.

Diesmal waren meine Flüche gezielt und galten Bill Gates und Steve Jobs gleichzeitig.

Der für mich am leichtesten erreichbare Macintosh stand im Grafikatelier der Werbeagentur meines Freundes. Ich sah auf die Uhr. Wenn ich ihn dort erwischte, könnten wir sogar zusammen zum Aikidotraining gehen, nachdem ich die CD angeschaut hatte.

Doch als mir seine neugierigen Blicke in den Sinn kamen, wie sie über meine Schulter hinweg auf den Bildschirm gerichtet waren, verwarf ich die Idee sofort.

Mal sehen, ob Cem Tümers Handy antwortete. Es läutete mehrere Male, dann wurde endlich abgenommen, und Frau Selcan Tümer sagte: »Hallo.«

»Guten Tag, hier spricht Remzi Ünal. Könnte ich bitte mit Cem Bey sprechen?«

»Einen Moment«, sagte Selcan Tümer. Ich musste eine Zeit lang warten. »Eines unserer Models hat gerade eine Nervenkrise, und mein Mann versucht, die Frau zu beruhigen. Ich habe ihm ein Zeichen gegeben, er kommt so bald wie möglich rüber.«

»Sie sind immer noch bei den Aufnahmen?«

»Ja. Und es sieht nicht danach aus, dass wir bis Mitternacht fertig werden.«

Sie zögerte ein wenig, bevor sie fortfuhr: »Ich habe leider nicht mit Ihnen reden können, als Sie vorhin da waren. Dabei hätte ich Sie gerne kennen gelernt.«

Die Gelegenheit wollte ich nicht verpassen. »Das können wir am Samstag nachholen«, sagte ich deshalb.

»Kommen Sie auch zum Spiel?«

»Wäre unverzeihlich, das Spiel zu verpassen.«

»Für welche Mannschaft drücken Sie die Daumen?«

»Bei so wichtigen Spielen hat man mehr davon, wenn man neutral an die Sache herangeht«, sagte ich. »Ich werde sowieso mehr auf die Zuschauer achten als auf das Spiel.«

»Interessante Taktik. Da kommt auch schon Cem, hier haben Sie ihn.«

Cem Tümers Stimme klang müde. »Bitte«, sagte er nur.

»Cem Bey, hier Remzi Ünal«, sagte ich. »Tut mir Leid, wenn ich störe.«

»Ach woher«, sagte er.

»Ich muss Ihre Hilfe beanspruchen. Könnte ich für eine kurze Zeit einen der Macs in Ihrem Büro benutzen?«

»Jetzt gleich?«

»Nach Möglichkeit, ja.«

»Meine Angestellten gehen gerade nach Hause. Wenn's wirklich wichtig ist, geb ich Bescheid, dass jemand dort bleibt und auf Sie wartet.«

»Ich denke schon, dass es wichtig ist«, sagte ich zu ihm. Und zu mir: Inschallah.

»Hat es was mit unserer Sache zu tun?«

»Ich kriege auf meinem PC eine CD nicht auf, die ich an einem Ort gefunden habe, wo sie nichts zu suchen hat.«

»Ach so. Lassen Sie mir eine Minute Zeit. Ich rufe in der Firma an und gebe Ihnen dann Bescheid.«

»Ich bin zuhause«, sagte ich.

Ich legte auf und hörte die Nachricht auf dem Beantworter ab. Ich hatte mich nicht getäuscht. Sobald ich die eigenartig nervöse weibliche Stimme erkannte, löschte ich den Anruf.

Ich ging zum Fenster hinüber und schaute nach draußen. Ich hatte gerade die Fernbedienung meines Fernsehers in die Hand genommen, als das Telefon läutete.

»Remzi Bey? Ich habe Mine eben noch erreicht. Ich habe Sie angemeldet. Sie erwartet Sie dort. Mine gehört zu den Kolleginnen, die enger mit Aysu befreundet sind. Sie wird Ihnen helfen.«

»Vielen Dank.«

»Rufen Sie mich an, wenn etwas Interessantes dabei herauskommt.«

»Wird gemacht. Wie laufen die Aufnahmen?«

»O je«, sagte Cem Tümer. »O je!«

Barbie House machte tatsächlich einen verlassenen Eindruck. Am Empfangstisch saß statt eines freundlich lächelnden Mädchens ein schnurrbärtiger Kerl. Er unterhielt sich mit einer jungen Frau, die in einem Besuchersessel saß, sich aber sofort erhob, als sie mich hereinkommen sah.

»Remzi Bey?« Sie streckte mir ihre Hand entgegen.

»Mine Hanim?«

Die eng mit Aysu Samanci befreundete Kollegin war etwas kurz geraten. Sie trug Blue Jeans und eine ärmellose weiße Bluse. Eine übergroße Schnalle zierte ihren Gürtel. In ihren kurz geschnittenen Haaren leuchtete eine violette Strähne.

»Bitte, kommen Sie doch. Cem Bey erwähnte eine CD.«

»Ja«, sagte ich. »Und Sie verstehen was davon, hat er gesagt.«

Mine Hanim nahm die Schachtel mit der CD und prüfte sie

gewissenhaft, als ob die glatte Oberfläche etwas über den Inhalt verriet.

»Den ganzen lieben langen Tag haben wir damit zu tun«, sagte sie. »Ich kann mir gar nicht mehr vorstellen, wie man unsere Arbeit ohne Computer machen kann.«

»Sie arbeiten mit Aysu Hanim zusammen?«

Ihr Gesicht nahm einen bedrückten Ausdruck an.

»Augenblicklich kann man das wohl nicht. Seit zwei Tagen ist sie nicht zur Arbeit erschienen.«

Wir betraten einen vollgestopften Raum. Mine machte Licht. Auf zwei sich gegenüber stehenden Tischen standen je ein Rechner und ein Monitor. Alles dazwischen war mit Papier überhäuft. Die bis an die Decke reichenden Regale bogen sich unter Zeitschriften und übereinander gestapelten großen Bildbänden. An den Pin-Wänden hingen unzählige Zettel übereinander, sodass die meisten Notizen gar nicht mehr zu lesen waren. Sogar auf dem Boden lagen lose verstreute Blätter herum und überall kleine Schnipsel von Stoffmustern. Alle nur denkbaren Farben strahlten von den Entwürfen. Keiner vernünftigen Frau wäre es im Traum eingefallen, so etwas anzuziehen.

»Entschuldigen Sie die Unordnung«, sagte Mine und stellte ihre Tasche neben den Computer auf dem rechten Tisch.

»Wer trägt denn so etwas?«, fragte ich und nahm vom rechten Tisch ein Blatt. Das Kleid auf der Skizze fiel in so reichen Falten, dass der Stoff ohne weiteres für ein kleineres Zelt gereicht hätte.

»Niemand. Aysu und ich, wir arbeiten eher an futuristischen Projekten. Dabei kommen uns manchmal auch Ideen für durchaus tragbare Kleider.«

»Und was passiert mit so einer Idee?«

»Es wird eine Kollektion um das jeweilige Thema herum gebastelt«, sagte Mine. Sie hatte sich vor den linken Tisch gesetzt und drückte einen Knopf, um den Rechner zu starten.

»Arbeitet Aysu Hanim auch in diesem Büro?«

»Das hier ist ihr Computer«, sagte Mine und schob die CD in das Laufwerk.

Ich fand die Idee, ein paar Minuten an Aysu Samancis Schreibtisch zu verbringen, ganz spannend. Mehr noch interessierte mich allerdings die CD. Ich rollte den Bürostuhl vom gegenüberliegenden Tisch herbei, schob ihn neben den von Mine und setzte mich.

Neben den vielen Icons war jetzt ein neues aufgetaucht. Wir sahen uns bedeutungsvoll an. Eine rote Teufelsfratze, unter der in winzigen Buchstaben »Zodiac« stand.

Während ich noch überlegte, wie ich Mine am besten los wurde, hatte sie schon gehandelt und das Icon angeklickt.

Wortlos starrten wir auf Aysus Bildschirm. Dort geschah erst einmal gar nichts. Dann erschien ein großes Fenster, auf dessen oberer Leiste wieder »Zodiac« stand. Stumm und angespannt warteten wir.

Das große Fenster blieb völlig leer.

»Das darf nicht wahr sein!«, rief Mine. »Die CD ist leer!«

Sie nahm die CD aus dem Laufwerk und wiederholte den ganzen Vorgang, genau wie ich es bei meinem PC gemacht hatte. Zum Unterschied zu mir fluchte sie nicht.

Ich stieß mich ab und rollte mich rückwärts. Mine trommelte nervös mit den Fingern auf die Tischplatte.

»Darf ich hier rauchen?«

»Wir rauchen hier eigentlich nicht, aber jetzt macht das sicher nichts«, sagte sie, ohne den Blick vom Monitor zu nehmen.

»Ich bin fest überzeugt, dass da was drauf ist«, sagte ich. »Da hat sicher jemand was eingebaut. Ein Passwort oder so.«

»Es gibt keinen Dialog für ein Passwort«, erwiderte Mine. »Es muss etwas anderes sein. Ich bin aber nicht gut genug, um das herauszufinden. Wenn Aysu da wäre ...«

Mine tobte jetzt durch die Menüs. Der Rechner summte und knackte, unterbrochen von kurzen Pausen, nach denen er seine Suche wieder fortsetzte und der jungen Frau Fragen stellte, welche diese beantwortete, indem sie in die auf dem Monitor erscheinenden Kästchen klickte. Ich beschloss, das alles der Fachfrau zu überlassen, und lehnte mich zurück. Erst fischte ich aber noch ein Blatt Papier aus dem Abfallkorb unter dem Schreibtisch und faltete es mir zu einem behelfsmäßigen Aschenbecher.

Mine setzte ihre Bemühungen fort, bis ich meine Zigarette aufgeraucht hatte. Als ich den Papiersarg mit der Kippe wieder in den Abfallkorb zurückbefördert hatte, lehnte auch sie sich resigniert zurück.

»Nichts zu machen«, sagte sie. »Entweder ist die CD wirklich leer, oder ich kann den Inhalt nicht finden. Wenn Aysu hier wäre, die könnte sie sicher aufmachen.«

Nervös schloss sie alle geöffneten Fenster. Dann zog sie »Zodiac« in den Papierkorb auf dem Bildschirm. Worauf das CD-Laufwerk ächzte und meine Leihgabe wieder herausrückte.

»Tut mir Leid. Ich hab's nicht geschafft.«

»Machen Sie sich nichts draus«, erwiderte ich. »Wir haben trotzdem etwas erfahren.«

»Was denn?« Mine verzog zweifelnd die Mundwinkel.

Ich legte die CD in die Hülle zurück.

»Wir wissen jetzt, dass die CD entweder wirklich leer ist, oder dass jemand den Eindruck erwecken will, dass da nichts drauf ist.«

»Was machen wir jetzt?«, fragte sie. »Soll ich den Mac abstellen?«

»Nein, lassen Sie«, sagte ich schnell. »Wenn Sie nichts dagegen haben, würde ich es auch gern mal versuchen.«

Sie rollte ihren Bürostuhl nach hinten und stand vom Schreibtisch auf.

»Wenn Sie meinen ...«, sagte sie. »Aber kann ich jetzt gehen?«

»Natürlich«, sagte ich und bemühte mich, meine Freude nicht allzu deutlich werden zu lassen. »Ich habe Ihnen genug von Ihrem Feierabend gestohlen. Vielen Dank.« Ich stand auf und streckte meine Hand aus.

»Ich hab Ihnen ja nicht gerade viel genutzt.« Ihre Hand war verschwitzt. In der Tür drehte sie sich noch einmal um und sagte: »Ich gebe Mustafa Bescheid, dass er auf Sie wartet und hinter Ihnen abschließt. Und vergessen Sie nicht, den Rechner abzustellen. Er hat nämlich Angst, die Geräte anzufassen.«

»Geht in Ordnung.«

Ich steckte mir noch eine Zigarette an und blickte auf den Bildschirm von Aysu Samancis Mac. Unter allen dort aufgereihten Icons kannte ich nur »Games«. Aber ich wollte lieber ein anderes Spiel spielen. Zunächst untersuchte ich die Oberfläche des realen Schreibtisches und arbeitete mich systematisch von links nach rechts vor. Ich drehte alle übereinander liegenden Blätter um. Dann leerte ich sämtliche Schreib- und Zeichenstifte auf dem Schreibtisch aus und untersuchte den Boden des Behältnisses, in dem sie ordentlich gelegen hatten. Den Terminkalender, der mit der aktuellen Aprilwoche aufgeschlagen dalag, blätterte ich gewissenhaft von vorn bis hinten durch. Zusammengeknüllte Blätter strich ich glatt, um ihren Inhalt zu studieren. Dann sah ich auch unter dem Bildschirm nach.

Als ich meine zweite Zigarette beendet und auch den zweiten Papieraschenbecher in den Papierkorb geleert hatte, war ich bereit, zu schwören, dass sich auf Aysu Samancis Schreibtisch nichts befand, das irgendeinen Hinweis darauf hätte geben können, warum sie verschwunden war oder wo sie sich aufhielt.

Der Gedanke an Mustafa, der sich da unten sicher langweilte und jeden Augenblick auftauchen und mich bei meiner Arbeit stören konnte, spornte mich zur Eile an.

Die erste der drei Schreibtischschubladen hatte ein Schloss, war aber nicht abgeschlossen. Sie war bis zum Rand voll gestopft mit Kreditkartenauszügen und Telefonrechnungen. Ich fischte in dem Papierhaufen herum. Aber außer nicht besonders interessanten Auskünften darüber, wo und wofür Aysu Samanci in den letzten beiden Jahren ihr Gehalt ausgegeben hatte, war nichts zu holen.

Die zweite Schublade enthielt ausländische Modezeitschriften. Wertvoll genug anscheinend, um hier, dem Zugriff aller entzogen, untergebracht zu werden. Ich nahm sie hoch und schüttelte die Seiten einzeln aus. Außer ein paar Abonnementcoupons fiel nichts heraus.

Die letzte Schublade diente als Sammellager für alle möglichen Büro- und Schreibartikel. Noch nicht angefangene Notizblöcke, dreifarbige Post-it-Stapel, eine Heftmaschine mit Stahlklammern, acht durch häufiges Spitzen auf die Länge eines kleinen Fingers geschrumpfte Bleistifte, eine zur Hälfte in der Schublade verstreute Schachtel Büroklammern, rosa und gelb verzierte Briefumschläge, ein Bleistiftspitzer in Form einer Mickymaus. Drei Haarspangen. Und ganz unten ein zusammengeknüllter kleiner Büstenhalter.

Ich steckte die Schachtel mit der CD ein und bereitete meinen Abgang vor. Da fiel mir eine andere Schublade ein.

Die Schublade eines Militärs im Ruhestand.

Die Schublade unseres Hausverwalters.

Die Schublade in der Kommode, in der unser Hausverwalter den Scheck nicht hatte wiederfinden können.

Ich zog also die obere Schublade von Aysu Samancis Schreibtisch noch einmal heraus. Ein Stück Papier konnte leicht nach hinten rutschen und zwischen die untere Schublade und die Schreibtischrückwand gleiten.

Diesmal nahm ich alle drei Schubladen heraus. Aber in dem

Zwischenraum hinter der untersten fand ich nichts außer einer uralten vergilbten Busfahrkarte.

Enttäuscht, doch unverdrossen nahm ich mir die mittlere Schublade vor. Bingo! Der Hauptgewinn war in Form einer Glückwunschkarte mit Scotch-Tape an ihrer Hinterseite angebracht.

Vorsichtig löste ich die Glückwunschkarte aus ihrem Versteck. Ich steckte sie schnell in die Tasche und räumte erst einmal die Schubladen wieder ein. Schließlich wollte ich nicht von Mustafa vor geöffneten Schubladen überrascht werden. Dann setzte ich mich noch einmal bequem hin.

Auf dem Umschlag war anstelle einer Adresse ein großer lippenstiftroter Kussmund. Mal sehen ...

Auf der linken Seite der Faltkarte stand in grober Männerhandschrift:

»Meine Liebste A. ...
Der heutige Tag soll ein ganz besonderer Geburtstag für Dich werden.
Die Schlüssel sollen Dir nicht nur die Tür zu einer Wohnung, sondern auch die zu meinem Herzen öffnen.
Ich erwarte Dich um acht Uhr.«

Keine Unterschrift. Auf dem Klebeband waren zwei Kreise zu sehen, Spuren der Schlüsselringe.

Ich drehte die Karte um. Da hatte sich jemand bemüht und doch nur eine stümperhafte Skizze zustande gebracht. Ein großes Viereck sollte das Amerikanische Krankenhaus darstellen. Zwei Straßen waren dort eingezeichnet, eine mit Namen: die Dr.-Orhan-Ersek-Straße. In deren Mitte ein Kästchen mit einem Kreuz darin. Und daneben eine durch einen Schrägstrich zweigeteilte Hausnummer.

Unter der Skizze stand noch eine Notiz:

»Ich weiß, dass die Karte Dir nicht gefallen wird. Aber ich konnte keine schönere finden. Gegen unsere Wohnung wirst Du aber sicher nichts einzuwenden haben.«

Ich stand auf und verstaute die Karte neben der CD in meiner Jackentasche.

Da erschien plötzlich Mine ganz aufgeregt in der Tür und sagte:

»Ich habe meine Tasche hier vergessen.«

Sie rannte auf den Tisch zu, als ob sie ihre Tasche im Taxi und nicht im Büro stehen gelassen hätte.

»Ich war schon an der Haltestelle«, sagte sie.

»Ich wollte auch gerade gehen«, sagte ich. »Damit Ihre Vergesslichkeit nicht ganz umsonst war, kann ich Sie ja mitnehmen.« Dabei fuhrwerkte ich mit dem Pfeil in der oberen Leiste des Bildschirms herum, um den Rechner abzustellen.

»Das wäre toll. Ich bin spät dran. Haben Sie was gefunden?« Gleichzeitig nahm sie mir die Maus aus der Hand und erteilte dem Computer den Befehl, den ich nicht gefunden hatte.

»Nein«, log ich. »Wie Sie sehen, verstehe ich nicht viel von den Dingern.«

»Dabei sind die Macs ganz leicht zu bedienen.«

Sie machte das Licht aus und zog die Tür zu. Wir fanden den Mann an der Rezeption kurz vor dem Einschlafen. Er freute sich aufrichtig, uns zu sehen.

»Wir sind fertig, Mustafa«, sagte Mine. »Du kannst jetzt abschließen.«

»Schönen guten Abend, Mine Hanim«, sagte Mustafa.

Wir verließen das Gebäude durch den Haupteingang. Es war schon recht dunkel draußen.

Im Auto seufzte Mine und sagte, halb zu sich und halb zu mir: »Wo kann das Mädel nur stecken?«

»Wenn es erwachsen wird, wird es schon wieder auftauchen«, sagte ich nur zu mir und ließ den Motor an.

18

Mine war kein idealer Kopilot. Während der ganzen Fahrt schaute sie stumm vor sich hin und hing ihren Gedanken nach. Ich ließ sie in Ruhe. Es ging mir zwar kurz durch den Kopf, sie nach dem Datum von Aysu Samancis Geburtstag zu fragen, aber ich ließ es lieber. Vielleicht hatte ich Angst, dass die »geliebte A.« sich als Ayşe Soundso entpuppte, die vor drei Jahren den gleichen Schreibtisch benutzt hatte. Ich machte auch keine Musik an. So fuhren wir schweigsam, beinahe verstimmt durch die Nacht. Mine saß einfach so da, still und schmächtig unter dem Sicherheitsgurt, den sie unaufgefordert angelegt hatte, und hielt ihre Tasche aus Blue-Jeans-Stoff auf dem Schoß.

Ich setzte sie in Mecidiyeköy ab, genau vor dem Polizeihauptquartier. Als sie ausstieg, sagten wir wie aus einem Mund: »Vielen Dank.« Diesmal vergaß sie ihre Tasche nicht.

Das Training im Dojo hatte wohl längst angefangen.

Es war aussichtslos, um diese Zeit in der Dr.-Orhan-Ersek-Straße nach einer Parklücke zu suchen. Also überließ ich mein Auto zwei Typen von der zuständigen Parkplatzmafia, einer mit und einer ohne Schnauzbart. Vorher brachte ich noch die Geburtstagskarte an die »geliebte A.« und die CD im Handschuhfach unter.

Dann machte ich mich gemächlich auf den Weg und schlenderte zwischen den anderen Spätheimkehrern dahin. Soweit man es als »schlendern« bezeichnen kann, wenn man den auf dem Bürgersteig geparkten Autos immer wieder auf die Fahrbahn ausweichen muss. Besonders störend für meine Tiefenatmungstechnik – trotzdem schaffte ich die Strecke ohne Zigarette.

So viel ich beim Näherkommen erkennen konnte, handelte es sich bei dem »Liebesnest« um einen Neubau mit breiter, verglaster Eingangstür.

Ein Auto hielt genau vor der Eingangstür, eine junge Frau stieg auf der Beifahrerseite aus, öffnete schnell die hintere Tür und beugte sich ins Wageninnere. Schon gab es Gehupe in der engen Einbahnstraße. Die junge Frau hatte jetzt ihr Kind auf dem Arm, das Auto fuhr langsam weg.

Die Frau mit dem Kind auf dem Arm drückte auf einen Klingelknopf. Der automatische Türöffner knackte. Entschlossen sprang ich auf die Tür zu und drückte sie auf, sodass sie bequem eintreten konnte. Sie dankte mir mit einem Lächeln und stieg die direkt hinter dem Eingang nach unten führende Treppe hinab. In diese Richtung wiesen zwei Schilder den Weg zu Kinderärzten. Ich entschied mich für die nach oben führende Treppe aus Marmorimitat.

Die Wohnungsnummern im ersten Stock sagten mir, dass das Liebesnest sich in der obersten Etage befinden musste.

Dort oben gab es keine Spur von der Pracht des Entrees mit den Arztschildern! Von den Wänden blätterte die Farbe ab. Es gab nur eine einzige Wohnungstür, die anstelle eines Metallschildes nur noch ein helles Rechteck aufwies.

Ich klingelte. Von innen ertönte idiotisches Vogelgezwitscher. Ich hatte kaum leise bis fünf gezählt, als die Tür sich in einem Schwung weit auftat. Und genauso schnell wieder zuging.

Beinahe, genauer gesagt. Denn sobald ich die ungläubigen und enttäuschten Augen unter der Glatze von Torhüter Zafer sah, war mein rechter Fuß schon zwischen Tür und Rahmen.

Als er begriff, dass die Tür nicht zuging, weil unten mein Fuß drin stand, versuchte er, ihn wegzustoßen, und trat zweimal dagegen. Direkt auf die Knöchel, wie bei einem richtigen Foul. Aber die Tritte mit nackten Füßen taten eher ihm weh. Ich nutzte seine Konzentration auf meine Füße und rammte die Tür mit der Schulter. Sie ging auf und schleuderte einen splitternackten Zafer weit in den Raum hinein. Ich trat ein. Der Torhüter stand mit dem Rücken zur Wand und hatte die Hände vor den Genitalien gekreuzt.

»In zwei Tagen musst du spielen. Pass auf, dass ich dir nichts breche. Und geh dich anziehen.«

Um die peinliche Situation nicht eskalieren zu lassen, fragte ich noch:

»Darf ich eintreten?«

Ohne eine Antwort abzuwarten, zerteilte ich den aus bunten, von der Decke herabhängenden Glasperlen bestehenden Vorhang, der den Wohnraum vom Flur abtrennte, und ging hinein.

Es war ein kleines Wohnzimmer. Davor eine Terrasse und Aussicht auf Dächer mit Antennenwäldern. Der kleine Raum war mit einem langhaarigen Teppich ausgelegt. Wirklich langhaarig. An der Wand gab es einen Kamin, in dem lange niemand Feuer gemacht hatte. Außer wahllos auf den Boden geworfenen Kissen gab es keine Sitzgelegenheit. Auch der Fernseher und das Videogerät standen auf dem Boden. Neben dem Video lag ein Haufen Kassetten.

Ich ging ans Fenster und sah hinaus. Auf der Terrasse stand ein gelber Sonnenschirm, wie sie für die Modeaufnahmen von Barbie House verwendet wurden. Nur war der hier größer und einfarbig. Darunter zwei Liegestühle aus Holz und Segeltuch. Auf dem Boden lagen Mode- und Frauenzeitschriften.

Torhüter Zafer hatte inzwischen einen Trainingsanzug übergezogen und stand vor dem Perlenvorhang. An den Füßen prangten Plastiklatschen, wie sie unsere Hadschis tragen. Und auf dem spiegelglatten Schädel zwei Tropfen Schweiß.

»Wo ist Aysu?«

»Einkaufen gegangen.«

So standen wir da. Um das Schweigen zu brechen, fragte ich:

»Wie war das Training?«

Er zuckte nur mit den Schultern.

»Wie haben Sie uns hier gefunden?«

Diesmal war ich mit Schulterzucken an der Reihe.

»Tut mir Leid, dass ich hier so eingebrochen bin. Ich muss nur schnell etwas mit Aysu besprechen, dann geh ich wieder.«

»Dann hat dich also nicht die Hure auf meine Spur gesetzt?«, fragte Zafer und kratzte seine Glatze.

Jemanden, der mir gerade das »Du« aufgedrängt hatte, mit der steifen Frage »Welche Hure denn?« zu brüskieren, fand ich irgendwie unpassend.

»Ich wollte nur wissen, wo Aysu sich aufhält. An ihrem Arbeitsplatz ist man sehr besorgt.«

Noch bevor er etwas sagen konnte, erklang von der Wohnungstür her das unsägliche Vogelkonzert.

Zafer stimmte in das Konzert mit den klimpernd aneinander stoßenden bunten Perlen ein, als er den Vorhang zerteilte. Dann hörte ich, wie die Tür aufging. Um den beiden ein wenig Zeit zu lassen, konzentrierte ich mich auf die Aussicht vor dem Fenster.

Als die Perlen von neuem klimperten, drehte ich mich um. Da standen sie vor mir, Zafer hinter Aysu Samanci, seine Hände auf ihren Schultern. Der Längenunterschied wirkte lächerlich. Aysu Samanci trug die gleichen Sachen, in denen ich sie an der Modenschau gesehen hatte. Sie hielt eine Plastiktüte vom Supermarkt in der Hand. Mir fiel sofort ihr eigentümlich gleichgültiger Gesichtsausdruck auf. Mit dem unschuldigen Mädchen von damals hatte sie kaum etwas gemeinsam.

»Hallo. Cem Tümer ist sehr besorgt deinetwegen.«

»Ich glaube, er sorgt sich wegen etwas ganz anderem«, meinte Aysu Samanci. »Zafer sagt, Sie seien Detektiv. Hat Cem Bey Sie angestellt, um mich zu finden?«

»Ja. Bei unserem letzten Gespräch war er ziemlich aufgebracht.«

Aysu Samanci stellte den Plastikbeutel ab und ließ sich auf einem der Kissen im Schneidersitz nieder. Die bauchfreie Bluse war offensichtlich für Menschen entworfen worden, die immer herumstanden. In der Sitzhaltung gab sie einem Gelegenheit, Bauchfalten zu zählen.

»Bringst du mir ein Glas Wasser? Und leg die Würstchen in den Kühlschrank.«

Zafer verschwand hinter den Glasperlen. Aysu Samanci sah mich an und fragte:

»Und was geschieht jetzt? Sie haben mich ja gefunden.«

»Von mir aus gar nichts. Der gute Mann hat sich deinetwegen gesorgt. Ich werde euch gleich verlassen und ihm mitteilen, wo du bist. Damit habe ich meinen Auftrag erfüllt.«

»So einfach ist das also. So einfach.«

Ich setzte mich auf das Kissen vor dem Kamin. Dass die Sache nicht so einfach war, wusste ich auch.

»Ich habe viel Zeit. Wenn du mir etwas erzählen willst, was vielleicht ein bisschen komplizierter ist, bitte, ich höre gern zu.«

Der Torwart Zafer kam mit einem unförmigen Bierhumpen herein. Er reichte ihn Aysu Samanci, die ihn am Henkel ergriff und das Wasser darin mit einem Zug austrank.

»Wieso soll ich Ihnen etwas erzählen«, meinte sie, während sie Zafer den Humpen zurückgab. »Ich kenne Sie nicht einmal!«

»Betrachte es als Generalprobe für deine Aussage vor dem Gericht. Soviel ich weiß, ist es strafbar, Geschäftsgeheimnisse der Firma, bei der man angestellt ist, weiterzugeben.«

»Ich habe keine verdammten Geschäftsgeheimnisse weitergegeben«, sagte sie wütend. Dann sah sie zu Zafer auf: »Kauf dir gefälligst ein paar ordentliche Wassergläser.«

»Das Motiv auf deiner Bluse da habe ich in der Wohnung von Dilek Aytar gesehen. Diesen charakteristischen Widderkopf kann man unmöglich verwechseln.«

»Das ist nur ein Arbeitsmuster«, warf Aysu Samanci ein. »Das gilt nicht als Geschäftsgeheimnis. Im Gegenteil, ich habe die neuen Modelle von Barbie House vor unbefugten Zugriffen geschützt. Dabei habe ich vielleicht ein bisschen übertrieben. Ich habe sie sozusagen auch vor ihnen selbst geschützt!«

Bei diesen Worten lachte sie in sich hinein, wie über einen Witz, den nur sie verstehen konnte. »Cem Bey höchstpersönlich sucht mich wie die Nadel im Heuhaufen und ist sich nicht zu schade, einen Privatdetektiv auf mich anzusetzen.«

»Sind die Modelle der neuen Saison im Ordner ›Zodiac‹ gespeichert?«

Sie sah mich ehrlich verwundert an. »Was wissen Sie sonst noch alles?«

Ich zog es vor, zu schweigen.

»Gut«, sagte Aysu Samanci. »Ich werde Ihnen alles erzählen. Aber Sie müssen mir erst versprechen, dass Sie mir helfen werden.« Dabei rutschte sie mit dem Becken auf dem Kissen hin un her, wahrscheinlich um eine bequeme Vortragsposition einzunehmen.

»Was kann ich für dich tun?«

»Sorgen Sie dafür, dass man mir nicht noch jemanden auf den Hals schickt.«

»Wenn du dich immer so gut verteidigst wie gegen den dicken Fotografen, brauchst du weiß Gott keine Hilfe«, sagte ich. »Aber ich will sehen, was ich tun kann.«

Sie rutschte plötzlich ganz zur Seite, beugte sich vor und vergrub den Kopf in den Sitzkissen. Dann trommelte sie mit beiden Händen auf die sich aufbauschenden Kissenränder.

»Der weiß ja wirklich alles! Alles weiß der!«

Ich schenkte dem völlig verdattert dastehenden Zafer ein unschuldiges Lächeln.

»Um Himmels willen, bring mir noch ein Glas Wasser«, sagte Aysu zu dem Torhüter, der sich kopfschüttelnd entfernte.

»Darf in diesem Haus geraucht werden?«

»Geben Sie mir auch eine«, sagte sie. »Allein der Gedanke an den Kerl bringt mich auf die Palme.«

»Der bringt niemanden mehr auf die Palme«, sagte ich und reichte ihr eine Zigarette.

»Gott sei Dank. Ein richtiger Scheißkerl!«

»Ich weiß ja nicht, womit er dir gedroht hat, aber du hast dich auf jeden Fall gut geschlagen an dem Abend.«

»Haben Sie uns wirklich gesehen?«, fragte Aysu Samanci.

»Ganz zufällig. Ihr wart direkt hinter mir und habt mich mit eurem lauten Streit daran gehindert, mich auf die Mädels zu konzentrieren.«

»Dieser Scheißkerl«, sagte Aysu Samanci erneut. »Er drohte, Zafers Fußballerkarriere zu zerstören.«

»Und wie wollte er das anstellen?«

Aysu Samanci suchte von ihrem Sitzplatz aus einen geeigneten Ort für die Asche ihrer Zigarette. Sie landete in den langen Haaren des Teppichs.

»Er hat behauptet, dass Zafer das letzte Spiel der Saison verschieben würde. ›Wenn ich darüber in der Zeitung schreibe, kann er seine Karriere als beendet betrachten‹, sagte er.«

»Hast du ihm geglaubt?«

»Zafer stellt ja allerhand Blödsinn an, aber so was würde er nie tun«, sagte Aysu Samanci. »Fußball ist doch sein Leben. Nichts ist für ihn wirklich wichtig außer dem Ball. Deswegen habe ich diese Geschichte auch nicht einen Augenblick geglaubt.«

Zafer kam wieder mit demselben Bierhumpen. Dieses Mal trank Aysu Samanci langsam. Das leere Gefäß behielt sie, um die Zigarettenasche hineinzuschnipsen. Sie hielt es auch mir hin, und ich folgte ihrem Vorschlag.

»Willst du unserem Gast nichts anbieten?«, fragte sie den Torhüter. Der sah mich an. Ich schüttelte den Kopf und forderte Aysu Samanci auf, mit ihrem Bericht fortzufahren.

»Ich habe ihm nicht geglaubt, aber als ich am nächsten Tag in der Zeitung gelesen habe, dass er tot ist, wurde mir ein bisschen mulmig. Genauer gesagt, ich bekam es mit der Angst. Ich wusste ja nicht, ob nicht doch vielleicht jemand unseren Streit mitgekriegt hatte. Ich malte mir aus, dass Kayahan Bey noch jemanden auf mich ansetzen würde. Von dieser Wohnung hier weiß niemand etwas außer uns beiden.«

»Anscheinend doch«, meinte Zafer lakonisch.

»Eigentlich nicht«, sagte ich. »Erzähl doch mal ganz von vorne.«

Aysu Samanci warf den Zigarettenstummel in den Humpen. Ich hörte es zischen. Sie ging zum Fenster und sah hinaus. Zafer setzte sich auf das Kissen, das sie soeben verlassen hatte. Ihm gelang es allerdings nicht, seine langen Beine dort unterzubringen.

»In unserer Branche ist es durchaus üblich, dass erfolgreiche Angestellte öfter die Firma wechseln«, begann Aysu Samanci. »Eines Tages rief Dilek Hanim an und wollte sich gern mit mir treffen.«

»Warst du mit deinem Job bei Barbie House nicht zufrieden?«

»Darum ging es nicht«, erklärte Aysu Samanci. »Eher darum, sich mit einflussreichen Leuten gut zu stellen. Wenn sie mich einlädt, dann sollte ich hingehen, sagte ich mir. Ich habe keinen Grund gesehen, sie zu brüskieren. Meine verdammte beschissene Selbstüberschätzung!«

Jetzt landete auch meine Kippe in dem Humpen.

»Um ihr zu imponieren, hatte ich einige Muster meiner letzten Entwürfe mitgenommen. Die zeigte ich ihr während unseres Gesprächs. Sie fand sie sehr gut. ›Könnte ich die vielleicht behalten?‹, fragte sie. Ich sagte: ›Ja, warum nicht.‹ Ich fand nichts dabei, ehrlich gesagt.«

»Was war das Ergebnis des Gesprächs?«

»Sie gab mir zu verstehen, dass ihre Firma keine besonders hohen Gehälter zahlen kann. Die Krise und so. Bei dieser Karriere müsse man langfristig denken. Schließlich säßen wir alle im gleichen Boot, Sie wissen schon. Zwei Tage später rief Kayahan Karasu an. Ein widerlicher Typ.«

»Wann hatte das Gespräch stattgefunden?«

»Anfang voriger Woche. Mitte der Woche rief Kayahan Bey an. Irgendwie hatte der meine Privatnummer herausgekriegt.«

»Was wollte er?«

»Nur die gesamte Kollektion von Barbie House. Und die war ihm eine schöne Stange Geld wert.«

Torhüter Zafer rutschte unruhig auf dem Kissen hin und her.

»Er trug ganz schön dick auf«, fuhr Aysu Samanci fort. »Die Sachen, die ich Dilek Hanim gezeigt hätte, hätten ihm außerordentlich gefallen … Gemeinsam könnten wir die Prêt-à-porter-Mode revolutionieren … Ich würde natürlich Chefdesignerin … Ich hätte eine fantastische Zukunft vor mir … Er könnte es einfach nicht zulassen, dass meine Begabung weiter so brachliege … Und so weiter, und so fort. Ich habe höflich abgelehnt.«

»Das sieht man ja«, sagte ich.

Zafer versuchte erneut, die Beine unter seinem Hintern unterzubringen.

»Kayahan Bey ließ nicht locker. Er kam mit immer neuen Argumenten. Niemand wäre unersetzbar und dergleichen. Ich hatte richtig Mühe, ihn loszuwerden. Und ehrlich gesagt, bekam ich es auch ein wenig mit der Angst zu tun.«

»Hast du mit irgendjemand hierüber gesprochen?«

»Natürlich nicht. Es ist schon beleidigend genug, dass einem so etwas angeboten wird. Wem hätte ich das erzählen können? Wenn so was herauskommt, dann kann man in unserer Branche seine Sachen zusammenpacken.«

»Mir hättest du schon etwas sagen können«, meinte der Torhüter Zafer von seinem Sitzkissen aus.

Aysu Samanci sah ihn mit einem fast mitleidigen Ausdruck an. Doch während sie auf ihn zuging, wurde ihr Blick zunehmend liebevoller.

»Hast du nicht gesagt, ich sei jetzt erwachsen? Ich könnte meine Entschlüsse selber fassen?«, fragte sie ihn und versuchte, sich neben ihn auf das Kissen zu setzen. Für beide reichte der Platz nicht. Der junge Mann rutschte auf den Boden, und Aysu Samanci nahm seinen Platz auf dem Kissen ein.

»Dem Kerl ist nicht zu trauen, sagte ich mir. Am nächsten Tag habe ich in meinem Büro aufgeräumt und unsere gesamten Modelle in Sicherheit gebracht.«

Ich dachte an die CD.

»Als Erstes habe ich alle Entwürfe, hinter denen Kayahan Karasu her war, in einer einzelnen Datei gespeichert. Meine eigenen, aber auch Mines und die der anderen.«

Ich sagte nur: »Zodiac.«

»Ja«, bestätigte Aysu Samanci. »Den Anfang unserer Kollektion bildete ja die Serie mit den Tierkreiszeichen. Da passte das Symbol gut.«

Sie richtete den Zeigefinger auf den Widderkopf auf ihrer Brust.

»Dann verschlüsselte ich die Datei mit einem ›Hidden file‹-Code aus einem Programm, das ich im Internet gefunden hatte. Verstehen Sie was von Computern? Ich war zufällig beim Surfen darauf gestoßen.«

»Ich habe auch einen zu Hause rumstehen.«

»Das geht so«, belehrte sie mich. »Die Datei ist immer sichtbar.

Jeder kann sie öffnen und auch darin arbeiten. Doch wenn jemand versucht, sie auf Diskette oder CD zu kopieren, wird sie von der Festplatte gelöscht. Klick, und sie ist verschwunden. Das ist sie in Wirklichkeit natürlich nicht, doch für jemanden, der das nicht weiß, scheint sie unwiderruflich verloren.«

»Glaubst du, dass Kayahan Karasu versucht hat, über jemand anderen an die Entwürfe zu kommen, nachdem er bei dir auf Granit gestoßen war?«

»Was heißt hier versuchen? Er hat sie ja tatsächlich gekriegt.«

Ich dachte an die Szene zwischen ihr und Yildirim Soğanci.

»Er hat dir den Dicken auf den Hals geschickt.«

»Ja. Als Cem Bey sagte, dass er mich zur Modenschau mitnehmen wolle, hatte ich eine Idee. Ich dachte, wenn alle schon einmal eines der Tierkreiszeichen sehen könnten, von deren Kollektion ich Dilek Aytar ein oder zwei Muster gegeben hatte, dann wäre sie wertlos für sie. Ich habe mir auf die Schnelle so ein T-Shirt nähen lassen und an dem Abend getragen. Obwohl das Wetter eine andere Garderobe nahegelegt hätte.«

»Der Dicke, was wollte er eigentlich von dir?«

»Das fette Schwein!«, rief Aysu Samanci.

Ich zündete mir eine neue Zigarette an. Aysu Samanci diesmal nicht.

»Sie hatten die CD nicht öffnen können und waren in Panik. Das glaubte ich ihnen gern. Der Dicke verstand überhaupt nichts von Computern. Er wollte, dass ich gleich mitkam, um ihnen zu helfen. Ich weigerte mich.«

»Das war dann der Zeitpunkt, das verkaufte Spiel aufs Tapet zu bringen«, meinte ich.

»Was für'n verkauftes Spiel?«, brüllte der Torhüter.

Aysu Samanci streichelte ihn über seine nicht vorhandenen Haare. »Er behauptete, du hättest das Spiel verkauft«, sagte sie sanft. »Und er würde das in der Zeitung bringen.«

»Wer hat so was behauptet?«, fragte der Glatzköpfige. »Yildirim Abi etwa? Das hast du doch nicht geglaubt?«

Aysu Samanci streichelte jetzt das Gesicht des jungen Mannes und schüttelte den Kopf.

»Der Dicke hatte ja vorher lange mit Cem Bey gesprochen«, sagte sie. Ich spürte, dass ich wieder an der Reihe war. Oder vielleicht doch eher Torhüter Zafer.

»Zu der Verabredung im Bebek-Café bist du aber hingegangen?«

Er schoss hoch wie ein Pfeil und trat gegen den Bierhumpen. Eine Kippe und ein Tropfen Wasser landeten auf dem langflauschigen Teppich.

»Der Hurensohn! Der verdammte Hurensohn …!«

Er lief auf und ab, als ob er ein weiteres Objekt zum Treten suchte. Aysu Samanci und ich saßen stumm da und sahen zu.

»So ein falscher Hund, der verdammte Zuhälter«, rief der Torwart Zafer. »Mich hat er auch reingelegt, der Hurensohn.«

Als er stehen blieb, sahen wir ihn beide an.

»Was schaut ihr so?«, wollte er wissen. »Habt ihr dem Scheißkerl etwa auch geglaubt?«

»Beruhige dich«, sagte Aysu Samanci.

»Du bist aber hingegangen«, sagte ich.

»Natürlich bin ich hingegangen«, sagte er zu Aysu Samanci gerichtet: »Wärst du etwa nicht gegangen? Ich bin genauso gegangen wie du. Um über den Transfer zu reden.«

Aysu Samanci klatschte in die Hände. So, als ob sie sich aufrichtig freute.

»Während der Modenschau hat der Dicke mich auf die Seite genommen, um mit mir zu reden«, fuhr der Torwart jetzt fort. »Ein Verein aus der zweiten Liga würde sich für mich interessieren. Streng vertraulich natürlich. ›Die erwarten dich in Bebek. Wenn du interessiert bist, geh doch morgen nach dem Training hin und rede mit ihnen‹, sagte er.«

Der Torhüter Zafer senkte schuldbewusst den Kopf. Aysu Samanci ergriff die Gelegenheit, ihm wieder die Glatze zu streicheln. Eine eingespielte Geste zwischen den beiden, das war klar.

»Ich war in Hochstimmung«, sagte Zafer. »Die Beerdigung war dann aber schlimm für mich. Stell dir das doch mal vor, der Mann ist tot und hilft dir trotzdem immer noch. Unterstützung aus dem Grabe, sozusagen. Von wegen, alles Lüge. Scheißkerl, verdammter Hurensohn.«

»Wollen wir doch nochmal zusammenfassen«, sagte ich nach einem weiteren Zug an meiner Zigarette: »Laut Yildirim Soğanci wollte ein Zweite-Liga-Verein dir einen Transfer vorschlagen. Hat er dir auch den Namen des Vereins genannt?«

»Ja, hat er«, sagte der Torhüter. »Um nicht noch blöder dazustehen, möchte ich mich dazu lieber nicht äußern.«

»In Ordnung«, sagte ich. »Also, sie wollten mir dir reden, geheim, was sonst.«

»Ja.«

»Wieso in Bebek?«

»Weil der Verein im Hotel Bebek untergebracht war«, sagte Zafer.

»Und du bist nichts wie hin.«

»Ja, ich bin hingegangen.«

»Aber es ist niemand gekommen.«

»Stimmt.«

»Und wie ging's weiter?«

»Nichts ging weiter. Dabei habe ich da ziemlich lange herumgesessen und gewartet. Aysu, lach nicht, aber ich habe schon Luftschlösser gebaut. Rasenplatz und so weiter.«

Ich brauchte ihn nicht zu ermuntern. Er sprach ganz von allein weiter.

»Ich war natürlich sauer. Ich bin bis nach Hisar zu Fuß gegangen und habe immer noch weiter Pläne geschmiedet. Den Typen war sicher was dazwischengekommen. Sie hatten ja meine Telefonnummer und würden sich schon noch melden, dachte ich.«

Wie gemein, sich zwischen junge Liebende zu drängen. Wie gemein!

»Und warum hast du Dilek Aytar besucht?«, musste ich trotzdem fragen.

»Was hat Dilek Aytar denn damit zu tun?«, fragte Zafer.

Ich setzte mich schon mal in Seiza-Position auf meine Knie. Der Gute war größer als ich.

»Ich habe es mit meinen eigenen Augen gesehen, wie du mit deinem blauen Mazda nach Yeniköy gefahren bist.«

Aysu Samancis blickte zwischen mir und ihm hin und her.

»Das weiß doch jeder, dass ich einen blauen Mazda fahre.«

»Mag ja sein, aber dass du mit dem blauen Mazda an einem Coca-Cola-Lieferwagen nicht vorbeigekommen bist, das weiß ich allein. Und natürlich der Taxifahrer neben mir, der sich in diesen Dingen bestens auskennt.«

»Schappp« tönte es von der Glatze des Torhüters Zafer. Wenn der langhaarige Teppich ihn nicht gedämpft hätte, wäre der Nachhall des satten Schlages noch lauter ausgefallen.

»Du gemeiner Hund«, schrie Aysu Samanci nach dem Schlag auf die Glatze. »Du niederträchtiger Kerl, es stimmt also doch!« Sie stand auf und gab dem jungen Mann einen kräftigen Stoß. Im Vorbeigehen trat sie noch nach ihm.

»Ich wollte sie doch nur auffordern, mich endlich in Ruhe zu lassen, glaub mir!«, rief er hinter Aysu Samanci her, die durch den Perlenvorhang stürmte. Dann lief er hinter ihr her.

»Aysu! Mach die Tür auf! Aysu!«, hörte ich ihn rufen.

Ich erhob mich. Ich nahm den Bierhumpen vom Boden und stellte ihn auf den Kaminsims. Es konnte ohne weiteres zu unerwünschten Entwicklungen kommen. Schließlich waren sie beide noch jung. Ich ging auf die Perlenschnüre zu.

Genau in dem Augenblick blinkte das nackte Haupt des Torhüters zwischen dem Klimpervorhang hervor.

»Sie hat sich eingeschlossen.«

»Das geht vorbei.«

»Bringst du immer alles so durcheinander?«, fragte er und setzte sich wieder hin.

»Das lässt sich nicht immer vermeiden.«

»Sie glaubt mir nicht«, sagte er kleinlaut.

»Was glaubt sie nicht? Dass du da hingegangen bist oder dass du nur gegangen bist, um mit ihr Schluss zu machen?«

»Ich bin wirklich hingegangen, um Schluss zu machen. Ehrenwort, sie hatte mich angerufen, während ich im Bebek-Café auf die anderen wartete.«

»Was wollte sie?«

»Sie war mal wieder ordentlich in Hitze. Ich sollte jedenfalls sofort zu ihr kommen. Kannst du mir sagen, wie ich das Aysu erklären soll?«

»Dann habt ihr also schon länger was miteinander?«

»Das war vor Aysu. Dilek hat es einfach nicht akzeptiert, dass ich mit ihr Schluss gemacht habe.«

»Soviel ich mitgekriegt habe, hat sie doch jetzt eine bessere Partie am Wickel.«

»Da kennst du Dilek Aytar schlecht«, sagte Zafer. »Es ist fast zu viel für einen allein, sie zufriedenzustellen. Das kannst du mir ruhig glauben. Kayahan ist für sie mehr die Investition für ihre Zukunft.«

Ein echter Platzhirsch.

»Ich hatte doch keine andere Wahl. Sie würde mich aus der Mannschaft schmeißen lassen, schrie sie am Telefon, wenn ich nicht umgehend bei ihr auftauche. Verstehst du jetzt, warum ich Aysu nichts davon sagen konnte, oder?«

»Na ja, und was geschah in Yeniköy?«, fragte ich.

Zafer lachte wie ein Provinzler, der gerade aus dem Sündenpfuhl Istanbul in seine Kleinstadt zurückgekehrt ist.

»Die Einzelheiten erspar ich dir, Mann, aber ich hab's ihr besorgt, dass es für mindestens eine Woche reicht.«

Ein echter Platzhirsch, sag ich ja.

19

Ich ließ Aysu Samanci im verschlossenen Schlafzimmer und den Torhüter Zafer im Wohnzimmer ihres Liebesnestes zurück und schloss die Wohnungstür hinter mir. Als ich die Treppen hinunterstieg, fühlte ich mich ein wenig müde. Eine Müdigkeit, die anders war als die Erschöpfung nach dem Training.

Die frische Luft draußen half mir ein wenig auf die Beine. An sich könnte ich jetzt ins Kino gehen, ging es mir durch den Kopf. Eine große Tüte Popcorn und ein Film, dessen Verwicklungen nach wenigen Minuten gelöst werden, das wär's doch!

Die beiden Mafiajünglinge, denen ich mein Fahrzeug anvertraut hatte, waren nirgends zu sehen. Nach einigem Suchen fand ich wenigstens mein Auto, zu meiner großen Freude ohne neue Kratzer oder Beulen. Ich setzte mich hinein und rief Cem Tümer an.

»Ich habe Aysu gefunden, Cem Bey.«

»Wirklich? So schnell!«

»Das Glück hat mir da sicher beigestanden.«

»Hörst du, Selcan, er hat Aysu gefunden … Wo ist sie denn?«

Ich gab ihm die Adresse.

»Warum ist sie denn abgehauen?«

»Die Antwort ist nicht ganz einfach«, sagte ich. »Am besten erzählt sie Ihnen das selbst.«

»Sie kommt doch wieder zur Arbeit?«

»Sie hat jedenfalls nichts Gegenteiliges gesagt. Allerdings werden Sie ihr vermutlich beträchtlich mehr zahlen müssen.«

Für einen Moment herrschte Stille.

»Ja, wahrscheinlich haben Sie Recht«, sagte er dann. »Wie kann ich Ihnen danken?«

»Bringen Sie am Samstag Aysu mit zum Match, wenn Sie sie überreden können. Um ihr zu beweisen, dass Sie ihr verzeihen und hinter ihr stehen. Und dann hat auch Mine mir sehr geholfen. Ich würde mich freuen, wenn Sie sie einladen würden.«

»Alles klar«, sagte Cem Tümer nachdenklich. »Alles klar.«

»Dann bis zum Samstag. Bis dahin alles Gute für Ihre Aufnahmen.«

Mein Job war so gut wie getan. Am Samstag gab es ein sauberes Spiel. So sauber wie ein Abstiegskampf nun mal sein kann. Ich hatte Aysu Samanci gefunden. Für wen sie von jetzt ab auch immer arbeiten mochte.

Du solltest ein bisschen Urlaub machen, sagte ich mir, als ich den Motor anließ. Langsam fuhr ich nach Hause. Und ich freute mich wie ein Schneider, als ich nicht eine einzige Nachricht auf meinem Beantworter vorfand. Meinen PC, der nicht einmal eine CD öffnen konnte, würdigte ich keines Blickes, und auch mein knurrender Magen sollte sich gefälligst gedulden.

Ich zog mich aus und fiel ins Bett. Um das schon wieder verpasste Training zu kompensieren, nahm ich ein Buch in die Hand, das die Lebensgeschichte von Ueshiba, dem großen Aikidomeister, erzählt. Doch über die ersten Zeilen kam ich nicht hinaus.

Ich muss tief geschlafen haben. Weder Yildirim Soğanci noch Muharrem Serdarli besuchten mich im Traum. Und auch Ueshiba mit seinem langen weißen Bart beehrte mich nicht, obwohl ich seine Weisheit hätte brauchen können. Mein Schlaf war tief und traumlos, so wie in einem früheren Leben, wenn ich von Interkontinentalflügen zurückkam.

Als ich aufstand, schmerzte mein Körper vom langen Schlafen. Mit halb geschlossenen Augen wankte ich unter die Dusche. Sogar die Zähne putzte ich unter dem Wasserstrahl. Ohne mich abzutrocknen, schlüpfte ich in einen Kimono. Dann holte ich meine Zeitung und das Brot herein.

Als ich den frischen Brotlaib sah, fiel mir auf, wie hungrig ich inzwischen war. Weil ich im Kühlschrank absolut nichts vorfand, was zu einem anständigen Frühstück hätte beitragen können, fischte ich ein Stück Knoblauchwurst aus einer der unteren Etageren.

In Öl gebratene Knoblauchwurst, die ideale Begleitung zur Zeitungslektüre! Ich las mein Blatt von vorn bis hinten, einschließlich Kolumnen und Horoskop. Auch heute würde ich wohl niemanden küssen.

Dann, beim Kaffee, begann ich nachzudenken.

Zwei Dinge waren da noch zu erledigen.

Zuerst musste ich noch ein Trauerhaus aufsuchen.

Den Weg dahin konnte mir Nuri zeigen. Nuri, von dem ich nicht einmal den Nachnamen kannte.

Mein Horoskop hatte verlangt, nichts Angefangenes halb fertig liegen zu lassen.

Zugegeben, manchmal neige ich schon ein wenig zum Selbstbetrug.

Auf dem Weg zum Studio Foto Paris dachte ich mir, dass auch das Istanbuler Viertel Ayazağa seine Reize haben musste. Aber wo?

Das Schloss an der Tür des Fotostudios war repariert, aber nicht abgeschlossen. Ich trat ein.

»Ist jemand da?«, rief ich laut.

»Einen Moment bitte«, kam Nuris Stimme von hinten. Ich setzte mich in den altmodischen Sessel, in dem ich schon einmal mit heftigen Nackenschmerzen Platz genommen hatte. Nichts schien sich in dem Laden verändert zu haben. Er war nur ein wenig sauberer.

Der Vorhang bewegte sich. Zuerst kam eine etwa vierzigjährige Frau hervor, die ihr Kopftuch unter ihrem Kinn zusammenband. Dahinter Nuri.

»Oh, Remzi Abi ist da«, rief er, als er mich erblickte. Zu der Frau sagte er: »Komm morgen Vormittag vorbei, Tante Ayşel. Bis dahin ist es fertig.«

Schon stand Nuri vor mir, ergriff meine Hand und machte Anstalten, sie zu küssen. Ich konnte das aber abwehren und fragte:

»Wie läuft's denn so?«

»Gut. Wie geht's deinem Kopf, Remzi Abi?«

»Er funktioniert noch.«

»Soll ich einen Tee bestellen?«

»Nein, aber ich habe eine Bitte an dich.«

»Zu Befehl, Abi.«

»Ich habe es nicht geschafft, zur Beerdigung des armen Jungen zu kommen«, sagte ich. »Wenn du weißt, wo seine Familie wohnt, möchte ich gern mit dir dahin gehen. Wenn du Zeit hast, natürlich.«

Er überlegte einen Augenblick.

»Selbstverständlich habe ich Zeit, Remzi Abi«, sagte er. »Im Grunde muss ich mich dort auch noch einmal sehen lassen.«

Nuri wartete, bis ich draußen war, und schloss die Ladentür sorgfältig ab. Dann drehte er sich zu dem Wassermelonenhändler auf der gegenüberliegenden Straßenseite und rief:

»Apo, ich mache einen Beileidsbesuch bei Muharrems Familie. In einer Stunde ...« – er sah mich fragend an, ich nickte zustimmend – »in ungefähr einer Stunde bin ich zurück.«

Bis wir bei meinem Wagen ankamen, berichtete Nuri aufgeregt: Von Yildirim Abis Verwandten war niemand aufgetaucht. Er hatte den ganzen Laden gründlich abgesucht, aber nichts Erwähnenswertes gefunden. Seine Mutter hatte ihm ihre wenigen Ersparnisse gegeben, mit denen er den Laden auf Vordermann bringen konnte. Dann hatte er die Nachbarschaft wissen lassen, dass er von nun an das Fotoatelier führte. Seit ein paar Tagen trudelte denn auch hin und wieder Kundschaft ein. Er wollte noch ein, zwei Wochen warten, bevor er das Geschäft offiziell anmeldete. Von der Zeitung hatte sich auch niemand gemeldet. Muharrems Familie wohnte in Küçükarmutlu.

Als wir den Trans-European-Motorway verließen, ließen wir auch die äußeren Randbezirke Istanbuls hinter uns. Die Straßen wurden zunehmend schmaler, die Häuser immer niedriger. Bald fuhr ich nach Nuris Anweisungen über Wege, die offensichtlich auf keine städtische Planung zurückzuführen waren.

Von weitem war das Trauerhaus nicht als solches zu erkennen. Es war ein normales zweistöckiges Haus und stand in einem Garten. Daneben lag ein frisch ausgehobenes Grundstück. Die Bauarbeiten schienen aus irgendeinem Grund erst einmal zurückgestellt. Ich stellte das Auto neben dem Erdhaufen vor dem leeren Grundstück ab.

In dem kleinen Garten vor dem Haus hatten sich die männlichen Trauergäste versammelt. Sechs von zwölf offensichtlich von den Nachbarn zusammengeliehenen Stühlen waren besetzt. Weil der Gesprächsstoff anscheinend ausgegangen war, wurde unsere Ankunft als willkommene Abwechslung aufgenommen.

Wir begrüßten jeden der im Garten Sitzenden einzeln mit Handschlag. Die Hand des Mannes mit den dunklen Bartstoppeln und vom Weinen geröteten Augen, den ich für Muharrems Vater hielt, drückte ich besonders lange. Ohne darauf zu hören, was ich sagte, wiederholte er immer wieder: »Ich danke Ihnen, ich danke Ihnen.« Nuri küsste seine Hand. Auch den Kaffeestubenchef, den ich zuletzt im Lokal von Karasu Güneşspor bei der Arbeit gesehen hatte, begrüßte ich besonders herzlich. Bei den anderen Männern handelte es sich vermutlich um Nachbarn.

Wir saßen kaum, als uns schon ein junges Mädchen mit Fruchtsaft und einem Teller mit Börek und Baklava bewirtete. Nuri stürzte sich auf das süße Gebäck. Ich stellte meinen Teller und mein Glas auf dem leeren Stuhl neben mir ab und zündete mir eine Zigarette an.

Muharrems Vater blickte starr vor sich hin. Ich begann mich langsam zu fragen, was ich hier eigentlich zu suchen hatte.

Nuri rettete die Situation.

»Die Mannschaft hat heute nicht trainiert«, sagte er zu dem Kaffeestubenchef.

»Sie sind heute Morgen ins Trainingslager abgezogen«, wusste der zu berichten. »Der Trainer hat das mit Ilhan Bey abgesprochen. Sie trainieren in Şile. Nur mich haben sie nicht mitgenommen.«

»Mein armer Junge! Statt ins Trainingslager ist er ins Grab gegangen!«, schrie Muharrems Vater plötzlich und bedeckte das Gesicht mit beiden Händen. Die Männer rechts und links von ihm legten die Hände auf seine Schultern und redeten auf ihn ein.

Ich trank einen Schluck von meinem Fruchtsaft.

»Die Mannschaft ist wieder vollständig, oder?«, fragte ich.

»Ja«, sagte der Wirt. »Aber heute Morgen waren sie sehr deprimiert.«

»Ist doch wohl klar«, sagte der eine Mann neben Muharrems Vater. Der andere murmelte ein paar arabische Worte, die ich nicht verstand.

»Hat sich die Polizei schon geäußert zu dem Fall?«, fragte Nuri.

»Nein, nichts«, sagte Muharrems Vater. »Und wenn, was würde das ändern! Das macht meinen Jungen auch nicht wieder lebendig...«

Wieder saßen wir schweigend da. Eigentlich wollte ich Muharrems Zimmer kurz in Augenschein nehmen. Aber jetzt wusste ich beim besten Willen nicht, wie. Ich rutschte auf meinem Stuhl hin und her.«

»Die Toilette ist drinnen, Remzi Abi«, sagte Nuri und stand

auf. »Komm, ich zeig dir den Weg.« Dabei zwinkerte er mir ganz offen zu.

Ich trat meine Zigarette aus und folgte Nuri. Bevor wir ins Haus gingen, zogen wir unsere Schuhe aus und stellten sie neben die Ansammlung von Frauenschuhen. Drinnen war es klamm und dunkel. Wir bewegten uns vorwärts, ohne die Frauen anzusehen, die mit Tabletts in der Hand davonhuschten, sobald sie uns sahen. In einem recht großen Wohnzimmer saßen etwa zehn Frauen mit weißen Kopftüchern. Nuri wies auf zwei Türen im hinteren Teil des Hauses.

»Das da ist Muharrems Zimmer. Ich warte hier, während du im Bad bist.« Dabei wies er mit dem Kopf auf die andere Türe und zwinkerte viel sagend.

Ich öffnete schnell die Zimmertür und zog sie genauso schnell wieder hinter mir zu. Offensichtlich hatte man das geräumigste Zimmer im ganzen Haus Muharrem überlassen. Die Wände waren von oben bis unten mit Postern von Beşiktaş tapeziert. Außer den Postern gab es nur ein paar Fotos einzelner Stars, vor allem von Metin.

Auf dem Messingdoppelbett – es sollte wohl später mal als Ehebett dienen – war ein Trikot von Karasu Güneşspor mit der Nummer elf ausgebreitet. Auf einer Kommode stand ein Großbildfernseher. Daneben ein Tisch.

Auf dem Tisch eine Brieftasche. Daneben ein paar Münzen, eine Sonnenbrille, eine Swatch, ein Paket Papiertaschentücher und ein Schlüsselbund mit einem schwarzweißen Ball als Anhänger. Unter dem Tisch standen ein Paar blutverschmierte Fußballschuhe auf Zeitungspapier.

Mir wurde leicht übel.

Aber ich hatte nur wenig Zeit.

Ich nahm den Schlüsselbund und schob den klobigen Autoschlüssel mit dem Fiat-Schriftzug darauf und zwei andere Schlüssel auf dem Metallring zur Seite. Den kleinen Schlüssel, der mich sehr an den von Yildirim Soğancis Schlüsselbund mit dem beschnittenen Fruchtbarkeitsidol erinnerte, ließ ich in meine Tasche gleiten.

Ich bat um Verzeihung für meine Sünden und verließ schnell das Zimmer.

Sobald Nuri mich erblickte, drückte er auf einen Knopf an der Wand und schaltete das Licht im Bad aus. Ich nickte ihm zu. Diesmal sah er mich an, ohne zu zwinkern.

Sobald er uns sah, erhob sich der Wirt des Karasu-Lokals, als ob er auf uns gewartet hätte.

»Dann will ich mal gehen«, sagte er.

»Wir wollten auch gerade aufbrechen«, sagte ich. »Wenn du willst, können wir dich beim Klub absetzen.«

»Au ja, vielen Dank.«

Der Reihe nach schüttelten wir wieder Hände. Muharrems Vater umarmte mich. Ich dachte an mein Frühstück und hielt den Atem an. Nuri küsste wieder die Hände des Mannes. Nach mehrmals wiederholten Beileidsbekundungen traten wir auf die Straße.

Im Auto setzte Nuri sich neben mich, der Vereinslokalwirt nahm hinten Platz. »So was möchte ich meinem schlimmsten Feind nicht wünschen«, sagte er.

Als wir den TEM erreicht hatten, fragte ich nach hinten: »Wenn die Mannschaft geschlossen im Trainingslager ist, wird man im Klubgebäude jetzt kaum jemanden antreffen, oder?«

»Wer soll schon da sein, Chef«, tönte es von hinten. »Ich bin allein, die ganze Verantwortung liegt bei mir. Warum fragst du?«

»Ich hatte Ilhan versprochen«, das Wörtchen »Bey« verschluckte ich mit voller Absicht, »mir das Gebäude gelegentlich mal anzusehen.«

»Ist was nicht in Ordnung?«, fragte der junge Mann alarmiert. Ich spürte seinen Atem in meinem Nacken.

Ich fuhr munter fort, draufloszulügen: »Wenn die Mannschaft in der Liga bleibt, denkt der Chef an ein neues Klubgebäude, mit ordentlichen überdachten Tribünen, Aufenthaltsräumen und einem größeren Lokal …«

»Um Gottes willen«, sagte der Kaffeeküchenwirt. »Nicht, dass er uns dann vor die Tür setzt nach unserem zehnjährigen Einsatz. Um Gottes willen!«

»Das glaub ich nicht. Bisher ist das auch nur so eine Idee. Gestern hat er mich gebeten, mir alles mal unter diesem Gesichtspunkt anzusehen.«

»Bitte, Chef, du wirst doch wohl ein Wort für uns einlegen …«

»Mal sehen. Auf jeden Fall besteht jetzt noch kein Grund, sich aufzuregen.«

»Das hat mir gerade noch gefehlt«, sagte der Kaffeeküchenwirt und lehnte sich zurück. »Ich schließ dir alle Türen auf, du kannst dich überall umsehen. Hinterher kommst du hoch, und ich spendier dir einen ordentlichen Kaffee.«

Ich sagte nichts mehr, sah nur kurz Nuri an. Ohne Augenzwinkern.

Ich gab Gas und fuhr schneller, als ich sollte. Neben dem Stadion bog ich ein und parkte an der Stelle, an der am Tag zuvor Ilhan Karasus Mercedes gestanden hatte. Als wir ausgestiegen waren, setzte der Kaffeestubenchef sich an die Spitze und lief mit eiligen Schritten voran, wie jemand, der wichtigen Besuch herumführt.

Wir holten ihn ein, als er die hohe Drahtgittertür zwischen den Tribünen und dem Gebäude aufschloss.

»Bitte sehr, Chef.« Er riss die Tür weit auf.

»Da wären wir, Chef«, sagte er im Klubhaus und breitete die Arme aus. »Sag, was du sehen willst, und ich mach dir die Türen auf.«

»Schließt ihr auch die Umkleidekabinen ab?«, fragte ich unschuldig.

»Ich halte sie stets verschlossen, Chef. Selbst, wenn die Jungs nur zum Training kommen. Für alle Fälle, es gibt so viel Schlechtigkeit. Besonders an Tagen, wo gespielt wird; da weiß man nie, wer hier ein- und ausgeht.«

»Haben die Spieler denn keine Schränke?«

»Natürlich, Chef. Jeder hat einen verschließbaren Spind. Trotzdem trau ich mich nicht, den Raum offen zu lassen. Die Jungs sollen gefälligst zu mir kommen, damit ich ihnen aufschließe. Außer mir haben noch der Trainer und der Zeugwart je einen Schlüssel. Natürlich können die Spieler sich auch an die wenden.«

Wir gingen jetzt in dem schummrigen Korridor langsam auf den Umkleideraum zu.

Vor der Tür blieb ich plötzlich stehen.

»Ist Muharrem Dienstagabend zu dir gekommen, damit du ihm aufschließt? Ziemlich spät am Abend?«, fragte ich.

Der Kaffeeküchenwirt kratzte sich am Hinterkopf. »Jetzt, wo du fragst, Chef«, sagte er langsam. »Dienstagabend, Dienstagabend … Ja, Muharrem war hier. Es war niemand mehr oben, und ich wollte gerade zumachen.«

Er schloss den Umkleideraum auf.

»Was hat er gesagt?«, fragte ich, als ich den ersten Schritt hineintat.

»Er hätte seine Uhr vergessen. Ein wertvolles Erbstück. Er war ganz aufgeregt.«

Der Umkleideraum sah genauso aus, wie ich ihn verlassen hatte. Nur die Worte an der Tafel waren weggewischt, an ihrer Stelle war eine Zeichnung mit vielen Pfeilen und symbolischen Fußbällern zu sehen. Offensichtlich hatte eine Taktikbesprechung stattgefunden. Die Haken an den Wänden waren leer.

»Ich stell schon mal das Kaffeewasser auf, Chef«, sagte der Wirt. »Wenn ihr fertig seid, kommt ihr hoch. Da könnt ihr euch bei einem Kaffee ausruhen, auf meine Rechnung natürlich.«

»Weißt du, welcher Muharrems Spind ist?«, fragte ich Nuri.

»Nein. Soll ich auch rausgehen?«

»Ach was«, sagte ich. »Ohne dich hätte ich den hier doch nie gefunden.«

Ich hob den kleinen Schlüssel hoch und führte ihn ganz langsam auf der Höhe der Schlösser an den Spinden vorbei. Vor dem mit der Nummer elf hielt ich an. Ich steckte den Schlüssel ins Schloss, drehte um, die Tür ging auf.

An der Innenseite hing ein weiteres Porträt von Metin. Dann sah ich die Sporttasche, die jemand mit Müh und Not in den kleinen Spind gequetscht hatte.

»Bismillah«, sagte Nuri, als ich nach der Tasche langte.

Ich nahm sie heraus und zog den Reißverschluss auf. Da war er. Der große gelbe gepolsterte Umschlag lag auf getragenen Sportklamotten.

Ich nahm den Umschlag und öffnete mit äußerster Sorgfalt die beiden an den oberen Ecken angebrachten Metallklammern. Dann zog ich den Inhalt heraus.

Es war ein Stapel Schwarzweißfotos, etwas größer als Postkarten und mit dem Teleobjektiv aufgenommen. Und zwar von der Baustelle von Dilek Aytars Wohnung gegenüber. Die Serie zeigte Dilek Aytar und Torhüter Zafer in sehr intimen Positionen. So intim, wie es in einem Wohnzimmer überhaupt nur möglich ist. Die wechselnde Garderobe der Darsteller ließ vermuten, dass dieser »Fotoroman« an verschiedenen Tagen und zu verschiedenen Stunden aufgenommen worden war.

Nuri sah die Fotos an.

»Kein Zweifel, dass Yildirim Abi die gemacht hat, Remzi Abi. Siehst du da den Fleck vom Vergrößerungsapparat?«

Tatsächlich hatten alle Fotos in der linken oberen Ecke die gleiche Verunreinigung.

Ich blätterte schnell den Stapel durch. Auf den drei letzten

Fotos hatte Kayahan Karasu den Platz von Zafer eingenommen. Dilek Aytar nahm am liebsten mit weit gespreizten Beinen auf dem Schoß ihrer Liebhaber Platz. Egal, ob in Rock oder Hose.

Ich steckte die Fotos in den Umschlag zurück.

»Komm, gehen wir oben unseren Kaffee trinken«, sagte ich zu Nuri.

Der gute Mann hatte mit dem Kaffeepulver nicht gespart. Der plötzlich aufgetauchte gelbe Umschlag schien ihn nicht weiter zu interessieren. Wir tranken unseren Gratiskaffee zügig aus und verließen das Vereinslokal. Nuri wollte lieber laufen.

»Kommst du am Samstag zum Spiel?«, fragte ich ihn.

»Klar doch, Remzi Abi«, erwiderte er.

Dann rief ich meinen Freund, den Werbemenschen, an und ließ mich von ihm zum Mittagessen einladen.

Wir gingen nicht in eins der Schickimickirestaurants, in die er seine Klienten einzuladen pflegt, sondern in ein einfaches, von den Händlern und Handwerkern der Umgebung frequentiertes Lokal mitten im Marktviertel von Levent. Ich bestellte weiße Bohnen mit Pilav und einen Cacik.

»Du siehst müde aus«, sagte er, während er an seiner Cola nippte.

»Dabei habe ich die letzte Nacht gut geschlafen«, erwiderte ich.

»Unser Meister hat nach dir gefragt.«

»Nächsten Samstag komme ich bestimmt zum Training. Kennst du ein schönes Hotel in der Nähe, wohin ich mich für zwei Tage zurückziehen könnte? Aber bitte nicht in Şile.«

»Was? Was redest du da?«

Der Kellner brachte mein Essen. Ich machte mich daran, die Bohnen und den Pilav auf meinem Teller zu vermischen. Mein Freund sah mir missbilligend zu.

»Ich gehe ins Trainingslager.«

»Was bist du eigentlich für ein Detektiv, Menschenskind?«

»Wieso? Mein Job ist beendet. Das Spiel am Samstag ist sauber.«

»Und was ist mit Muharrems Mörder?«

»Wir sind hier in der Türkei und nicht in Amerika«, belehrte ich ihn. »Die Polizei wird ihn schon schnappen. Sag mir lieber, ob du auch zu dem Spiel kommst.«

Er verzog das Gesicht.

»Muss ich ja wohl. Nach so viel Brimborium. Meinst du das ernst mit dem Hotel?«

»Todernst.«

Er zog sein Handy hervor. Es folgte ein langes Gespräch mit dem Besitzer eines Luxushotels in Silivri, der offensichtlich zu seinen wichtigeren Kunden gehörte. Während ich meine Bohnen-Pilav-Matsche löffelte, bekam ich allerhand mit von den Problemen der Tourismusbranche. Und als ich mein Gurkenyoghurt in Angriff nahm, waren zwei Tage in dem Hotel für mich reserviert. Mit einem beträchtlichen Preisnachlass.

»Das würde ich für keinen anderen machen, du Dritte-Welt-Detektiv«, sagte mein Freund, während er das Handy wegsteckte.

»Verbindlichen Dank«, sagte ich. Dann bestellte ich zwei türkische Kaffee, mittelsüß, mit dem Okay meines Gastgebers.

Unsere Mahlzeit war beendet, und mein Freund bezahlte. Er hatte es eilig, man erwartete ihn zu einer Sitzung in der Agentur. Ich suchte eine Bank in Levent auf und löste den Scheck ein, den ich von Ilhan Karasu erhalten hatte. Nachdem ich das Geld auf meiner Bank eingezahlt hatte, fuhr ich nach Silivri zu dem Hotel, um meinen Kurzurlaub anzutreten.

20

Am Samstagmorgen war ich früh auf den Beinen. Ich verzichtete auf das prachtvolle Frühstücksbüfett, zog stattdessen ein paar letzte Runden in dem einsam daliegenden Swimmingpool des Hotels und fuhr dann in die Stadt zurück. Es herrschte »prächtiges Fußballwetter«, wie es bei den Sportreportern so schön heißt. Auf der Autobahn konnte ich ein bisschen aufdrehen, sodass ich es gerade noch zum Beginn des Aikido-Trainings schaffte. Mein Freund, der Reklamemensch, war nicht da. Fauler Kerl!

Das Training war anstrengend.

Dafür nahm ich dieses Mal an dem traditionellen Samstagsfrühstück mit dem Kinoregisseur und dem Schiffsausstatter teil. Aufgrund meiner unregelmäßigen Nahrungsaufnahme hatte ich einiges nachzuholen.

Vor meiner Wohnungstür warteten Brot und Zeitungen der letzten beiden Tage auf mich. Die namen- und adressenlose Frau hatte meinem Beantworter drei Botschaften anvertraut. Ich stellte meinen Wecker und ging schlafen.

Als ich aufstand, waren ein paar Wolken aufgezogen. Ich zog mich langsam an und verließ meine Wohnung.

Draußen fielen ein paar Tropfen Regen. Schadet nichts, dachte ich, da staubt es nachher weniger auf dem Lehmboden. Unter den Jazzklängen eines neuen Radiosenders fuhr ich nach Ayazağa.

Am Stadion so viele Menschen wie nie. Ein ganzer Bus voller Polizisten war sogar da. Natürlich fehlten auch die Straßenverkäufer und ihre fahrbaren Stände mit gerösteten Innereien, saurem Eingelegten und Kürbiskernen nicht. Ein aufgeweckter Mitbürger hoffte wohl auf ein Wiedereinsetzen des bereits versiegten Niederschlags, um seine billigen durchsichtigen Regenhäute an den Mann zu bringen. Die Plätze, an denen ich bisher mein Auto abgestellt hatte, waren alle längst besetzt. Während ich suchend weiterfuhr, überquerte eine etwa zwanzig Mann starke Gruppe grölender, braun-gelbe Fahnen schwenkender Fans vor mir die Straße.

Hinter dem Polizeiposten wurde ich mein Auto endlich los und mischte mich unter die Fans, die auf das Stadion zuströmten.

Auf dem kleinen Parkplatz vor dem Eingang der Grand Cherokee von Cem Tümer, Ilhan Karasus Mercedes und der Jaguar meines Freundes friedlich nebeneinander.

Ich aber ging auf den schwarzen Şahin zu. Ein kurzer Blick auf das Nummernschild, dann klopfte ich an die Fensterscheibe.

Der grauhaarige Mann, der drinnen saß und mit seinem Handy spielte, sah mich verwundert an. Ohne großen Enthusiasmus kurbelte er langsam das Fenster herunter.

»Wollen Sie sich das Spiel denn nicht ansehen?«, fragte ich mit einem freundlichen Lächeln. »Wo Sie beim Training doch immer dabei waren …«

Der Mann sah mich verdattert an.

»Ist nicht so wichtig«, sagte ich. »Allerdings sollten Sie einem anderen Auto nicht ganz so dicht folgen, da fällt man einfach auf. Kann ich mal Ihr Handy haben?«

Der Grauhaarige war so verwirrt, dass er mir wahrscheinlich auch seine Brieftasche gegeben hätte. Ich wählte die Handynummer meines Freundes.

»Nun mach schon, gib mir schnell deinen Kunden«, sagte ich. »Den Senior.« Von meinem Standort konnte ich die Terrasse auf dem dritten Stock des Gebäudes gut sehen.

»Hallo«, ertönte ein paar Sekunden später Ilhan Karasus Stimme.

»Wie geht es Ihnen, Ilhan Bey?« Und noch bevor er antworten konnte, fügte ich hinzu: »Hier ist ein Fan von Karasu Güneşspor, der Ihnen viel Glück wünschen möchte.« Ich legte das Telefon dem mit offenem Mund zuhörenden Grauhaarigen in die Hand und gab ihm mit energischem Kopfnicken das Zeichen zum Reden.

»Viel Glück ... Vvvviel Glück«, konnte der Mann nur stammeln. Er schwitzte fürchterlich. Ich nahm ihm das Telefon wieder ab und entfernte mich ein wenig von dem schwarzen Şahin.

»Haben Sie die Stimme erkannt?«

»Ja, das ist der Mann«, sagte Ilhan Karasu. »Wo bist du?«

»Ich bin im Anmarsch. Halten Sie mir einen Platz frei.«

Ich gab dem Mann das Handy zurück.

»Machen Sie sich keine Sorgen. Sie haben ja nur ausgeführt, was man Ihnen befohlen hat. Ich finde, Sie sollten versuchen, sich das Spiel anzugucken. Es wird sich lohnen.«

Ich wollte nicht länger zusehen, wie der Mann verzweifelt nach einer passenden Antwort suchte. Weshalb ich mich umdrehte und auf die Drehbarriere zuging. Ich dankte dem Mann, der mit großem Ernst meine Freikarte kontrollierte, und ging hinein.

Das Vereinslokal im zweiten Stock war gerammelt voll. Der Zigarettenrauch hing in dicken Schwaden an der Decke. Der Lärm konnte in einer Parteizentrale während der Wahlnacht auch nicht lauter sein.

Ich begrüßte den Kaffeeküchenwirt, der versuchte, dreißig Teegläser gleichzeitig zu füllen:

»Sind sie schon alle oben?«

»Ja, Meister«, sagte er. »Ganze Clans sind heute anmarschiert. Ich schaff es gar nicht, sie alle zu versorgen.«

Ich stieg hinauf. Der Klotz, mit dem ich bei unserer ersten Begegnung beinahe handgemein geworden wäre, stand wieder vor der Tür. Als er mich sah, öffnete er, ohne eine Sekunde zu zögern.

In dem nachträglich angebauten, einer Dorfvorsteherstube ähnelnden Direktionsbüro saß Kayahan Karasu im Direktorensessel hinter dem Schreibtisch. Dilek Aytar hatte sich einen Stuhl herangezogen und schrieb oder zeichnete etwas auf ein Blatt Papier. Vor ihnen stand je ein halb ausgetrunkener Kaffee und ein Glas Wasser.

»Hallo«, sagte ich.

Dilek Aytar stand auf und gab mir die Hand. Kayahan Karasu begnügte sich damit, mir zuzulächeln.

Ich ging schnell durch das seltsam leer wirkende Direktionszimmer – die Stühle waren wohl alle herausgetragen worden – und trat auf die Terrasse.

Auf den über die gesamte Länge des Balkons aneinander gereihten Stühlen hatte sich die vermutlich heterogenste Zuschauerschaft eingefunden, die dieses Gebäude je beehrt hatte.

Cem Tümer und Ilhan Karasu saßen genau in der Mitte. Der Platz zwischen ihnen war leer, ich nahm an, dass sie ihn für mich reserviert hatten. Selcan Tümer, die neben ihrem Mann saß, kaute bereits nervös auf den Fingernägeln. Neben ihr saß Aysu Samanci, gefolgt von Mine. Die Mädchen hielten Cola-Gläser in ihren Händen und schauten stumm auf das Spielfeld, wo noch niemand zu sehen war.

Neben Ilhan Karasu sah ich meinen Freund, den Werbemenschen. Die zwei nächsten Stühle waren nicht besetzt.

Alle Augen hatten sich auf mich gerichtet, sobald ich auf den schmalen Balkon hinausgetreten war. Ich reichte allen nacheinander die Hand. Bei den engen Platzverhältnissen war das gar nicht so einfach. Ilhan Karasu erhob sich leicht, um mich vorbei- und auf dem leeren Stuhl neben ihm Platz nehmen zu lassen.

»Du bekommst den Ehrenplatz«, sagte er. »Du warst untergetaucht, wie ich gehört habe.«

»Trainingslager«, sagte ich und setzte mich. Es war so eng, dass ich die Knie aneinander pressen musste.

Noch immer war niemand auf dem Spielfeld.

Cem Tümer neigte sich an mein Ohr: »Sie hatten Recht.« Ich wusste nicht, wo und wann ich mal wieder die Wahrheit gesprochen haben sollte. Ich fragte ihn aber etwas anderes:

»Sind Ihre Fans auch da?«

Er wies mit der Hand auf die andere Seite des Gebäudes und antwortete: »So gegen fünfzig dürften es sein.«

Eine Gruppe Polizisten verteilte sich ohne größere Hast unter den Zuschauern.

Auf dem Balkon läutete ein Handy. Selcan Tümer beugte sich vor und kramte ihr Telefon aus ihrer Tasche. Sie hörte eine ganze Weile zu und beendete das Gespräch, ohne etwas zu sagen. Mit dem Telefon in der Hand sah sie mich mit dem herzlichsten Lächeln an. Ich stellte mich dumm. Der Grauhaarige war offensichtlich wieder handlungsfähig.

Jetzt brach ein enormer Lärm los. Elf junge Männer in gelbbraunen Trikots liefen unter der Begleitung von Raketen und Knallfröschen und einem plötzlich anschwellenden Trommelwirbel auf das Spielfeld. Alle trugen sie breite schwarze Armbinden.

Ilhan Karasu drehte sich zu meinem Freund und sagte: »Tu mir einen Gefallen, und geh Dilek und Kayahan holen. Es geht los.«

Mein Freund stand auf. Doch bevor er nur einen Schritt machen konnte, erschienen die beiden schon in der Tür. Den Krach hatten auch sie nicht überhören können. Mein Freund sah seine Aufgabe als beendet an und setzte sich wieder. Neben ihm nahm Dilek Aytar Platz, während Kayahan Karasu den letzten Stuhl in der Reihe wählte. Vielleicht hoffte er ja, seinen Vater weich zu kriegen und sich noch vor Ende des Spiels verdrücken zu können.

Die Spieler von Karasu Güneşspor hatten sich in ihrer Hälfte des Spielfeldes verteilt und liefen sich warm. Jetzt begann das so beliebte Aufrufen der einzelnen Spieler durch die Fans, denen sie mit mehr oder weniger zweideutigen Gesten antworteten.

»Ich hab getan, was ich konnte«, sagte ich zu Ilhan Karasu.

»Das kann ich mir vorstellen.«

»Ich habe erheblich mehr getan, als Sie sich vorstellen können«, sagte ich diesmal etwas lauter. Das schien die anderen auf dem Balkon Anwesenden neugierig zu machen.

»Was willst du damit sagen?«, fragte Ilhan Karasu. Diesmal sah er mich an.

Die Mannschaft des Sport- und Fußballklubs Central lief, von lauem Beifall begleitet, ein.

»Erinnern Sie sich doch mal an Ihre Worte während unseres Gesprächs, bei dem Sie mir die Nachforschungen wegen der angeblichen Schiebung übertragen haben.«

»Was habe ich da gesagt?« Alle Gespräche auf dem Balkon brachen jäh ab.

»Sie sagten, man würde nicht nur hinter Ihrem Rücken, sondern Ihnen geradewegs ins Gesicht lachen, wenn Sie auf einen bloßen Verdacht hin zwei Spieler aus Ihrer Mannschaft nehmen.«

»Ja, das hab ich wohl gesagt«, gab Ilhan Karasu zu.

Die Nummer zwei von Karasu Güneşspor war jetzt vor seine Fans auf den offenen Tribünen getreten und machte eine Reihe von Gesten, die man sonst glatt als pornografisch bezeichnet hätte. Die Menge schrie begeistert: »Oley, oley, oley!« Von den Zuschauern auf dem Balkon des dritten Stocks erhielt der Junge keinen Beifall.

»Ich hab's Ihnen gleichgetan«, sagte ich zu Ilhan Karasu. Ich wollte fortfahren, doch Cem Tümer unterbrach mich:

»Ich dachte, die Sache mit der Schiebung hätten wir erledigt...«

»Nichts mit einer Schiebung haben wir erledigt.«

»Was soll das denn heißen«, rief Ilhan Karasu. »Hast du nicht gesagt, das gibt ein sauberes Spiel heute?«

Mein Freund, der Werbemensch, reckte den Kopf, um alles mitzukriegen. Ich half ihm, indem ich meine Stimme noch etwas anhob.

»Das Spiel wird sauber gespielt«, sagte ich. »Das steht fest.«

»Ja und?«, meinte Selcan Tümer.

»Das Spiel wird sauber gespielt, denn es war nie von Schiebung die Rede.«

»Was?«, schrie Ilhan Karasu.

»Mach keine Witze, Mensch«, sagte mein Freund.

»Ich versteh jetzt gar nichts mehr«, kapitulierte Cem Tümer.

»Die Geschichte mit der Schiebung hat Yildirim Soğanci sich ausgedacht, um bei Ihnen etwas Geld locker zu machen«, sagte ich, ohne Cem Tümer anzusehen, aber laut genug, dass alle mich hören konnten. »Eine wirkliche Schiebung war nie im Spiel.«

»Wieso bist du so sicher?«, fragte Ilhan Karasu.

»Das hat er selbst gesagt«, erwiderte ich. »Kurz bevor er starb.«

»Er hat dir gesagt, dass er einen Betrug vorhat?«, rief mein Freund. »Das sollen wir glauben?«

Jetzt trat der Torhüter Zafer vor seine Fans. Er machte die gleichen unanständigen Gesten wie seine Vorgänger und wurde mit den gleichen »Oley, oley, oley!«-Rufen bedacht.

»Natürlich nicht«, sagte ich. »Aber er hat mir auf sehr überzeugende Weise klar gemacht, dass kein Fußballer, der etwas auf sich hält, ein Spiel verkaufen würde.«

»Und was war mit dem Treffen in Bebek?«, fragte Selcan Tümer.

»Das hat er eingefädelt, um Ilhan Bey zu überzeugen«, sagte ich. »Und Zafer hat er mit einem angeblichen Transferangebot dahingelockt. Der Junge hat umsonst gewartet.«

Aysu Samanci nickte mit dem Kopf.

»Und damit Aysu Hanim auf die Schiebungsgeschichte hereinfällt, ist der Dicke dann an dem Abend noch hingegangen und hat Cem Bey in ein längeres Gespräch verwickelt. Dabei hat er ihn absichtlich am Anzug angefasst. Es sollte aussehen, als seien sie dicke Freunde.«

»So ein raffinierter Kerl«, sagte Kayahan Karasu, der sich leicht von seinem Stuhl erhob, um auf sich aufmerksam zu machen. Als ich mich zu ihm umdrehte, bekam ich gerade noch mit, wie Dilek Aytar ihm diskret ihren Ellbogen in die Seite stieß.

Vor uns waren jetzt die schwarz gekleideten Schieds- und Linienrichter angetreten.

Doch Selcan Hanim wollte offensichtlich mehr wissen.

»Und was ist mit dem linken Verteidiger?«, fragte sie.

Unwillkürlich suchte ich das Spielfeld nach Ismail Sefer ab.

»Ne, ne«, sagte ich. »Der linke Verteidiger Ismail ist völlig ahnungslos.«

»Aber der Kerl hat mir das doch selbst am Telefon gesagt«, rief Cem Tümer. »Ich bin doch nicht taub.«

»Taub sind Sie vielleicht nicht, aber über besonderen Fußballverstand verfügen Sie auch nicht gerade«, gab ich zur Antwort. »Im modernen Fußball gehen auch die Flügelspieler gelegentlich in die Abwehr«, setzte ich erklärend hinzu.

Inzwischen folgten alle auf dem Balkon mit unverhohlenem Interesse meinen Ausführungen.

»Was heißt hier Fußballverstand? Was für 'ne Verteidigung?«, rief Ilhan Karasu. »Willst du das nicht mal richtig von vorne erzählen, wenn du schon damit anfängst!«

Der Schiedsrichter pfiff einmal lang, um beide Mannschaften an den Spielfeldrand zu zitieren. Ich steckte mir eine Zigarette an. Ich sollte langsam zum Schluss kommen.

»Yildirim Soğanci hat Cem Bey den angeblichen ›Korrektur‹-Vorschlag zum ersten Mal während eines Spiels gemacht«, sagte ich laut und an alle Anwesenden gewendet, wobei ich ein imaginäres Telefon an mein Ohr führte. »Als er sagte, er könne den Torwart sowie einen weiteren Spieler kaufen, sah Cem Bey von der Tribüne aus gerade einem Zweikampf zu. Der Mann hatte genau diesen Zeitpunkt abgepasst. Denn als das Gerangel zu

Ende ging und der Spieler mit dem Ball davongestürmt war, war Cem Bey überzeugt, einen Verteidiger in Aktion gesehen zu haben.«

»Dabei war's in Wirklichkeit der Linksaußen«, sagte mein Freund.

»Muharrem!«, rief Ilhan Karasu. Sein dem Spielfeld zugewandtes Gesicht sah genauso aus wie am Tag der Beerdigung. Auch das Kirk-Douglas-Grübchen war wieder schärfer hervorgetreten.

Inzwischen hatten sich beide Mannschaften vor dem Schiedsrichter aufgestellt. Die Linienrichter waren mit der Kontrolle der Fußballschuhe beschäftigt.

Auf dem Balkon war es plötzlich ruhig geworden. Der Name Muharrem hatte die Leute nachdenklich gestimmt.

»Muharrem«, sagte schließlich Selcan Tümer. »Das ist doch der neulich ermordete Taxifahrer …« Und mit unangenehmer, zunehmend schrillerer Stimme rief sie: »Oder ist sein Tod etwa gar nicht …«

»Dass sein Tod mit den so genannten ›Taxifahrer-Morden‹ nichts zu tun hat, steht hundertprozentig fest«, sagte ich. »Die angestellten Fahrer bleiben davon verschont, weil sie unterwegs keine Kunden auflesen. Und jemand, der vorhat, einen Taxifahrer auszurauben und umzubringen, wird sich wohl kaum an einen Taxistand begeben, um dort einzusteigen.«

»Ich habe ihn jedenfalls nicht umgebracht, das steht fest«, sagte Dilek Aytar, die ihre Nervosität nicht verstecken konnte. »Als ich vor dem ›Troubadour‹ ausgestiegen bin, hat er noch gelebt.« Sie lachte etwas erleichtert, als ihr klar wurde, dass ihre Worte komisch klangen.

»Das bedeutet, dass jemand eingestiegen ist, nachdem er Sie dort abgesetzt hatte«, sagte ich. »Und zwar nicht irgendein Passant, sondern jemand, den er kannte.«

»Der hatte ja viele Bekannte«, warf Kayahan Karasu ein.

»Ja, einer dieser vielen Bekannten, der zufällig vor dem Lokal bereit steht, wo Dilek Hanim gerade ausgestiegen ist. Ist nicht sehr wahrscheinlich.«

Kayahan Karasu stand plötzlich auf und umfing Dilek Aytar mit einer schützenden Gebärde.

Unten marschierten die Mannschaften hinter den Schieds- und Linienrichtern auf den Anstoßkreis zu.

»Sie sollten es sich zweimal überlegen, bevor Sie irgendjemanden beschuldigen«, rief Kayahan Karasu. »Das ist keine Lappalie!«

»Im Grunde ist es auch überflüssig, dass ich auf Muharrems Mörder hinweise«, sagte ich. »Der Arme hat das nämlich selbst getan.«

»Red keinen Quatsch!«, rief mein Freund. Die anderen schwiegen und warteten, dass ich weitersprach.

»Ich weiß, wovon ich spreche«, fuhr ich fort. »Wer von den Anwesenden die Nachrichten im Fernsehen gesehen hat, kann sich vielleicht erinnern. Was war denn das Auffälligste an den Bildern?«

»Blut!«, rief Selcan Tümer und hielt sich die Hände vor den Mund. »Mein Gott, so viel Blut!«

»Ja«, sagte ich. »Schrecklich viel Blut.«

»Ist doch ganz normal«, meinte Kayahan Karasu. »Schließlich hatte man dem armen Kerl die Kehle durchgeschnitten.«

»Das stimmt«, pflichtete ich bei. »Das Steuerrad war blutverschmiert. Ebenso der Fahrersitz. Das ist sicher normal unter den gegebenen Umständen. Doch das Blut war noch an einer anderen Stelle, wo es unmöglich von allein hingeflossen sein konnte. Und diese Stelle war regelrecht in Blut getaucht.«

»Die Schuhe!«, rief Cem Tümer mit leicht zitternder Stimme.

»Ja«, sagte ich. »Bevor er starb, hat Muharrem mit seinen eigenen Händen seine nagelneuen Fußballerschuhe mit seinem Blut rot gefärbt und uns so einen Hinweis auf seinen Mörder gegeben. Auf jemanden, den wir alle kennen.«

Die zweiundzwanzig Spieler von Karasu Güneşspor und des Sport- und Fußballklubs Central hatten sich zu beiden Seiten der drei Schiedsrichter aufgestellt.

Wortlos starrten alle auf die roten Fußballschuhe des Torhüters Zafer.

Aysu Samanci und Dilek Aytar sprangen gleichzeitig auf und schrien wie aus einem Munde:

»Das ist eine Lüge!«

Ich senkte den Kopf.

»Vielleicht kann ich es nicht beweisen«, sagte ich. »Doch alle meine Ermittlungsergebnisse sprechen für diese Erklärung. In seiner Todesnacht hatte Muharrem, obwohl er an der Reihe war, ein paar Bestellungen abgelehnt. Erst als Dilek Hanim anrief, ist er losgefahren, denn er wollte etwas mit ihr besprechen. Worüber sie sprachen oder was sie beschlossen, bis sie vor dem ›Troubadour‹ ankamen, das weiß ich nicht, aber es sieht so aus, als ob er nichts dagegen hatte, das Gespräch über die Fortführung einer gewissen Angelegenheit mit Zafer fortzusetzen.«

»Was für eine Angelegenheit?«, rief Kayahan Karasu. Diesmal umarmte er Dilek Aytar nicht, die sich wieder hingesetzt hatte. »Was für eine Angelegenheit?«

»Für ihn stellte sich die Frage, ob er Ihnen die Ergebnisse gewisser Nachforschungen, die Yildirim Soğanci in Ihrem Auftrag durchgeführt hatte, so ohne weiteres überlassen sollte oder nicht«, versuchte ich zu erklären. »Natürlich war Muharrem kein professioneller Paparazzo wie Yildirim, aber die Gelegenheit, die sich ihm da angeboten hatte, ungenutzt vorbeiziehen zu lassen, war ihm auch nicht recht.«

»Gemeiner Schuft! Du hast mir nachschnüffeln lassen!«, schrie Dilek Aytar. Gezielt landete sie eine unglaubliche Ohrfeige mitten in Kayahan Karasus Visage. Etwas, was ich die ganze Zeit schon so gern getan hätte!

»Verdammte Hure!«, schrie Kayahan Karasu, der den Schlag unverzüglich zurückzahlte. Die Kraft seiner Ohrfeige reichte aus, um Dilek Aytar von ihrem Stuhl zu fegen. Weil ihr niemand half, stand sie unter hörbarem Schnaufen selber auf und setzte sich wieder.

Niemand sah hin, und sprechen mochte wohl auch niemand.

Der Schiedsrichter und die Spieler begrüßten jetzt die Zuschauer auf den Tribünen, die laut jubelten. Von der Tribüne der Karasu-Fans hörte man ein paar Stimmen, die zaghaft die Nationalhymne anstimmten. Nach und nach sangen mehr mit. Die Polizisten standen stramm. Auch wir erhoben uns. Ich drückte meine Zigarette aus. Zu meiner Rechten vernahm ich ein klapperndes Geräusch.

»Das musst du mir ganz von vorn erzählen«, befahl Ilhan Karasu, nachdem wir unseren »Unabhängigkeitsmarsch« mehr oder weniger falsch beendet und uns wieder gesetzt hatten. »Aber ohne Auslassungen, bitte.« Dilek Aytars Stuhl war leer.

»Ihre zukünftige Schwiegertochter hatte einen zweiten Liebhaber«, erklärte ich. »Und Ihr Sohn hatte Verdacht geschöpft. Deshalb hat er Yildirim Soğanci angeheuert, um sie zu beobachten und Fotos und dergleichen zu machen. Als Gegenleistung hat er ihm einen Vertreterposten bei der Firma Karasu Textilien in Aussicht gestellt. Der Mann hat seinen Auftrag erfüllt. Allerdings ist er plötzlich verstorben, bevor er Ihrem Herrn Sohn die Früchte seiner Arbeit übergeben konnte. Muharrem war mit dem Verstorbenen gut befreundet gewesen. Er war eingeweiht sowohl in die Geschichte von dem angeblichen verkauften Spiel wie auch in den Paparazzi-Job. Als Yildirim so plötzlich abtrat, wollte er aus diesem Wissen Nutzen schlagen.« Meine Hand fuhr unwillkürlich an meinen Hinterkopf. »Also hat er Dilek Aytar erpresst, sobald er bei einer nächtlichen Aktion nach der Beerdigung die kompromittierenden Fotos an sich gebracht hatte.«

»Wann hat er den Erpressungsversuch unternommen?«, fragte mein Freund.

»Während Zafer in Bebek auf die angeblichen Unterhändler aus der zweiten Liga wartete. Als ihr bewusst wurde, dass ihr Liebhaber die große Investition ihres zukünftigen Lebens in Gefahr brachte, rief Aytar Dilek ihn auf dem Handy an. Zafer unterbrach seine Warterei in Bebek und begab sich sofort nach Yeniköy. Dies weiß ich mit Gewissheit, denn ich bin ihm gefolgt.«

Von Aysu Samancis Platz war ein lautes Schluchzen zu vernehmen. Es schien aber niemanden zu interessieren.

»Dort haben sie dann gemeinsam die Lösung des Problems geplant«, fuhr ich fort. »Die Lösung und die Durchführung.«

»Wer lässt denn schon wegen ein paar Fotos einen Menschen umbringen?«, fragte Cem Tümer ungläubig.

»Eine ordinäre Hure, zum Beispiel«, sagte Kayahan Karasu, der sein Gesicht in seinen Händen vergrub.

Der Schiedsrichter warf gerade die Münze in die Luft, die über die Platzwahl entschied.

»Sie hatte ja bereits Erfahrung in der Ausschaltung von Fotos durch Mord«, erläuterte ich weiter. »Der zweite Fall muss ihr entsprechend leichter vorgekommen sein.«

»Waaaas, gibt's da auch einen ersten Fall?«, rief Mine, die etwas abseits saß. Es war das erste Mal, dass sie ihre Stimme erhob.

»Ich gehe davon aus, dass Yildirim Soğancı bereits während der Modenschau Dilek Aytar gegenüber die Fotos erwähnt hat«, fuhr ich fort. »Zum Beispiel während sie über die CD sprachen, die niemand öffnen konnte …«

»Was für eine CD?«, ließ sich wieder einmal mein Freund vernehmen.

»Das kann ich erklären«, sagte Aysu Samanci.

»Vielleicht ist es besser, wenn deine Freundin Mine das tut«, meinte ich dazu. »Sie fragte sich nämlich verzweifelt, warum sich die aus deinem Computer kopierte Datei absolut nicht öffnen lassen wollte. Und wenn sie keine Lust mehr hat, kann Kayahan Bey uns alles Weitere erklären.«

Kayahan Karasu erhob sich brüsk:

»Vater, lass uns das besser drinnen besprechen. Bitte!« Ilhan Karasu sah Cem Tümer fragend an, der zustimmend mit dem Kopf nickte. Dann drehte er sich zu mir und sagte:

»Mich interessiert am meisten der erste Fall. Wenn du nichts dagegen hast ...«

»Wie Sie wollen«, sagte ich. »Sie erinnern sich noch an die Sache mit dem Regen.«

Die beiden Mannschaftskapitäne tauschten gerade Bruderküsse.

»Dilek Aytar war so fest überzeugt, dass es an jenem Abend nicht regnen würde, dass sie sagte, sie würde sich erschießen, wenn es doch passierte. Das war halb scherzhaft gemeint. Trotzdem hatte sie für den Ernstfall eine kleine Komödie geplant, die die strapazierten Nerven beruhigen und alles etwas weniger dramatisch erscheinen lassen würde. Deshalb hatte sie auch die Schreckschusspistole eingesteckt, die noch von den Aufnahmen für die Broschüre mit dem Detektivthema herumlag. Großes Pech für Yildirim Soğanci, dem dabei das Herz versagte.«

Der Schiedsrichter pfiff. Keiner der Spieler regte sich. Die Zuschauer auf den Tribünen, die Polizisten, die Kürbiskernverkäufer, die Balljungen, Nuri, der mit der Kamera in der Hand hinter dem gegnerischen Tor stand, und alle auf dem Balkon Anwesenden, alle standen stumm auf für eine Schweigeminute.

»Du hast wirklich getan, was du konntest«, sagte Ilhan Karasu, sobald wir uns wieder setzten. »Was willst du da noch mehr getan haben?«

»Sie gehen doch sowieso schon mit einem Spieler weniger in die letzte Runde«, sagte ich. »Damit nicht auch noch Ihr Torwart ausfällt, habe ich mich für ein paar Tage verzogen. Zafer weiß nichts von dem, was hier besprochen wurde. Er wird das Spiel völlig unbekümmert zu Ende spielen.«

Ich erhob mich und legte Ilhan Karasu die Hand auf die Schulter.

»Die Entscheidung über das, was nach dem Spiel geschieht, liegt bei Ihnen«, sagte ich. »Viel Spaß noch!«

Ohne mich von einem der anderen Anwesenden zu verabschieden, ging ich auf die Balkontür zu.

Vom Spielfeld ertönte der Anpfiff.

Celil Oker

Celil Oker, geboren 1952 in Kayseri, besuchte die Amerikanische Mittelschule in Talas bei Kayseri, dann das Amerikanische Gymnasium in Tarsus. Von 1971 bis 1979 studierte er Englische Sprache und Literatur an der Bosporus-Universität in Istanbul. Bis 1983 verschiedene Tätigkeiten als Journalist, Übersetzer und Verfasser verschiedener Artikel der Enzyklopädie *Berühmte Persönlichkeiten in der Türkei und in der Welt*. Ab 1984 auch als Werbetexter tätig. Nach Mitarbeit in den Werbeagenturen Markom und Merkez Ajans gründete er 1987 mit Kollegen die Agentur Reklamcilik. Daneben war er weiterhin als Textautor für verschiedene Werbezeitschriften tätig. An der Fakultät für Kommunikation der privaten Hochschule Istanbul Bilgi Üniversitesi unterrichtet er das Fach Werbetexten.

Anfang 1980 erschienen in der Zeitschrift Yarin einige seiner Kurzgeschichten. Er hat diese Linie der E-Literatur dann allerdings nicht weiter verfolgt. Mit seinem ersten im April 1999 bei O˘glak Yayinlari erschienenen Kriminalroman gewann er den ersten Preis des neu gegründeten Kriminalroman-Wettbewerbs Kaktus. Celil Oker ist verheiratet und Vater zweier Söhne.

Bibliografie

Çiplak Ceset (1999, dt. *Schnee am Bosporus,* 2000); *Kramponlu Ceset* (1999, dt. *Foul am Bosporus,* 2001); *Bin Lotluk Ceset* (2000, dt. in Vorbereitung).

Die Übersetzerin

Ute Birgi-Knellessen, geboren 1938, verbrachte viele Jahre in Istanbul, wo sie als Übersetzerin und Dolmetscherin arbeitete. Nach der Übersiedelung in die Schweiz 1980 studierte sie Islamwissenschaft und Vorderorientalische Archäologie in Bern und arbeitet seither als freie literarische Übersetzerin.

Zur Aussprache

z   wie stimmhaftes deutsches s, Beispiel Suse
    (Zafer wird ausgesprochen Safer)
s   wie stimmloses deutsches s bzw. ss, Beispiel Essen
    (Karasu wird ausgesprochen Karassu)
c   wie deutsch dsch
    (Cem wird ausgesprochen Dschem)
ş   wie deutsch sch
    (Güneşspor wird ausgesprochen Güneschspor)
ğ   ein kaum hörbarer verlängernder Laut
    (Uğur klingt ungefähr wie Uhr)

Universal Ünal
Der Privatdetektiv ist universell

Seit Auguste Dupin funktioniert er weltweit, in Frankreich, in den USA, in Brasilien, in Thailand und Chile, in England, in Deutschland oder in Israel. Und in der Türkei.

Er ist allerlei Geschlechts. Er tritt uns als strahlender Siegertyp entgegen und als verbeulter Loser. Er ist Zyniker, Snob, Melancholiker oder von eher heiterem Gemüt. Man hat ihn demontiert, ihm Gliedmaßen abgenommen, ihn mit Drogen und Alkohol vollgepumpt oder mit mittelständischen Werten ausgestattet. Er kann ein analytisches Genie sein oder ein Paranoiker mit den richtigen Instinkten.

Er kommt als Gewalttäter daher oder als rechtes Weichei. Zwischen Humphrey Bogarts Schmächtigkeit und der Leibesfülle von Nero Wolfe erscheint er in jedwedem Körperformat, wenn männlich. Wenn weiblich, ist zwischen der drahtigen, trainierten, nicht rauchenden nicht trinkenden und vegetarischen »Neuen Frau« und der eher barocken, fluchenden, (Männer-)Fleisch verzehrenden Casey Jones jede Variante denkbar.

Das alles kann er nur sein, weil er ein Topos ist, vergleichbar mit dem »reinen Tor« des Schelmenromans. Im weitläufigen Genre der Kriminalliteratur ist der Privatdetektiv die künstlichste, die literarischste Figur von allen. Und der Privatdetektivroman ist noch immer der Zweig der Kriminalliteratur, dessen Strukturen sich seit Sherlock Holmes kaum verändert haben. Das Muster von Klient-Detektiv-Fall-Auflösung ist im Großen und Ganzen gleich geblieben von Monsieur Dupin über Sherlock Holmes, Hercule Poirot, Sam Spade, Philip Marlowe, V.I. Warshawski, Sharon McCone und – eben – Remzi Ünal.

Natürlich liegen Welten zwischen beispielsweise Marlowe und den ausgeklinkten Einzelkämpfern von Robert W. Campbell oder J. W. Rider – aber kaum erzählerische Quantensprünge. Und erst recht zwischen den artifiziellen Denksportaufgaben, mit denen sich die Herren Dupin und Holmes beschäftigen, und den Realitäten, mit denen zum Beispiel unser Remzi Ünal in Istanbul heute zu tun hat.

Die Stilisierungen der literarischen Gestalt des Privatdetektivs haben sich dem jeweiligen Kontext angepasst. Als literarische Figur trägt er wie vor hundert Jahren völlig plausibel eine Geschichte. Die Hartnäckigkeit der Form trägt sogar nicht nur die diversen Demontagen der Figur, die in Wellen immer mal wieder über den armen Detektiv hereingebrochen sind. Sie trägt vielmehr auch ihre Globalisierung.

Privatdetektivromane waren schon immer ein weltweit beliebter Lesestoff – anscheinend ist ihre Formel überall verständlich und liest sich immer mit Genuss. Aber das heißt noch nicht, dass ihre Konstruktion in jeder Gesellschaft funktionieren würde. Bei reinen Märchen wie denen von Agatha Christie ist dies noch unerheblich, und auch die abstrakten Deduktionen von Edgar Allan Poe brauchen keinen Boden in außerliterarischen Realitäten. Aber mit der realistischen Wende aller Kriminalliteratur, also seit Dashiell Hammett, stellt sich immer die Frage, »ob so was auch wirklich geht«. In den USA dürfen die Herrschaften einfach mehr unternehmen, wofür sie zum Beispiel in Deutschland schon nach der dritten Seite in den Knast wandern würden. Deswegen kommen aus den USA interessantere Romane, während Deutschland bis auf zwei oder drei Ausnahmen keine erwähnenswerten Privatdetektivromane zu bieten hat.

In der Türkei, so erzählt Celil Oker, hat das Lesevergnügen an Privatdetektivabenteuern eine lange und schöne Tradition – es handelte sich meistens um Übernahmen aus den USA und landeseigene Produkte im amerikanischen Stil und mit Handlungsort USA. Vor Okers Remzi Ünal gab es denn auch nur einen autochthonen türkischen Romanhelden aus diesem Genre: Murat Davman aus der Feder von Ümat Deniz. Remzi Ünal aber ist zweifellos *der* zeitgenössische Privatdetektiv in einem Staatswesen, das hart am Polizeistaat entlangschrammt und das für einen Ermittler auf eigene Faust und auf eigene Rechnung wenig Verwendung hat. Aus dieser Situation heraus ist Remzi Ünal entworfen: Mit dem Staat und dessen Sicherheitsorganen möchte er lieber nichts zu tun haben. Bislang gelingt ihm das auch. Oker blendet dieses Stück Realität einfach aus – und kommt damit durch. Seine Ünal-Romane sind dennoch Romane aus der heutigen Türkei, erkennbar und im Detail.

Womit wir wieder beim Privatdetektivroman an und für sich wären. Aus dem rein literarischen Konzept, so wie es in Poes »Murders in the Rue Morgue« ausgefaltet wurde, ist eine Erzählweise geworden, die mit Realitäten künstlerisch umgehen kann, ohne in den Verdacht des Platt-Realistischen zu geraten, weil sie durch die Verwendung einer artifiziellen Figur an ihrem Literaturcharakter keine Abstriche machen muss. Remzi Ünal aus Istanbul ist eine Kunstfigur, die uns mit Geschichten aus der türkischen Wirklichkeit unterhält. Und weil sie eine Kunstfigur ist, können wir die Geschichten ohne Problem in Deutschland, in der Schweiz, in Österreich, in England, in den USA oder in Spanien genießen. Ünal ist universell.

Thomas Wörtche

Celil Oker im Unionsverlag

»Kriminalromane aus der Türkei, da muss zuallererst der Name Celil Oker fallen. Istanbul ist das eigentliche Thema von Celil Okers Geschichten; die Stadt, so sagt der Erzähler, sei sein heimlicher Coautor. Dabei geht es Oker nicht um ein Loblied auf die Metropole, sondern um ein Lied über die Stadt, die er liebt, mit allen dunklen Ecken, Wucherungen und Bruchstellen.« *Ulrich Noller, WDR*

Schnee am Bosporus
»Oker navigiert so (stil-)sicher durch die Türkei als neuen Genre-Schauplatz, dass sein Erstling mit Spannung und atmosphärischer Dichte überzeugt.«
Hamburger Abendblatt

Letzter Akt am Bosporus
»Eine junge Schauspielerin aus seinem Aikidokurs ist ermordet worden. Ünal, ein Mann mit mehr Gewissen, als in seinem Beruf gut ist, fühlt sich verantwortlich und ermittelt. Schnell gerät er in einen Sumpf aus vertuschten Leidenschaften: Spielsucht, verbotene Affären, Erpressung.«
Barbara Garde, Deutsche Welle

Dunkle Geschäfte am Bosporus
Muazzez Güler, die toughe Chefin einer Computerfirma, will einem besonders hartnäckigen Schuldner Beine machen und setzt den Privatdetektiv Remzi Ünal auf ihn an. Als er sein Honorar abholen will, findet er Muazzez Güler tot in ihrem Büro, mit einem Mauskabel um den Hals. Schnell stellt er fest, dass in dieser Geschichte gar nichts zusammenpasst.

Informationen und Hintergründe zu Celil Oker und seinen Büchern auf
www.unionsverlag.com

metro – Spannungsliteratur im Unionsverlag

»Die *metro*-Bände gehören auf jeden Fall zum Besten, was derzeit an sogenannter Spannungsliteratur zu haben ist.« Michaela Grom, Südwestrundfunk

Bernardo Atxaga
Ein Mann allein

Lena Blaudez
Spiegelreflex;
Farbfilter

Patrick Boman
Peabody geht fischen;
Peabody geht in die Knie

Hannelore Cayre
Der Lumpenadvokat

Driss Chraïbi
Inspektor Ali im
Trinity College

Liza Cody
Gimme more

José Luis Correa
Drei Wochen im November; Tod im April

Pablo De Santis
Die Übersetzung;
Die Fakultät; Voltaires
Kalligraph; Die sechste
Laterne

Garry Disher
Drachenmann; Hinter
den Inseln; Flugrausch;
Schnappschuss

Rubem Fonseca
Bufo & Spallanzani;
Grenzenlose Gefühle,
unvollendete Gedanken;
Mord im August

Jorge Franco
Die Scherenfrau;
Paraíso Travel

Jef Geeraerts
Der Generalstaatsanwalt; Coltmorde

Friedrich Glauser
Die Wachtmeister-Studer-Romane:
Schlumpf Erwin Mord;
Matto regiert; Der
Chinese; Die Fieberkurve; Die Speiche;
Der Tee der drei alten
Damen

Joe Gores
Hammett

Jean-Claude Izzo
Die Marseille-Trilogie:
Total Cheops;
Chourmo; Solea

Stan Jones
Weißer Himmel,
schwarzes Eis;
Gefrorene Sonne;
Schamanenpass

H. R. F. Keating
Inspector Ghote zerbricht
ein Ei; Inspector Ghote
geht nach Bollywood;
Inspector Ghote hört
auf sein Herz; Inspector
Ghote reist 1. Klasse

Yasmina Khadra
Morituri; Doppelweiß;
Herbst der Chimären

Thomas King
DreadfulWater kreuzt
auf

Bill Moody
Solo Hand; Moulin
Rouge, Las Vegas; Auf
der Suche nach Chet
Baker; Bird lives!

Christopher G. Moore
Haus der Geister; Nana
Plaza; Stunde null in
Phnom Penh

Bruno Morchio
Kalter Wind in Genua

Peter O'Donnell
Modesty Blaise – Die
Klaue des Drachen;
Die Goldfalle; Operation
Säbelzahn; Der Xanadu-
Talisman; Ein Hauch von
Tod

Celil Oker
Schnee am Bosporus;
Foul am Bosporus;
Letzter Akt am Bosporus;
Dunkle Geschäfte am
Bosporus

Leonardo Padura
Adiós Hemingway;
Das Havanna-Quartett:
Ein perfektes Leben;
Handel der Gefühle;
Labyrinth der Masken;
Das Meer der Illusionen

Pepetela
Jaime Bunda, Geheimagent

Claudia Piñeiro
Ganz die Deine

Roger L. Simon
Die Baumkrieger

Susan Slater
Die Geister von Tewa
Pueblo

Clemens Stadlbauer
Quotenkiller

Paco Taibo II
Vier Hände

Masako Togawa
Schwestern der Nacht;
Trübe Wasser in Tokio;
Der Hauptschlüssel

Tran-Nhut
Das schwarze Pulver von
Meister Hou

Gabriel Trujillo Muñoz
Tijuana Blues; Erinnerung an die Toten

Nury Vittachi
Der Fengshui-Detektiv;
Der Fengshui-Detektiv
und der Geistheiler;
Der Fengshui-Detektiv
und der Computertiger;
Shanghai Dinner

Manfred Wieninger
Der Engel der letzten
Stunde; Kalte Monde

Mehr über Bücher und Autoren des Unionsverlags auf
www.unionsverlag.com